高校转型发展系列教材

跨境电商操作实务

赵亚南　主编

杨　鹤　李　爽　金英兰　副主编

清华大学出版社

北　京

内 容 简 介

本书介绍了跨境电商操作的相关知识。全书共分 8 章，第 1 章为概述部分，引出跨境电商实务的相关概念、分类等；第 2 章到第 7 章为跨境电商出口实务流程的相关知识，重点介绍了市场调研、选品方法、平台规则、店铺操作、网络营销、支付方法、跨境物流、订单处理和客户服务等内容，每章节内容都与跨境电商平台操作紧密相关；第 8 章为跨境电子商务进口相关问题。

本书可作为国际贸易、国际商务等相关专业的本科生的教学用书和参考教材，也可作为有意在跨境电商领域从业或创业的相关人士的参考用书。

图书在版编目(CIP)数据

跨境电商操作实务 / 赵亚南 主编 . —北京：清华大学出版社，2020.4
高校转型发展系列教材
ISBN 978-7-302-55005-1

Ⅰ . ①跨…　Ⅱ . ①赵…　Ⅲ . ①电子商务—商业经营—高等学校—教材　Ⅳ . ① F713.365.2

中国版本图书馆 CIP 数据核字 (2020) 第 042899 号

责任编辑： 施　猛
封面设计： 常雪影
版式设计： 方加青
责任校对： 牛艳敏
责任印制： 沈　露

出版发行： 清华大学出版社
网　　址：http://www.tup.com.cn，http://www.wqbook.com
地　　址：北京清华大学学研大厦 A 座　　邮　　编：100084
社 总 机：010-62770175　　邮　　购：010-62786544
投稿与读者服务：010-62776969，c-service@tup.tsinghua.edu.cn
质 量 反 馈：010-62772015，zhiliang@tup.tsinghua.edu.cn
印 装 者： 北京国马印刷厂
经　　销： 全国新华书店
开　　本： 185mm×260mm　　印　　张：13　　字　　数：316 千字
版　　次： 2020 年 6 月第 1 版　　印　　次：2020 年 6 月第 1 次印刷
定　　价： 39.80 元

产品编号：074494-01

前　　言

近年来，随着“互联网+”“一带一路”“自贸区”“跨境电商综试区”等一系列利好政策的不断出台，我国跨境电子商务一直保持快速增长态势，促使众多传统外贸企业、生产企业纷纷投入跨境电商领域，促进了传统贸易方式的转型升级；同时由于跨境电商平台具有门槛低、资金压力小等特点，也引来了众多创业者的加入，出口跨境电商市场规模不断扩大。更为重要的是，随着国民消费升级和海淘用户需求增强，进口跨境电商也保持蓬勃发展态势，每年“双11”和“6·18”的大促销各平台电商都有良好的表现，人们的消费习惯逐渐被改变，足不出户地进行全球购已不再新鲜，消费者更关注商品的品质和卖家的服务。因此，对于从事跨境电商的企业和个人来说，不断地去了解市场和消费者的需求变化，从而有针对性地进行精细化运营非常有必要。

目前，有关跨境电商的教材并不稀缺，但由于跨境电商形势变化快、政策出台密集以及平台规则变化频繁，一些教材(尤其是实务类教材)往往不能满足需求的变化，具有滞后性等弊端。本书在分析了最新政策、规则的基础上，有针对性地对跨境电商实操环节进行梳理，力求让读者一目了然，熟悉跨境电商操作流程。同时，为避免本书单纯成为操作手册类教程，在章节安排上注意逻辑顺序和层次结构，将整个流程分为准备阶段、店铺操作、订单处理以及客户服务等部分，穿插网络营销、支付、物流等内容，尽量做到重点突出、详略得当。此外，本书在每章中除了介绍必要的基础知识外，还拓展了相关领域的最新资讯、案例分析以及知识链接，使读者了解行业发展动态，培养专业敏感度。因此，及时性、操作性、整体性和指导性是本书区别于目前众多教材的显著特点。本书不仅适用于国际贸易、国际商务、国际商务英语等专业本科学生，同时也适用于相关专业高职高专学生，还可以为有意在跨境电商领域从业或创业的相关人士提供借鉴，具有广泛的适用性。

本书由具有丰富教学经验的一线教师共同编写完成，全书内容既注重相关贸易流程、商务知识的铺垫，又兼顾跨境电商流程的衔接，尽量做到难易适中、通俗易懂。全书共分为8章：第1章、第3章、第7章以及第8章由主编赵亚南执笔；第2章、第6章由杨鹤执笔；第4章由李爽执笔；第5章由金英兰执笔。全书由赵亚南统稿。

本书清晰明了的逻辑顺序和大量丰富的链接知识能使读者轻松掌握跨境电商运营方法，并能了解当今跨境电商的发展现状和趋势，具有重要的指导意义。但由于编写仓促，作者水平有限，书中难免存在不足之处，敬祈专家学者及广大读者批评指正。反馈邮箱：wkservice@vip.163.com.

编　者

2019年9月

目　录

第1章 跨境电子商务概述

学习目标

- 了解跨境电子商务的定义、分类
- 熟悉跨境电子商务的发展现状
- 了解跨境电子商务相关法律法规

能力目标

从跨境电子商务定义、分类等基础知识入手，了解相关政策，为实务操作奠定理论基础。

引导案例

2018年是“一带一路”倡议提出的第5年，这项倡议覆盖了60多个国家和地区，涉及人口超过44亿人。5年间，我国与沿线国家的贸易额不断攀升，中国企业对海外企业的多项投资初见成效，不仅如此，“一带一路”倡议也直接催发了跨境电商的爆发式增长。通过电商平台，中国商品销往俄罗斯、乌克兰、波兰等数十个沿线国家。在“一带一路”倡议大背景下，跨境电商这条网上“丝绸之路”已穿过沿线腹地，触达欧洲经济圈。据报道，浙江省湖州市一家童装企业“布衣草人”就是传统企业成功转型跨境电商的实例。该企业通过跨境电子商务，把童装沿着“一带一路”卖到了欧洲和东南亚。2017年5月，“布衣草人”跨境电商销售额日均1500美元，产品出口10多个国家和地区。乘着“一带一路”东风走向海外的企业众多，“互联网家电第一股”小狗电器、知名耳机品牌蓝弦(Bluedio)以及跨境电商企业百事泰等均是其中一员。

资料来源：https://yue.52wmb.com/article/16781.

1.1 跨境电子商务定义

要了解跨境电子商务(也可简称跨境电商)的定义，先要了解电子商务。电子商务是一种以互联网为基础，以交易双方为主体，以电子支付和结算为手段，以现代物流为支撑的新型商务模式。

跨境电子商务就是电子商务在外贸领域的应用，有狭义和广义之分。

从广义上看，跨境电子商务基本等同于外贸电商，是指分属不同关境的交易主体通过电子商务的手段将传统进出口贸易中的展示、洽谈和成交环节电子化，并通过跨境物流送达商品、完成交易的一种国际商业活动，其包括商品的电子贸易、线上的数据传递、跨境电子资金的支付以及电子货运单证和跨境物流等内容。跨境电子商务是当前国际贸易的一种新模式，依靠互联网技术和物流网络体系，将贸易资源进行整合和优化配置，加快国际贸易运转，同时为国际贸易的主体参与贸易活动提供了更为方便和多元的途径。与传统的国际贸易方式相比，跨境电子商务具有门槛低、环节少、成本低、周期短等优势。

从狭义上看，跨境电子商务是指跨境网络零售，即进出口小包裹。该类业务占据了跨境电子商务相当大的份额，并且近年来取得巨大的发展，这类直接面对消费者的跨境交易，又被称为“海淘”或“代购”。“海淘”指顾客直接从海外购物，顾客通常利用互联网查找海外商品，在线直接发出订购请求，网上支付后，商品将通过国际快递发货，或是由顾客自己选择转运公司代收商品后再寄回国内。目前，国内比较知名的电商平台已经纷纷开辟了此项业务，例如天猫国际、京东的“全球购”、蜜芽、亚马逊的海外购、网易考拉海外购等等。与知名电商平台直接面向消费者的“海淘”相比，“代购”似乎看上去更加随意不受限制，“代购”指国内顾客通过其他专门在海外进行采购的人员来购买海外商品。专门负责采购的人也称为代购人或“买手”，代购人通常会收取一定的服务费，来帮助提出需求的顾客采购指定商品。因此，与B2C形式的“海淘”相比，“代购”往往会有价钱高、质量难以保证等弊端，但可以按照客户的需求提供差别化服务以满足不同消费者的喜好。跨境进口电商市场规模及用户规模的持续壮大，吸引无数企业和个人加入跨境电商行业“淘金”。以个人为单位的代购者，自然也成为这一波消费升级浪潮的受益者。根据中国电子商务研究中心数据显示，2013年中国海外代购市场的交易规模超过700亿元，海淘人数达到1800万人，预计到2020年，海淘规模将达到4万亿元，中国海淘人数将达到2.11亿人。

1.2 跨境电子商务的分类

基于不同的分类口径，跨境电子商务将被分成以下几个类别。

1.2.1 基于商品流向划分

与传统的贸易流向一样，跨境电子商务也分为出境跨境电子商务(EXP. E-Commerce)和入境跨境电子商务(IMP. E-Commerce)。

出境跨境电子商务是指将本国制造或装配的商品通过电子商务平台达成交易，完成电子资金收取，并通过国际物流运送商品、送达国外市场的一种国际商业活动。例如阿里巴巴旗下的速卖通以及敦煌网主要经营出境业务，商户或消费者只能用境外的IP登录才能实现购买。

入境跨境电子商务是指将外国商品通过电子商务平台达成交易、完成电子资金划拨，并通过国际物流运送商品、送达国内市场的一种国际商业活动。国内专门从事入境的典型平台有天猫国际、亚马逊海外购、洋码头等。上文提及的“海淘”和“代购”都属于入境范畴。

1.2.2 基于交易对象划分

基于交易对象的分类方式是较为普遍的电子商务分类方法，即根据交易参与的主体性质，跨境电子商务大致分为B2B(企业对企业，Business to Business，简称B2B)、B2C(企业对个人，Business to Consumer，简称B2C)、C2C(个人对个人，Consumer to Consumer，简称C2C)等模式。

B2B跨境电商又称在线国际批发，是指分属不同关境的企业通过电商平台交换产品、服务以及信息的一种商业模式。典型平台有阿里巴巴、中国制造网、敦煌网、环球资源网等。从贸易规模上来看，2017年，B2B跨境电商交易的占比达到85.2%之多，B2B跨境电商交易占据绝对优势。这主要是由于B2B交易的量级较大，且多为稳定性订单，所以预估在未来几年，B2B跨境电商交易仍然是主力。

B2C跨境电商又称在线国际零售，是指商户通过跨境电商平台将商品直接出售给不同关境顾客，并采用快件小包等行邮的方式通过跨境物流将商品送达个人消费者手中的交易过程。典型平台有Wish、eBay、亚马逊海外购、洋码头等。随着跨境贸易对象越来越细分，跨境交易中的订单不断趋向碎片化和小额化，以中国近年来跨境进口市场为例(见图1-1)，B2C跨境电商这种业务模式已经呈现爆发增长态势。

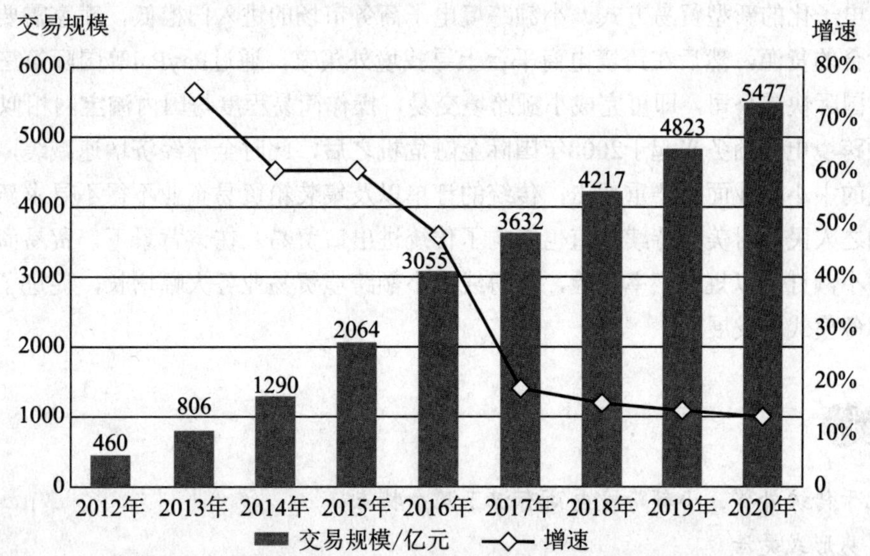

图1-1　中国跨境进口零售电商市场(B2C)市场规模和预测

资料来源：http://www.chyxx.com/industry/201810/686628.html.

C2C跨境电商，是指从事外贸活动的个人而非商户对国外个人消费者进行的网络零售商业活动。前文提到的“代购”就是典型的C2C模式，但由于个人交易的局限性，C2C跨境电商往往具有货物质量与描述不符或付款后收不到货等风险，例如目前国内“代购”泛滥，且投诉事件频发，亟待相关管理政策出台，以规范市场竞争环境，保证跨境电商进口稳步增长。

目前，我国的跨境电商出口以B2B和B2C为主，进口以B2C为主。通过在现金流、盈利模式、盈利能力等层面对比这两种模式，研究人员发现，中国未来B2C模式将实现爆发式增长，这种模式将占据中国跨境电商市场中越来越多的份额，形成我国中小企业新的盈利增长点。

除上述三种方式之外，F2C(Factory to Consumer)跨境电商日渐兴起。F2C跨境电商是指加工厂借助网络平台将产品直接提供给消费者，也可以理解为消费者直接向工厂下订单，省去了境内外网商的环节，生产企业将不再只关注生产环节，销售、物流、客户服务等环节也将被纳入其管理监控范围之内。F2C模式的优势在于强有力的线下产业支撑、有效的全程品控、快速的市场反应等。

1.2.3 基于交易额划分

从交易额视角出发，学术界又兴起了对小额跨境电商的研究，即在上述分类基础上，按照实际交易发生额大小将跨境电商划分为大额跨境电商和小额跨境电商，由于小额跨境电商逐渐成为国内跨境电商的主体，这里只对其进行简要说明。

小额跨境电子商务又称在线小额外贸，是指不同国别或地区间的交易双方通过互联网及其相关信息平台实现无须报关、不缴付关税的交易，实际上就是传统小额国际贸易基于网络化、电子化的新型贸易方式。小额跨境电子商务市场的进入门槛低，卖家需要做的仅是获取适合的货源，然后在跨境电商平台上寻找境外买家，通过PayPal等国际第三方支付方式以及国际快递公司，即可完成小额跨境交易，操作简易程度与国内淘宝网相似。

小额跨境电子商务兴起于2008年国际金融危机之后，此时全球经济增速减缓，国内很多生产型的中小企业面临严重冲击，传统的订单以及集装箱贸易企业不得不寻求新的商务模式，加之人民币对美元持续升值也影响了传统进出口贸易。在该背景下，贸易商倾向选择短期的小额订单以规避汇率风险，使得线上小额跨境贸易业务大幅增长，促进了小额跨境电子商务模式的发展。

知识链接

相比于传统外贸，小额跨境电商有以下几个特点。

1. 贸易形式灵活

所谓“小额”，即没有固定的量的界定，主要是指在外贸交易环节中省去了传统外贸的繁杂的订单确认以及集装箱排仓等环节，而是以快速反应、小订单、多批次的形式交易，这对企业的账款回收有很大裨益。实际上，小额跨境电商的账款回收方式与传统的外贸不同，不采用信用证结款方式，更多的是采取个人结汇或者与内贸电子商务一样的第三方支付平台进行账款回收。

2. 交易利润丰厚

小额跨境电商多是B2C形式，省去了传统外贸的国外经销商以及分销商的利润分成，从而帮助国内中小企业获得更高净利润。另外，由于小额跨境电商灵活的交易方式，其交易效率非常高，甚至报关政策的不健全都帮助企业节省了大量成本，从而获得更高利润。

3. 进入门槛更低

目前，从事小额跨境电商的企业多为中型企业或者小微企业，原因就是小额跨境电商没有设立像传统外贸那样的进出口资质等门槛，使得很多以前想要从事这一行业的企业可以迅速进入。

高速发展的小额跨境电商对整个中国的国民经济和对外贸易都产生了难以估量的价值。相比传统的小额进出口贸易，小额跨境电商能够减少过多的贸易中间环节，减轻国内产能过剩带来的负担，构建新型产业链，促进外贸转型。各类跨境电商平台整合了世界范围内的产品信息数据，提供定制广告、检索优化、物流支付等服务，帮助中小企业及个体发展壮大自身。同时在政策方面，我国政府近年来大力支持跨境电商市场，发改委、商务部、海关、质检、邮政等政府部门积极应对法规漏洞、网络监管、支付、物流、纠纷调解等问题，并推出相关措施完善跨境电子商务法律法规。

资料来源：https://zhidao.baidu.com/question/1369096071622318779.html.

1.2.4　基于价值链分析方式划分

B2B、B2C、C2C的分类方式是人们熟知且习惯的分类方法，但其只是关注电子商务的外在表现形式，并没有体现电子商务的价值创造过程，实践中，我们可以参考Paul Timmers根据企业的价值链分析，将跨境电子商务分为自营式、平台式、综合服务式等模式。

自营电商模式，是指企业以标准化的要求，对其经营的产品进行统一生产或者采购、产品展示、在线交易，并通过国际物流配送将产品投放到最终消费群体的行为。自营跨境电商具有品牌力强、产品质量可控以及交易流程管理体系完备等特征。该模式具备两个特点，即产品集中差异化和货物的小包化。产品集中差异化指的是电商大都选取一类或几种利润比较高的产品，如3C产品[计算机(Computer)、通信(Communication)和消费类电子(Consumer Electronics)产品]、婚纱等；而货物的小包化指的是客户大多是终端的消费者，无须大宗货物物流，而只需特定的国际快递来解决。因此，自营电商模式比较适合具有一定规模的生产商或企业。

平台电商模式，又称信息中介模式，是指将集中的买卖双方信息提供给供应商或者客户进行直接交易的行为。该模式可有效解决自营电商模式中企业信息不对称的障碍。该模式中电商平台通过向企业收取一定的费用，展示不同国家或地区企业的相关信息，进而降低企业的信息成本，提高利润率。例如大龙网，其本身并未经营任何产品，只是一款约商

(OSell)平台，即开发跨境贸易商务社交App。OSell App的设计理念基于商人之间的相互信任，以促进沟通交流为核心，解决商人间的信任问题。具体来说，其为全球商人提供即时通信、翻译服务功能，让不同国家的商人都能使用母语随时对话；提供全球商人圈子的新资讯，让中国品牌商对接海外垂直零售圈。一旦产生了需求，客户就能在OSell服务大市场中轻松找到第三方服务商。

综合服务电商模式，是一种新的电子商务趋势，其核心功能不再局限于产品的销售，还在物流、支付以及产品质量控制等各方面进行了扩展。实际上，国内的很多电商企业(如京东、天猫等)都在积极探索综合服务型电商模式，如京东已建立自有物流配送体系，天猫除了延续阿里巴巴的支付宝支付平台之外，也在积极寻求建立自有物流体系。在跨境电商中，敦煌网、阿里巴巴全球速卖通都是综合服务电商模式的典型代表企业。这类企业不只是单纯提供一个交易的平台，更重要的是可以帮助国内出口企业进行物流、支付、客户管理等。

跨境电子商务盈利模式如表1-1所示。

表1-1 跨境电子商务盈利模式汇总

盈利模式	价值创造环节	价值创造机制
自营电商模式	产品销售环节	成本降低，利润率提高，销量增加
平台电商模式	招揽卖家成为平台使用者	会员费用，管理费用，平台推销费用
综合服务电商模式	客户订单成交以及综合服务环节	订单佣金，服务咨询费

资料来源：http://www.huaon.com/story/391779.

知识链接

O2O(Online to Offline)，一般指网络团购，即线上网店、线下消费。该模式中，商家通过开立网店将商品信息展现给消费者，消费者通过线上筛选服务，线下比较、体验后进行有选择的消费，并在线下完成支付。O2O是近几年兴起的主要为本地生活提供服务的一种新型电子商务商业模式，目前流行于各地保税区的进口保税商品超市，通过线上商城和线下门店的结合，开展批发零售、团购以及相关促销活动，促进更多的消费者购买进口热门商品。O2O的优势在于把线上和线下的优势结合起来，完美对接互联网与实体店，让消费者在享受线上优惠价格的同时，又可享受线下的贴身服务。同时，O2O模式还可以实现不同商家联盟。该模式的最大特点是推广效果可查、每笔交易可跟踪。

资料来源：https://wenku.baidu.com/view/afcfcbe70722192e4436f69c.html.

1.3 跨境电子商务的发展

随着互联网在全球范围内的拓展，以及中国网民用户的不断增加，一种虚拟的、全新的商业模式——跨境电子商务应运而生，从1997年中国互联网爆发元年，到马云创立阿里巴巴电子商务平台，再到天猫、京东、当当、聚美优品、海淘网、洋码头等电商平台纷纷开设跨境代购等业务，跨境电子商务的发展如火如荼。中国的电子商务平台的崛起速度已经超过中国经济的发展速度，并且新的商业模式和盈利模式层出不穷，B2B、B2C、C2C、O2O团购、移动平台、微信商城、互联网金融等早就不再是风投们热衷的新鲜物了，跨境电商在中国进出口总额中的份额已不容小觑，其发展速度和规模逐年扩大，如图1-2所示。

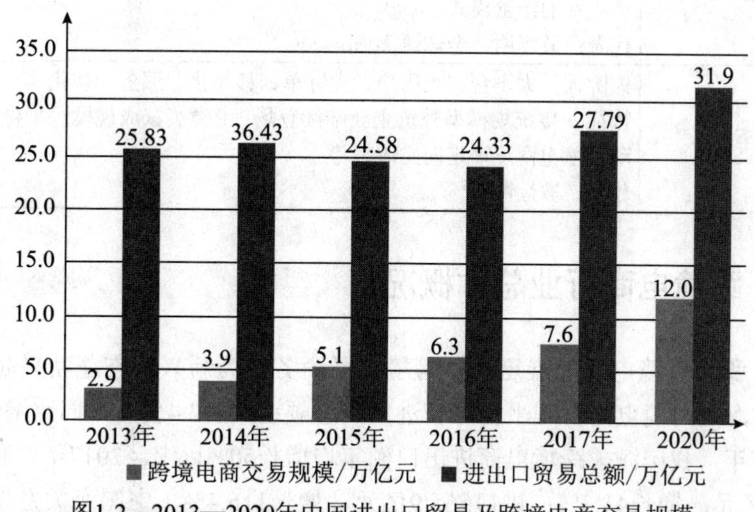

图1-2　2013—2020年中国进出口贸易及跨境电商交易规模

1.3.1　中国跨境电商市场的自发形成

中国跨境电商的形成具有自发性，主要出于以下几个原因：一是由于国内消费者生活水平不断提高，可支配的收入持续增加，消费者有条件去要求和筛选更好的产品，因此国外的新奇特产品以及高科技产品便进入消费者的视线；二是随着国内很多产品负面信息的曝光，国内消费者产生更多有关食品安全方面的心理压力，使得消费者在可选择的范围内更倾向于国外具有更完善的监督监管机制的产品；三是由于税收的限制，国内某些进口产品的价格相对于国外该产品的销售价格来讲缺少竞争力，突出表现在某些奢侈品领域，致使国内消费者选择代购或海淘方式购买进口产品。

因此，国内跨境电商市场的形成主要经历如下三个阶段(见表1-2)：第一阶段从2000年底开始，以阿里巴巴为主导的B2B模式出现；第二阶段从2005年开始，以阿里巴巴和eBay为主，腾讯拍拍、百度等为辅，简言之就是BAT(Baidu、Alibaba、Tencent)形成；第三阶段是2011年以后阿里巴巴、京东等各类垂直型门户的发展和对决。2013年以后，中国跨境电商的发展才真正开始，即国家开始正式承认某些行业类目；随着跨境电商平台兰亭集势赴美国上市，国务院出台了“国六条”，鼓励扶持更多跨境电商企业的发展。2014年，全国多个城市启动跨境电商，京东、阿里巴巴、亚马逊等电商巨头相继布局跨境电商战略，至此较为成熟的中国跨境电商市场逐渐自发形成。

表1-2 中国跨境电商发展阶段

1.0时代(1999—2003年)	关键词：信息、黄页、产品展示 特征：以黄页形式提供信息 收取会员费用 代表：阿里巴巴、环球资源网
2.0时代(2004—2012年)	关键词：在线交易、供应链、交易一体化 特征：信息展示、物流、支付、客户关系管理都集于一体；交易佣金替代会员收费的经营模式 代表：敦煌网、全球速卖通
3.0时代(2013年至今)	关键词：大平台、大用户、大订单、移动化、服务一体化 特征：传统规模型外贸企业陆续登场；B类买家成规模；平台服务升级；移动跨境电商逐渐走向主流趋势 代表：敦煌网

1.3.2 跨境电商行业总体概况

近年来，我国跨境电商发展迅速，跨境电子商务作为新兴业态蓬勃兴起。据报道，2017年，通过海关跨境电商管理平台零售进出口总额达到902.4亿元，同比增长80.6%；从2015年至2017年，我国海关跨境电商进出口额年均增长50%以上。2017年，我国在这一领域出口336.5亿元，增长41.3%；进口565.9亿元，增长116.4%。中国海关办理跨境电商进出口清单6.6亿票，是进出口货物报关单的8.4倍。目前，我国跨境电商平台企业已经超过5000家，通过各类跨境电商平台开展商务活动的超过20万家，同时每年在跨境电商平台注册的主体中有90%是中小企业和个体商户。跨境电商行业具有如下几个特点。

1. 目标市场集中

目前，我国跨境电商出口的主要市场是美国、俄罗斯、欧盟、东盟、日本等，这与一般贸易方式的市场相吻合。例如，2017年中国出口跨境电商的主要目的地市场占比如下：美国15%、俄罗斯12.5%、法国11.4%、英国8.7%、巴西6.5%、加拿大4.7%、德国3.4%、日本3.1%、韩国2.8%、印度1.6%、其他30.2%。美国是中国最大、最主要的出口电子商务贸易市场，占中国整个出口电子商务市场的15%。就品类而言，服饰鞋帽是出口美国市场的最大品类，其次为3C产品，珠宝首饰等时尚品类紧随其后。欧盟是仅次于美国的第二大出口目的地市场，也以2017年数据为例，当年欧盟市场占中国出口电商交易额的15.3%，其中英国、德国、法国、西班牙是中国主要的出口市场。

与此同时，不断崛起的新兴市场正成为跨境电商零售出口产业的新动力。首先，俄罗斯、巴西、印度等国家的本土电商企业并不发达，但这些国家市场消费需求旺盛，中国制造的产品物美价廉，具有巨大优势。其次，大量企业也在拓展东南亚市场(主要指印度尼西亚市场)。印度尼西亚则是东南亚人口最多的国家，全球人口排名位居第四，具有巨大的消费潜力，目前，eBay、亚马逊、日本乐天等电商平台巨头都开始进入印度尼西亚市场。最后，在拉丁美洲、中东欧、非洲和中东等地区，电子商务和跨境网购依然是一个比较陌生的概念，对于跨境电商企业来说，这些地区都是需要花费较多时间和精力来开垦和培养的市场，但同时也是最具发展潜力和前景的市场。

2. 跨境电商交易结构渐趋合理

首先，以B2B交易为主，B2C交易不断增加。从2012年至今的中国跨境电商交易类型看，B2B交易占主导地位，由于其交易量比较大，订单量可预测，且在安全性上优于B2C，故今后一段时间内，跨境电商交易中B2B方式还将占主流。2012—2017年中国跨境电商交易规模B2B与B2C结构如图1-3所示。但是跨境交易订单越来越向碎片化发展，所以B2C交易比例也会出现一定的增加。例如，2018年中国的B2C跨境电子商务交易额超过200亿美元，比上一年增长了50%；其中，出口贸易额为80亿美元，比上一年增长67%；进口贸易额约为120亿美元，比上一年增长近40%。

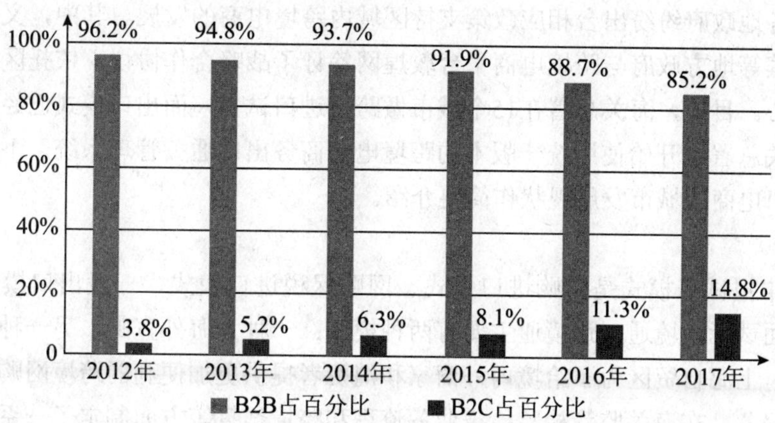

图1-3　2012—2017年中国跨境电商交易规模B2B与B2C结构

资料来源：www.100EC.cn.

其次，以出口为主，进口不断增加。2012年以前，传统外贸和传统制造业企业基本没进入电商行业，到了2012年，很多传统公司开始进军跨境电商这一国际贸易新业态，出口已经占跨境电商的主要份额(见图1-4)。随着国内知名电商海外频道的逐步铺开，以往以

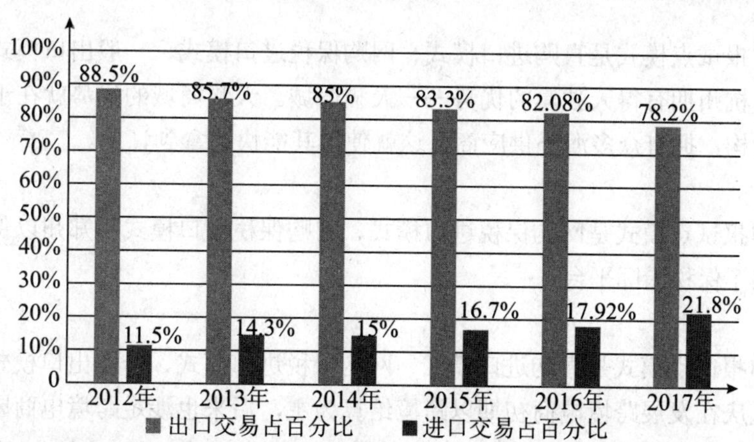

图1-4　2012—2017年中国跨境电商交易规模进出口结构

资料来源：www.100EC.cn.

零星代购为主要形式的进口将被电商平台交易所取代，进而进口量也会大量增加。根据中国电子商务研究中心的监测数据，2008—2013年，跨境进口电商交易额年复合增长率高达31%，较为热门的5类消费品分别是护肤美妆、婴幼儿食品、服饰、保健品、电子产品。这就要求各个电商进口平台有效把控产品质量，保证跨境电商进口业务的可持续发展。

1.3.3 中国跨境电商地区发展情况

从2013年开始，为了促进地区经济发展，帮助传统企业转型升级，带动跨境电商产业链的形成，各地政府纷纷出台相应政策支持区域内跨境电商的发展。其中，义乌、东莞、宁波、哈尔滨等地方政府与跨境电商平台敦煌网签订了战略合作协议，依托区域资源建立跨境电商中心。目前，海关总署在15个城市做跨境进口试点，而出口模式已经在全国各城市开放，海关总署也开始使用统一版本的跨境电子商务出口通关管理系统。下面仅对部分试点跨境进口电商的城市发展现状作简要介绍。

1. 上海

上海的申报试点模式是直购进口模式、网购保税进口模式、一般出口模式。目前，上海开始全面试行跨境通，跨境通主要有两种模式：一种是海外直邮，另一种就是自贸区直供。另外，上海自贸区为了给境内外商家和消费者提供更加便利的跨境网购、支付、结汇、纳税等服务，在海关监管检验检疫业务流程和跨境结算等方面制定了一系列的创新政策和业务流程。其中有些内容也可适用于其他省市。

2. 宁波

宁波的申报试点模式是网购保税进口模式、一般出口模式。宁波利用跨境购平台和保税区来做跨境电商，其发展速度在一定程度上已经超过上海，最直接的表现是其跨境电商数量的激增。

3. 杭州

杭州的申报试点模式是直购进口模式、网购保税进口模式、一般出口模式。相比于其他几个城市，杭州拥有得天独厚的优势——天猫商城。天猫商城的优势就在于其拥有非常庞大的海外机构，拥有众多海外供应商，这就使得其能快速拿到订单。

4. 郑州

郑州的申报试点模式是网购保税进口模式、网购保税出口模式。郑州以保税物流中心为基础，成立了保税国际平台。

5. 重庆

重庆的申报试点模式是直购进口模式、网购保税进口模式、一般出口模式、网购保税出口模式。重庆在发展跨境电商初期以跨境结算为主，后来也涉足跨境电商园区和跨境电商平台，以及B2C的跨境出口。

6. 广州

广州的申报试点模式是直购进口模式、网购保税进口模式、一般出口模式、网购保税出口模式。广州有海外通、贸通天下等平台。贸通天下主要是供应链的管理模式，已发展成为广州跨境电商的标志，已经有20多家企业进入了这个平台。

1.4　跨境电子商务监管与政策支撑体系

1.4.1　行业监管体系

1. 行业主管部门

跨境电子商务行业行政管理部门主要包括工信部、商务部、工商总局、海关总署、国家质检总局及相应地方各级管理机构，具体职责如下所述。

(1) 工信部负责统筹推进国家信息化工作，组织指定相关政策，促进电信、广播电视和计算机网络融合；统筹规划公用通信网、互联网、专用通信网，依法监督管理电信与信息服务市场，会同有关部门制定电信业务资费政策和标准并监督实施，负责通信资源的分配管理及国际协调，推进电信普遍服务，保障重要通信。

(2) 商务部负责推进流通产业结构调整，指导流通企业、商贸服务业和社区商业发展；推动流通标准化和连锁经营、商业特许经营、物流配送、电子商务等现代流通方式的发展；拟定规范市场运行、流通秩序的政策，按有关规定对特殊流通行业进行监督管理。

(3) 工商总局负责指导广告业发展，负责广告活动的监督管理，负责监督管理市场交易，负责监管网络商品交易及有关服务。

(4) 海关总署负责监管进出境运输工具、货物、物品；征收关税和其他税、费；查缉走私；编制海关统计和办理其他海关业务。

(5) 国家质检总局负责出入境商品检验、出入境卫生检疫、出入境动植物检疫、进出口食品安全和认证认可、标准化等工作。

2. 行业监管体制

根据2000年9月25日颁布实施的《互联网信息服务管理办法》和2014年1月26日颁布的《网络交易管理办法》的规定，国务院信息产业主管部门和省、自治区、直辖市电信管理机构，依法对互联网信息服务实施监督管理；新闻、出版、教育、卫生、药品监督管理、工商行政管理和公安、国家安全、海关总署、质检总局等有关主管部门，在各自职责范围内依法对互联网信息内容、交易商品实施监督管理。

1.4.2　政策支撑体系

有关跨境电商的监管政策主要包括海关政策和税收政策。为推动传统外贸转型升级，国家从2012年以后密集出台了相关的政策措施，下文就对典型政策进行简单的梳理分析。

1. 海关部门相关政策规定

第一，针对交易行为方面的规范。2014年7月海关总署发布的《关于跨境贸易电子商务进出境货物、物品有关监管事宜》公告，从监管层面对从事跨境电子商务的企业和个人进行管理，进一步规范跨境电商行业，让“代购”“海淘”等有法可依。公告明确规定，规范通过电子商务平台与海关联网交易时发生的进出境货物、物品范围以及数据分享、企业注册等备案手续、报关申报方式以及监管要求等事项。公告主要在于调整三类主体，即通过互联网进行跨境交易的买家、境内企业关于开展跨境电子商务业务和第三方平台对跨境电子商务提供的服务。而从渠道上来讲，该公告的交易行为仅指与海关联网的电子商务平台的交易行为。这项公告的出台限制了售卖假货和走私货的不良商贩、不法分子的活动空间，使得合规的海淘企业、个人有更大的成长和发展空间。

第二，针对电商行业方面的监管。海关总署还曾陆续发布过其他若干文件，尤其重点关注电商行业不断显现的特性和监管当中的难点，做了如下调整：2010年7月，海关总署出台相关公告提高对进出境个人物品的管理效率，力求减少和避免在跨境网购过程中偷逃税现象的发生，规范我国的跨境电商运营模式，净化电子商务市场环境；2012年2月，海关总署出台《中华人民共和国海关进出境邮递物品监管办法(征求意见稿)》，为海关监管流程和相关制度化新规定的出台和实施征集意见。

2. 非海关部门相关政策规定

非海关部门也陆续出台配套政策措施，以引导和促进跨境电子商务企业和海淘族、海代族的发展。

第一，针对网络风险方面的防范，其中较为重要的一项就是2014年1月颁布的《网络交易管理办法》。此办法进一步扩大了监管范围，涵盖网络交易主体、客体和行为三个方面，明确要求“从事网络商品交易及有关服务的经营者，应当依法办理工商登记”，且“从事网络商品交易的自然人，应当通过第三方交易平台开展经营活动，并向第三方交易平台提交其姓名、地址、有效身份证明、有效联系方式等真实身份信息。具备登记注册条件的，依法办理工商登记”。这样不仅有助于网络交易市场规范化发展，还能净化网络购物环境，为消费者创造良好购物环境，尤其对跨境风险的防范有一定的指导意义。

第二，针对交易主体责任划分。2007年，商务部出台相关指导意见，明确了网络交易的性质，认识到在跨境网购中物流企业发挥着重要作用，国家邮政局和商务部联合发布相关公告，明确各政府部门在网络购物监管中应实现协同管理和统一执法的理念；2013年7月，国务院办公厅下发了《国务院办公厅关于促进进出口稳增长、调结构的若干意见》，明确要求要积极研究、解决以跨境电子商务方式出口货物所遇到的海关监管、退税、检验、外汇收支和统计等问题，推动跨境电子商务的发展；2013年8月，国务院办公厅转发商务部等部门《关于实施支持跨境电子商务零售出口有关政策意见的通知》，提出6条具体支持措施；2014年9月，工商总局联合工业和信息化部发布了《关于加强境内网络交易网站监管工作协作积极促进电子商务发展的意见》，制定了一系列加强工作协作的措施以促进电商发展。

3. 征税方面政策规定

第一，进出口税收政策。我国在跨境电商征税方面积极地实施适应电子商务出口的税收政策，主要解决电子商务出口企业无法办理出口退税的问题。2014年，国家出台跨境电商零售进口政策，并进一步制定跨境电商零售进口税收政策；2015年，国务院发布的《关于促进跨境电子商务健康快速发展的指导意见》指出将继续推进出口跨境电商增值税、消费税退税或免税政策。

第二，征税政策调整。现行的跨境关税政策，对小额的跨境电子商务实行免税政策，极大促进了跨境电子商务的发展，但是大额的跨境电子商务交易并没有与之相匹配的跨境关税政策。目前，多数跨境贸易电子商务平台为了适应跨境电子商务快速发展的需求都是通过国际小包的形式，以600美元以下标准分散出境，没有正规的报关、报检等手续，出口企业只能取得快递公司的运输单，却无法提供海关出口报关单等合法凭证，因而很多出口商品都无法退税和进行电子商务跨境结汇。

2016年3月末，财政部、海关总署、税务总局三部门发布跨境电商零售进口新税制(即财关税〔2016〕18号)，即自2016年4月8日起，我国将实施跨境电商零售进口税收政策，同步调整行邮税，取消了税费50元以内免税等政策，跨境电商将告别“免税时代”，使用“跨境电商综合税”代替行邮税。政策将单次交易限值确定为人民币2000元，同时将设置个人年度交易限值为20 000元(注：在2019年又作调整)。在限值以内进口的跨境电子商务零售进口商品，关税税率暂设为0%，进口环节增值税、消费税取消免征税额，暂按法定应纳税额的70%征收。超过单次限值、累加后超过个人年度限值的单次交易，以及完税价格超过2000元限值的单个不可分割商品，将均按照一般贸易方式全额征税。据报道，不少跨境电商人士认为，2016年的税改意味着海淘跨境电商获得国家承认的合法地位，有利于规范行业的不正当竞争现象。跨境进口零售税收新政前后变化如表1-3、表1-4所示。

表1-3　2016年跨境进口零售税收政策

序号	商品品类	金额/元	税改前税率		税改后税率			变化
			按行邮税税率征收	实际征收(税款低于50元免征)	关税	增值税	消费税	
1	母婴、食品、保健、日用	<500	10%	实征为0	0%	11.9%	0%	11.9% ↑
2	母婴、食品、保健、日用	≥500	10%	—	0%	11.9%	0%	1.9% ↑
3	服饰、电器、手表	<250	20%	实征为0	0%	11.9%	0%	11.9% ↑
4	服饰、电器、手表	≥250	20%	—	0%	11.9%	0%	8.1% ↓
5	化妆品(含消费税)	<100	50%	实征为0	0%	11.9%	21%	32.9% ↑
6	化妆品(含消费税)	≥100	50%	—	0%	11.9%	21%	17.1% ↓
7	化妆品、个人洗护	<100	50%	实征为0	0%	11.9%	0%	11.9% ↑
8	化妆品、个人洗护	≥100	50%	—	0%	11.9%	0%	38.1% ↓

资料来源：孙瑞华，唐韵. 海关税收新政下跨境进口零售电商模式创新与发展[J]. 贵州社会科学，2018(11)：129-134.

表1-4 2016年跨境进口零售税收政策变化内容

类别	新政前	新政后
税种	按“物品”征收行邮税	按“货物”征收关税、增值税、消费税
商品品类	按“负面清单”管理	按“正面清单”管理
交易现值	单次进口交易现值：1000RMB 个人年度总额：无	单次进口交易现值：2000RMB 个人年度总额：20 000RMB
税率	行邮税10%、20%、30%、50%，具体取决于物品种类	综合税：关税暂设为0%；增值税：现行增值税率×70%；消费税：按商品不同种类税率×70%
	免征额度：50RMB以下	免征额度：取消

资料来源：孙瑞华，唐韵. 海关税收新政下跨境进口零售电商模式创新与发展[J]. 贵州社会科学，2018(11)：129-134.

1.4.3 跨境电子商务试点改革措施

值得一提的是，跨境电子商务试点改革是法律法规的具体实施，也是促进跨境电商顺利推进的必要保证。

1. 海关总署组织示范城市开展跨境贸易电子商务服务试点工作

为解决使用邮件或者快件通关的跨境业务通关慢、结汇不规范及退税等问题，海关总署于2012年已经开始在全国有条件的地方全面铺展试点改革，致力于解决跨境电商中快件或邮件方式通关监管等问题。试点工作主要从两个方面进行创新：一是着手制定新的政策业务，建立适应跨境电子商务发展的管理制度；二是使用新的信息化技术，建立数据共享机制。试点工作依托电子口岸协调机制和平台建设优势，实现口岸相关部门与电商、支付、物流等企业的业务协同及数据共享，解决跨境电子商务存在的问题。2012年12月，海关总署在郑州召开跨境贸易电子商务服务试点工作启动部署会，上海、重庆等5个试点城市成为承建单位，标志着跨境贸易电子商务服务试点工作的全面启动。从试点城市特点来看，试点城市主要集中在物流集散地、口岸或是产品生产地等。

跨境电商试点城市共有4种可申报的业务模式，不同城市的业务试点模式范围有明显的限定。国家海关总署明确可以做跨境电商进口试点的城市有重庆、广州、上海等。

2. 积极探索跨境电商进口试点业务

跨境电商业务模式的探索大致可分为出口和进口两个方面。

(1) 出口方面。目前出口跨境电商主要采用“清单核放、汇总申报”的管理模式，解决电商出口退税、结汇问题。根据海关总署的数据，截至2014年4月28日，出口业务已在杭州、郑州、广州、重庆等地开展，累计验放出口清单超25万份，归并形成出口报关单1393票，价值约2925万元。

(2) 进口方面。各试点城市充分发挥海关特殊监管区域的功能和优势，建立网购保税进口模式和直购进口模式。截至2014年4月28日，进口业务已在上海、宁波、杭州、郑州、重庆等地开展，累计验放进口包裹约6万票，货值2048万元。

跨境电商进口业务试点城市进行了较多尝试，各级政府指导下的跨境电商平台先后上线，如上海的跨境通、宁波的跨境购等，保税进口也在政策支持下取得了比较明显的成绩(保税进口模式，指境外商品入境后暂存保税区内，消费者购买后以个人物品出区，包裹通过国内物流的方式送达境内消费者)。据上海海关信息，2013年底跨境通上线，截至2014年3月底，跨境通累计成交保税进口类订单26 766笔，商品主要为奶粉、咖啡、包装饮料等进口食品。据宁波海关信息，2013年11月底至2014年3月30日，宁波跨境电商进口业务共产生货值497.5万元，累计订单15 017笔，商品主要为婴儿纸尿裤、食品、日用百货等。

1.5　跨境电商平台简介

提及跨境电商平台，人们通常会想到跨境电商出口交易平台。如前文所述，目前，在众多国内跨境交易平台中，eBay、速卖通、亚马逊、敦煌网这四家的市场份额占到80%以上，同时新的一批跨境电商出口交易平台也在陆续搭建中。市场占有率和知名度较高的其他跨境电商平台还有环球资源网、兰亭集势和焦点科技(中国制造网)。除了传统PC端购物平台外，随着移动互联网的迅速发展，移动端跨境平台也逐渐受到追捧。因为第3章将集中详述跨境电商交易平台，所以下文仅对几个典型的跨境电商出口平台作概括式介绍。

1. 阿里巴巴国际站

阿里巴巴国际站是阿里巴巴集团跨境业务的一部分。阿里巴巴国际站是典型的平台模式，又称为“电子黄页”，旨在打造以英语为基础、任何两国之间的跨界贸易平台，并帮助全球小企业拓展海外市场。阿里巴巴国际站服务全球240多个国家和地区数以百万计买家和供应商，展示超过40个行业类目的产品，以产品信息的展示为核心业务。图1-5为阿里巴巴国际站首页。

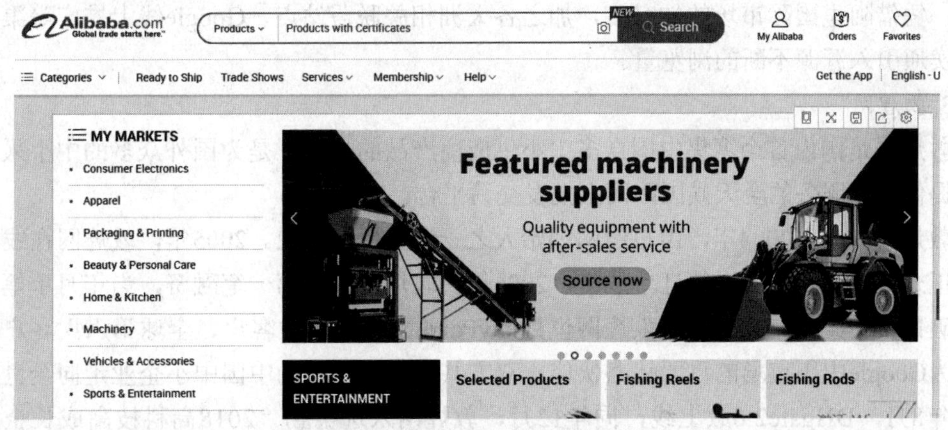

图1-5　阿里巴巴国际站首页

阿里巴巴国际站是一个集合卖家与买家的信息展示平台，其提供的信息包括使用该平台的生产厂家的产品信息。这些信息并不是由阿里巴巴负责采集，而是在生产企业成为阿里巴巴的会员之后再上传关于产品信息的简介，阿里巴巴国际站会根据产品种类进行广告的投放。

2. 全球速卖通

全球速卖通简称速卖通，是阿里巴巴旗下的全球在线交易平台，被广大卖家称为国际版“淘宝”，自2010年上线以来，已经覆盖220多个国家和地区，每天浏览量已超过5000万，速卖通采用对成功交易收取5%手续费、不成功不收费的模式，现正逐步向不同品类、不同支付方式、不同交易额收取不同手续费比例的商业模式发展。2016年3月1日以后，速卖通规定只有具备企业资质才能在速卖通上注册店铺，一个企业账号可以注册6个店铺，每个品类收取5000～10 000元的年费。速卖通首页如图1-6所示。

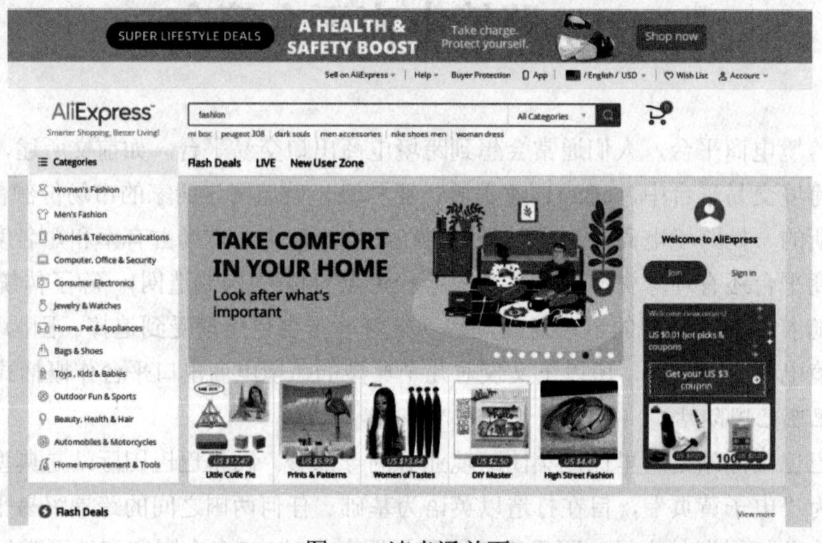

图1-6　速卖通首页

速卖通的优势有以下几点：平台交易手续费率低；速卖通淘代销功能使卖家将丰富的淘宝商品一键卖向境外；速卖通还为卖家提供一站式商品翻译、上架、支付、物流等有偿服务；凭借阿里国际市场的知名度，加之各大洲相关联盟站点、Google线上推广等渠道也为速卖通引入源源不断的浏览量。

3. 敦煌网

敦煌网是国内首个聚集中国众多中小供应商产品的平台，是为国外众多的中小采购商有效提供采购服务的全天候国际网上批发交易平台。

敦煌网成立于2004年，由卓越网创始人之一的王树彤创立。2005年，敦煌网在线交易平台正式上线，平台第一笔订单成交。2006年，敦煌网获得第一笔融资，当年月单笔交易额突破10 000美元。2007年，敦煌网位列PayPal亚太地区最大客户、全球第六大客户，并且成为Google中国市场的重要战略伙伴，双方共同致力于推动中国中小企业走向全世界。2008年8月，DHgate2.0版上线，同年12月，敦煌网入选德勤“2018高科技高成长企业50强”，排名第七。2009年，与UPS结成业务合作伙伴，服务嵌入敦煌网平台。2010年，敦煌网启动敦煌动力营行动，计划培养和孵化超过20万电商，获得华平投资集团近两亿人民币投资。敦煌网的跨境支付DHpay平台上线成功并接收第一笔来自美国的40.17美元的付款。敦煌网的商业生态系统较为简单，主要涉及企业的平台使用商、核心企业、服务中间商、目标客户群体、政策相关方。敦煌网首页如图1-7所示。

图1-7　敦煌网首页

与阿里巴巴速卖通不同，敦煌网没有采取会费制，从而取消了进入门槛。卖家可以免费注册成为会员，在交易形成之后，敦煌网会按照产品类目的不同，收取一定比例的佣金，佣金比例一般为交易额的3%～12%，总体佣金水平约为7%。

4. 兰亭集势

兰亭集势成立于2007年，注册资金300万美元，是目前国内排名第一的外贸销售网站。公司成立之初即获得美国硅谷和中国著名风险投资公司的注资，总部设在北京，在北京、上海、深圳共有1000多名员工。

兰亭集势涵盖了服装、电子产品、玩具、饰品、家居用品、体育用品等品类，该平台已经拥有来自世界各地的注册客户数千万人，累计发货目的地国家或地区多达200个，遍布北美洲、亚洲、西欧、南美洲和非洲。兰亭集势的商业生态系统与敦煌网有相同之处，但是兰亭集势作为交易品平台存在，其主要模式是"做货"，即兰亭集势自身采购货物进行外贸操作，所以其在商业生态系统的角色由平台使用商转换为产品供应商。兰亭集势首页如图1-8所示。

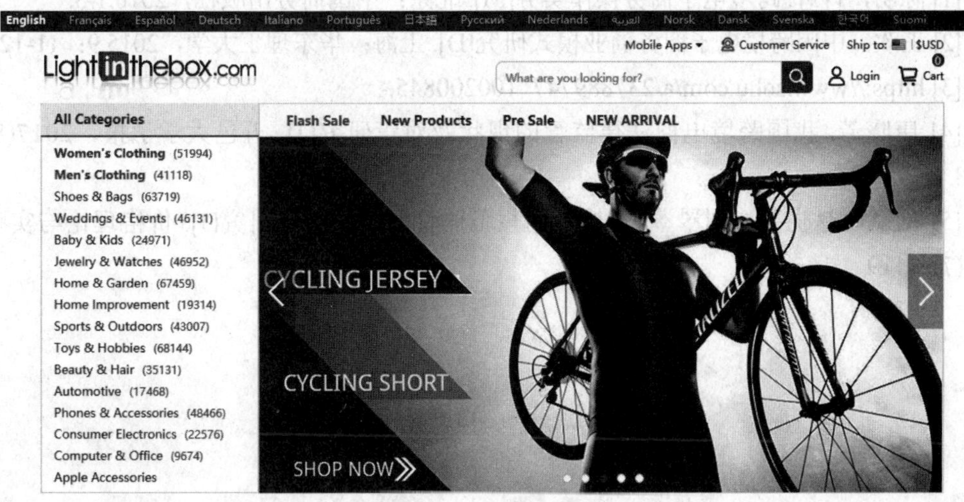

图1-8　兰亭集势首页

本章结语

了解跨境电子商务的基本概念和分类可以为从业者对交易模式和盈利模式进行准确定位；掌握跨境电子商务的发展脉络与现状也能为实际业务的开展提供良好的经验借鉴；熟悉各个典型跨境电商平台的基本情况能对未来的平台选择商提供更完备的资料。因此，跨境电商与传统的贸易方式既有相似之处，又有很大差别。此外，相比境内电子商务，跨境电子商务的业务环节更加复杂，遭遇风险的可能性更大，这就要求从业者具有良好的抗压能力以及处理紧急事务的基本常识，这样才能在跨境电商这一领域找到适合自己发展的空间。

章后练习

一、思考题

1. 跨境电子商务的概念内涵是什么？

2. 跨境电子商务的分类有哪些？分类依据各是什么？

3. 跨境电子商务的发展现状有哪些特点？

4. 敦煌网和速卖通的区别有哪些？

二、实训题

登录速卖通、敦煌网、亚马逊、eBay等跨境电商网站，了解各网站的基本功能和异同点。

参考文献

[1] 陈明，许辉. 跨境电子商务操作实务[M]. 北京：中国商务出版社，2016.1-3.

[2] 王欢，中国跨境电子商务商业模式研究[D]. 上海：华东理工大学，2015.9：11-12.

[3] https://www.sohu.com/a/237889747_100200845.

[4] 唐晓芳. 我国跨境电商法律监管的现状及对策研究[J]. 五邑大学学报，2017(8)：65-68.

[5] 刘斌，赵晓斐，刘翠翠. 跨境电商规范监管问题及对策研究[J]. 价格理论与实践，2019(7)：119.

第 2 章

跨境电商的前期准备

学习目标

- 了解跨境电商的前期市场调研和客户选择与维护
- 掌握跨境电商选品的基本步骤
- 熟悉跨境电商物流的基本知识

能力目标

从跨境电商的前期海外调研入手，掌握跨境选品及交易规则的主要内容，为实务操作奠定理论基础。

引导案例

说起移动电源有哪些品牌，大家可能都知道小米、品胜、罗马仕等，却没听说过Anker。Anker在国内并不出名，国内网站搜索移动电源，销量前十名都没有Anker，但在亚马逊上，排名第一的却是Anker，Anker是亚马逊的热销品。

Anker的产品主要是消费类电子产品，包括笔记本的充电器、充电电池、键盘、鼠标等。一款Anker的笔记本电脑电池的售价约为30美元，而戴尔的类似产品售价为80～100美元。此外，加上Anker将产品用海外仓的方式发往国外和本地化的售后服务，让Anker的销售直线上升。2014年，Anker仅靠一款移动充电宝就实现了1亿元人民币的销售额，消费者遍布美、英、法、德、意等国。2016年，Anker的销售总额超过25亿。2018年，在Google出具的中国出口品牌50强中，Anker排名第七。

Anker的创始人杨萌介绍，在美国亚马逊上开网店，早期更多考验商家的是语言能力和对国外网站、国外法律的了解等，但是要做大、做长远，必须要有好的产品和让人信赖的品牌。因此，Anker将大部分利润投入产品研发上，在上海、深圳都设有研发基地。

此外，与国内淘宝不同，亚马逊没有售前服务，也就省去了“购买前与店小二讨价还价的过程”，类似国内京东的模式。但是，国外网站对产品质量要求更加严格，如果出现质量问题，十几美元的交易很可能换来的是近万元的罚单。

思考：(1) Anker在选品时考虑了哪些因素？

(2) 欧美跨境消费者购买产品时的影响因素有哪些？

2.1 海外市场调研

2.1.1 海外市场大环境的调研

针对海外市场的调研主要包括三个方面，分别是经济环境、政治法律环境和社会文化环境。

1. 经济环境

经济环境的主要内容包括人口、收入、消费、自然条件和经济基础设施等。人口是构成市场的基本要素，是分析市场容量的重要依据之一。收入是构成市场的另一基本要素，对市场进行分析时，一般要把人口和收入结合起来。消费也是影响市场的重要因素，如果没有消费需求，就没有市场。自然条件是指一个国家或地区的自然资源、地理结构和气候，自然条件对市场特点的形成有着重要影响。经济基础设施是指能源供应、交通运输、通信设备、金融机构和广告公司等。一般来说，一个国家或者地区的经济基础设施数量越充分，质量越好，开展国际贸易就越顺利。

2. 政治法律环境

在现代国际贸易中，各国政府对本国的进出口贸易实施着不同程度的贸易保护，即通过政治法律手段制定经济政策和法规，维护国内市场的经济秩序。了解国内外的政治法律环境，可在跨境电商的实际业务操作中有效规避来自这方面的风险。

3. 社会文化环境

社会文化环境对国际进出口贸易带来的影响也是不可忽视的。例如，出口产品的设计，包括商标，包装上的颜色、图案和文字，广告以及促销方式等，都要尽量适应进口国家或者地区的社会文化环境，这样有助于产品的销售；反之，有可能妨碍商品销售。

2.1.2 海外市场买家的调研

跨境电商平台上的买家，绝大部分是个人，也有少数是小型零售商。如果商家想把商品销售出去，就必须了解海外买家市场。从年龄分布上看，海外买家绝大部分是年轻人，即“80后”“90后”“00后”。因此，无论是在布置商品还是回复询盘时，卖家都有必要注意这一年龄段的群体特点。除此之外，还要强调海外国家的不同国情，这样才能有助于卖家选对商品，从而获取较多利润。下文将列举几个热门市场的买家需求习惯，为卖家选品提供思路。

1. 美国买家需求习惯

1) 生活习惯

了解消费者的生活习惯，有助于确定经营品类。美国人的生活习惯有着浓郁的本地特色：饮食方面，美国人不会因为饮食占用自己大量的时间，注重营养而不是口味，饮食简单，食品种类单一。住房方面，美国人的房子基本都是自己设计和装修，提倡个性化，他们通常把厨房和卧室设计得宽敞明亮，每家几乎都有户外活动的小院子和花园。衣饰装扮方面，美国人更喜欢宽松舒适的衣服，所以美国人的穿衣并不是时尚感十足，而是偏向于休闲风格。电子通信方面，美国人很喜欢通过电话、短信和朋友还有家人分享自己的心情，他们对手机非常依赖，特别是在社交网络发达的今天，而且美国的手机特别便宜，通话费也不高。运动和户外方面，美国人愿意花大量的金钱去做运动和户外活动，当美国的联邦假日来临的时候，海滩、健身房、旅游区都人满为患。文娱生活方面，美国每年都有很多的明星演唱会、大型体育比赛以及大制作电影，很多美国人把参与这些活动作为生活放松的方式，他们也愿意购买一些周边产品留作纪念。宠物方面，很多美国人都会养宠物，并且把宠物当作家人来看待。美国家庭每年会把一笔可观的费用花在给宠物看病、购买宠物食品、营养品和日常用品等方面。

2) 购物特点

美国人的消费习惯与中国有着本质的不同，以下是美国人比较典型的购物习惯。

(1) 提前透支消费。美国人基本不存钱，有多少钱就花多少，甚至喜欢透支消费，这是因为美国人喜欢享受，不希望因为收入低而降低生活品质。因此，美国的银行大都鼓励消费者分期付款，甚至有些银行提供45天的透支免息期。

(2) 注重精神消费。美国人注重精神消费，把大量金钱投在锻炼、健身、养生、旅游、营养品上，他们认为只有健康和享受生活才是生活的真谛。所以，美国的健身房总是爆满，户外用品市场火爆，保健品热销。

(3) 注重质量和品质。美国人很看重品牌，他们最喜欢的卖场是品牌折扣卖场，认为品牌是质量的保证。美国人宁愿选择价格高的品牌，也不会选择没有品牌的便宜货。这点对卖家的提示是，卖家如果有条件，应尽量注册自己的品牌并适当推广，让顾客对你的品牌有一定的认知，这样打入美国市场会相对容易些。

(4) 将包装视为品质的重要体现。美国人认为质量第一，包装第二，最后才是价格，包装在美国人心里占有很大的比重。在他们眼里，包装和产品的品质是平等的，好的产品一定要有好的包装，否则购物体验会有落差。针对美国市场，卖家要在自己的产品品质和包装上多下功夫。

3) 季节性需求明显

在美国市场，每个月份的热销产品都不同，卖家通过分析各月份的热销产品，能够准确了解美国买家的消费心理和消费需求。例如，1月份，市场进入冬季服装打折期，该月属于服装的销售旺季。2月份有情人节等节日，是园艺产品、时尚饰品、箱包礼品的火热销售月份。3月份，服装、家居用品、美容化妆品开始热销；另外，3月份也是户外用品、桌球、水上用品的热销季节，礼品销售随着复活节等特殊节日也火热起来。4月份，园艺产品在美国市场销售很好，由于4月是婚礼筹办的好季节，女鞋、伴娘礼服和婚礼用品比较热销。5月份有母亲节，园艺产品、时尚饰品、珠宝产品、箱包产品、贺卡等会随着母亲节的到来而变得火热。6月份有父亲节也是毕业季，手机和电子产品也进入销售旺季，空调等制冷电器会在6月开始热销。7月份有美国独立日，家具和家居用品会因为婚礼等需求而进入旺季。8月份是学生返校采购季，返校季是服装、鞋类的热卖季节，也是手机、电子产品、办公用品、运动用品的热卖月。9月份有美国的劳动节，秋季是服装热卖的季节之一，美容化妆品会由于秋季新品的到来而热销；同时也是滑雪用品热卖的月份。10月份有万圣节，体育用品会在10月份强势打折，同时毛绒玩具会热销。11月份有感恩节，感恩节是园艺产品的热卖时节，美容化妆品会随着冬季休假来临而热卖，礼品也随着冬季诸多重要的节日进入销售旺季。12月份有圣诞节，是服装和鞋类热卖的季节，圣诞节也是园艺产品热卖的时节，取暖设备也会热销，时尚饰品、珠宝和手表在12月份的销量会占到全年的四分之一。

2. 加拿大买家需求习惯

1) 生活习惯

加拿大是一个移民国家，其移民大多来自欧洲各国。加拿大社会的多元文化环境被加拿大政府和人民引以为傲，这不仅是区别于其他移民输入大国的显著标志，也是吸引移民的主要原因。加拿大的多元文化使得其拥有丰富的节假日活动。加拿大主要节假日如表2-1所示。

表2-1 加拿大主要节假日

节日	节日由来
圣帕特里克节	每年3月13日是加拿大圣帕特里克节，这是纪念爱尔兰守护神圣帕特里克的节日。这一节日起源于5世纪末的爱尔兰，如今已成为爱尔兰的国庆节
郁金香节	每年5月9日是加拿大郁金香节，这个节日始于1953年，如今已成为世界最大规模的郁金香盛会，每年吸引全球数十万游客
维多利亚女王节(女王诞辰)	每年5月25日前的星期一是加拿大维多利亚女王节。全加拿大人会在一起庆祝每年一度的维多利亚日(Victoria Day)，纪念曾经的加拿大最高统治者英女皇维多利亚的诞辰
魁北克节	每年6月24日是加拿大法语省份魁北克省的魁北克节(Quebec Day)。魁北克节已有几百年的历史，原称为圣巴蒂斯特节
加拿大日(国庆日)	每年7月1日是加拿大国庆日。此假日是庆祝1867年7月1日加拿大自治领籍《英属北美条约》将英国在北美的三块领地合并为一个联邦，包括加拿大省(今安大略和魁北克省南部)、新斯科舍省和新不伦瑞克省
感恩节	每年10月第二个星期一是加拿大感恩节。1879 年加拿大议会宣称11月6日是感恩节和全国性的假日。随后，感恩节的日期改变了多次，直到1957年1月31日，加拿大议会宣布每年10月的第二个星期一为感恩节
圣诞节	每年12月25日是西方国家的传统节日圣诞节。在12月初，人们已经开始准备迎接圣诞节了。圣诞节前后是许多商家的重要商业机会，是年度购物高峰，人们购买礼品、采购食品、采购家居用品等

2) 购物特点

2016年，Brand Spark举行的第十三届年度加拿大购物者调查结果综合性地展现了加拿大在日常消费品上面的购物习惯，调查结果总结出加拿大人的6个购物特征。

(1) 喜欢创新，愿意为新产品买单。无论是经济发展时期还是衰落时期，加拿大消费者都很喜欢新产品，75%的人支持创新。这个趋势也关系到消费者的钱包，67%的人称愿意为新产品“多付一些钱”，只要新产品是真正有所提升。报告显示，消费者在购物活动中购买首次上架新产品概率为13%，这点对卖家的提示是，新产品必须要引人注目，并且清晰地向消费者展示产品创新的好处。

(2) 对家居用品购物持不同意见，52%的加拿大人享受购物过程，46%希望少去商店购物。加拿大人喜欢购买家居用品，52%的购物者称寻找划算交易的过程让购物更加有趣；46%的加拿大人称想少跑几次商店，这部分人群有助于电商购物的兴起。56%的人经常在几个店中购物，以得到最优价格，但是随着搭配价格的兴起这一比例有所下降。仅33%的购物者称一站式购物的便利比低价格更具诱惑力。

(3) 加拿大人喜欢“纯天然“保健品。如果某种品牌保健品效果好，55%的加拿大人愿意付出更多的钱。柜台保健品如果打着“天然”广告语，会更受消费者欢迎。53%的人称更喜欢天然保健品，因为他们认为这种产品的效果更好。虽然70%的加拿大人认为天然保健品不像有机保健品那样有具体指标规定，效果经常被夸大，但是号称“纯天然”的保健品依然很受消费者喜爱。

(4) 加拿大购物者信任有机食品，但却不爱买。36%的加拿大人承认有机食品更加健康，但是仅23%的人定期购买有机食品。60%的人称如果有机食品没那么贵，他们愿意购买更多有机食品。加拿大人也承认环境状况跟有机食品关系非常紧密，42%的人同意有机食品对环保有益。但是这种益处也不足以让他们提高生活成本，仅33%的购物者愿意花费更多钱购买环保有机食品。

(5) 品牌忠诚度降低，开始追求更优价格。45%的加拿大消费者称对品牌的忠诚度不如几年前，这与食品价格上升和加拿大元贬值有关。75%的购物者称会查看每周打印的宣传页，试图找到低价促销产品。此外，数据宣传页的使用人数不断增加，40%的家居用品购物者每周都会查看数据宣传页。

(6) 对美容产品效果的品牌要求不高。53%的购物者认为持续的研究和发展让更多有效果的美容产品出现，而不仅仅是著名品牌的产品比较好，50%的购物者认为大众品牌的美容产品跟著名品牌的效果一样好。

3. 巴西买家需求概况

1) 生活习惯

民俗礼仪社交方面，巴西人喜欢直来直去，活泼好动，幽默风趣，爱开玩笑；以拥抱或亲吻为见面礼，特别正式的活动才会互相握手为礼；还有握拳礼、贴面礼和沐浴礼等独特见面礼。

服饰方面，巴西人主张不同场合着装应当有所区别，对正式场合的穿着十分考究。

餐饮方面，巴西人以欧式西餐为主，因为畜牧业发达，所以食物中肉类所占比重较大，巴西特产黑豆是巴西人的主食之一。

2) 购物特点

巴西的网购买家人群基本属于白领阶层，年龄在25～36岁，大学学历以上，英语中等水平，月收入折合5000～10 000元人民币，大部分有3～4年跨境网购经历。对巴西买家来说，价格便宜是最重要的，但如果款式不流行也是不会买的，所以巴西买家都很有个性。巴西人的网购消费品类主要有服饰、配饰、运动、鞋包、美容美发、玩具、3C配件等；风格偏向美国乡村风，简约大方；喜欢比较紧身且秀身材的服装；配饰上喜欢夸张、颜色丰富的设计；款式一定要跟上潮流，比如大牌元素、电视主角同款等；追求产品质感，需要卖家重视图片效果。卖家需要特别注意以下几点：①巴西人特别是女士，下身比较宽大；②买家很喜欢包邮的购物方式；③喜欢跟卖家聊，不喜欢卖家不在线，哪怕卖家英语不好；④在购物过程中会看其他买家的评论；⑤喜欢上Facebook推荐给身边的朋友；⑥喜欢参与促销活动。

4. 俄罗斯买家需求情况

1) 生活习惯

首先，俄罗斯人穿衣方面很有特征。俄罗斯妇女有一年四季穿裙子的传统，夏天通常是一身“布拉基”，无论冬天多冷，她们也穿裙子。年龄大一些的妇女一般会选择长裙，而年轻的姑娘还会选择超短裙。在交际、应酬场合，女人都要穿裙子，因为穿长裤被认为是对客人的不尊重。

俄罗斯人还崇尚皮装，皮装也是俄罗斯人在冬季御寒的主要服饰。皮装既能满足御寒的需要，又体现了华贵之美，所以一直深受俄罗斯人钟爱。在市场经济蓬勃发展的今天，皮衣市场也发生了巨大的变化。国外优秀品牌源源不断地打入俄罗斯市场，其新潮的设计、入时的款式，更加坚定了俄罗斯人对皮装的钟爱，他们也穿上了来自法国、意大利、土耳其的时装化皮衣。俄罗斯人穿皮衣的同时，还搭配皮帽、皮围巾、皮手套，这样才算置齐了“行头”，他们认为，如果没有这样的“伴侣”匹配，再好的皮衣也会黯然失色。

其次，随着俄罗斯与各国贸易的增多，俄罗斯人对高级消费品的需求也与日俱增。据统计，近几年来，莫斯科奢侈品和服务的市场空间增大了两倍，莫斯科人花在高档消费品上的费用每年增加40亿美元，甚至超过美国，这也体现了俄罗斯人在服装上对品牌的认可和追求。也正因如此，越来越多的欧洲知名品牌看准俄罗斯这个极具发展潜力的市场，纷纷到此开设分店。

此外，不同的国家有不一样的饮食习惯，而往往饮食习惯可以反映出一个民族人民的性格特点，俄罗斯也不例外。夏短冬长的气候特点使俄罗斯人形成了自己独特的饮食喜好和习惯。在饮食方面，俄罗斯人以面食为主，很爱吃用黑麦烤制的黑面包；肉类以牛肉为主。俄罗斯人用餐的特点是肉、奶量多，蔬菜量少。这是因为俄罗斯夏短冬长，日照不足，所以新鲜的时令蔬菜和水果较少，并且很难储存。俄罗斯人的进餐方式一般是一道一道地吃。进餐的顺序一般为凉菜、汤、肉菜和甜食。在酒水饮料方面，俄罗斯人喜欢具有俄罗斯特色的烈酒伏特加，还喜欢喝啤酒、葡萄酒、香槟酒，也喜欢不含酒精的饮料“格瓦斯”。除了酒和“格瓦斯”，俄罗斯人还有喜爱饮茶。俄罗斯人偏爱红茶，由于俄罗斯能够出产茶叶的地方较少，因此主要依靠进口。中国的茉莉花茶、印度的红茶都深受俄罗斯人喜爱。

2) 购物特点

(1) 季节温差较大，营销的季节性很强。俄罗斯的冬天很冷，人们在室外非常注重保暖。帽子、围巾、手套是必备品；女性还特别热衷于购买动物皮毛的外套。所以，在冬季热销的商品有帽子、手套(包括五指分开的手套)、围巾、皮草长大衣、皮草短大衣等。

(2) 俄罗斯人比较注重室内和室外服饰的区分。几乎每一个消费阶层的俄罗斯人都会追求高品质的生活质量，他们在家一定会换上家居服，洗澡后会披上浴袍，睡觉时又会穿上薄一点、舒服一点的睡衣。所以，在家居服类目中热销的有家居鞋、家居衣和睡衣等产品。

(3) 运动产品热销。俄罗斯人热爱运动，运动是他们生活中不可缺少的一部分。他们会经常购买专门的运动服、运动鞋及其他运动装备。因此，运动产品也是俄罗斯人热衷的类目。

(4) 迷恋度假。俄罗斯人(特别是年轻人和孩子)有度假的习惯。一般情况下，海滩是他们度假地点的首选，所以他们会购买很多在海滩上需要的用品，如泳装、在海滩上穿的衣服以及沙滩鞋等产品。

(5) 俄罗斯女性注重仪表和妆容。无论哪一个年龄段的俄罗斯女性，在大多时候都会注重自己的着装和妆容。她们认为，这是对别人的尊重，更是她们自信的表现，所以俄罗斯人乐于购买饰品和美容类产品，尤其看重品牌。

(6) 正装很受欢迎。一般情况下，很多政府及公司的员工都会穿西装(正装)。很多节日和正式场合俄罗斯人也要穿西装，有些男士还会配上袖扣。因此，西服套装及其配饰(如袖扣)也是卖家选品时可以参考的类目之一。

(7) 节日送礼很频繁。每年新年、妇女节、男人节、情人节，俄罗斯人都要互送礼物，这时候如果卖家能提供创意性较强的礼物，会非常对他们的“胃口”。同时，俄罗斯人对初生的婴儿十分重视，如果亲朋好友家庭中有新生命降生，他们通常会在第一时间送去祝福，并购买婴儿用品作为礼物。

此外，俄罗斯人爱时尚，追赶潮流，俄罗斯女性更是时刻关注着新款的服装、鞋和包。一些当季热门的、热卖的、新奇的和创意性十足的商品比较受追捧。俄罗斯的成年女性不喜欢太过可爱的穿衣风格，她们更喜欢欧洲的性感风格；大码服装更适合俄罗斯人，因为俄罗斯人的身材一般比较高大，而且有很多肥胖的人。所以，在网购的时候，欧美模特展示的服装更能取得俄罗斯人的好感和信任，他们认为这样的衣服会更合身。

最后，值得注意的是，俄罗斯网购用户中60%为女性，而且这些女性的年龄一般为25～38岁，她们通常都受过高等教育。在网购时间上，消费的高峰期一般出现在周五，特别是中午。在支付方式上，俄罗斯买家习惯货到付款。

相关案例

在中国跨境电商平台上最受外国人欢迎的出口小商品中，假发颇有黑马之势，销售量仅次于服装和手机，位列第三，这多多少少让人有些意外。由于海外消费者对假发产品需求量大，而且假发产品利润高，通过在线交易，向海外销售假发已经成为中国外贸电商的一个亮点。

根据《信息时报》的报道，广州的假发商人谢荣钿就在某知名电商平台的海外版上做假发生意。对于创业者而言，选对产品和目标市场、目标客户可谓至关重要。最早的时候，谢荣钿并没有从事假发生意。2007年大学毕业以后，他第一次创业做的是椰棕床垫的在线外贸批发生意。不过经过一年的发展，他发现椰棕的市场比较小，而且旺季的时候难拿到货源，淡季的时候又没有多少生意可做，便开始谋求转型。此时，恰有朋友介绍他去做假发的出口生意，这时他才正式进入假发的电商市场，将网店中的所有产品由椰棕床垫换为假发。

根据调查，在美国平均做一套假发需要成本500～600美元，而中国的卖家通过在线外贸平台销售的假发产品均价只需100美元左右。美国人在网上购买中国卖家的假发产品，即使加上其他各项费用，也只有300美元左右。

谢荣钿的主要目标客户就是海外收入较高的深肤色群体，因此他的产品主要针对欧美市场。之所以是深肤色群体，这是由于黑人出于生理的原因，头发长得很慢，为了美观，他们需要大量的假发，通常1个月至3个月就更换一次。在亚特兰大参加假发展的时候，谢荣钿进一步体验到了黑人文化的特点。在随处可以听到音乐的亚特兰大，黑人群体对于假发的需求量非常大，有人戏言，“黑人可以不穿衣服，但是不可以不戴假发”，其假发需求量可见一斑。另外，他观察到，亚特兰大的假发生意是被韩国厂商垄断的，实体店也大多是韩国人在做。但韩国厂商的货源基本来自中国，因此，中国厂商通过在线外贸交易的方式，仍然有很大的机会进入这个市场。除了价格相对美国本土市场较低以外，产品的质量把控和较好的服务也是他的店铺能够做到销售额靠前的主要原因。

谢荣钿刚开始在跨境电商做假发出口时，从采购、跟单到发货，全都靠自己一个人，第1个月的销售额为3万元人民币，第2个月为10万元人民币。于是，他在第3个月开始招聘人手，包括业务、采购、后台操作等，同时注册公司，第3个月的销售额高达15万元人民币。2011年，他注册成立了一家新公司，注册资金为300万元人民币，营业额在短短一年间从每月30万元做到400万元人民币。在全球速卖通平台中，他所拥有的ROSA和LUVIN两个假发品牌都冲进了速卖通假发销量前五，且九成以上的包裹发往美国。

资料来源：http://seller.dhgate.com/industry-trends/c_15251.html.

2.2 客户的选择与维护

2.2.1 客户的选择

与传统商务相比，跨境电商便于采集和分析数据，卖家要善于利用这一点，学会挖掘和分析数据，以使产品到用户到营销整个流程变得更加精准、全面。这对于准确地寻找到产品的目标消费人群是很有帮助的。

1. 利用搜索引擎寻找客户

使用搜索引擎可以方便地查询网上信息。但是当你输入关键词后，会出现成百上千个查询结果，而且这些结果中并没有多少你想要的东西，这就要求卖家要采用适当的使用技巧。

1) 搜索前准备

第一，明晰预期目标。在开始搜索前，卖家应确立搜索的预期目标，分析目标用户，并了解用户在各个购买周期关注点的变化和影响因素。分析目标用户时，需要了解以下几方面：目标用户在哪些国家和地区；目标用户会有哪些文化习惯；目标用户经常浏览哪些网站；目标用户用哪些方法寻找他们需要的产品和服务。

第二，搜索目标市场定位。利用搜索引擎寻找客户，如同大海捞针，所以应当做好搜索前的定位工作。先定位好此次所要寻找的客户的区域与类型，需熟悉所卖产品的潜在客户类型，以便使用最有效率的关键词。若此次搜索的目标市场是非英语国家，建议可先将关键词翻译成本土语言，再进行搜索。比如你的产品为电子元器件，要找巴西的电子元器件贸易商，可在巴西的谷歌(www.google.com.br)输入"vender componentes eletronics"或"distribuidor de componentes eletronics"等关键词，来搜索出潜在客户。

第三，搜索引擎分类和搜索方法。要学会搜索，首先要了解搜索的分类。按工作方式，搜索引擎主要可分为三种，分别是全文搜索引擎(Google、Fast/AllTheWeb、AltaVista、Inktomi、Teoma、WiseNut，国内的百度等)、目录索引类搜索引擎(Yahoo、DMOZ、LookSmart、About等，国内搜狐、新浪、网易搜索也都属于这一类)和元搜索引擎。按搜索范围，搜索引擎可分为全球搜索和各国国内搜索。中国国内的搜索引擎主要有百度、搜狗、搜搜、Youdao等，其中百度一家独大，占据了八成的市场份额(涉及跨境电商，面对国外市场客户，中国本土搜索引擎不是本书的目标)。全球著名的搜索引擎主要有Google、百度、MSN、Yahoo、Bing、Lycos和AltaVista等，差不多每个大洲和国家都有自己的本土搜索引擎。卖家如果有语言优势可以尝试使用目标市场当地的搜索引擎，这样的搜索不仅直接，而且效果最佳。例如，日本有日本Yahoo、日本Google、Infoseek、Goo、Excite，其中日本Yahoo市场份额占有率最高。

2) 搜索引擎以及搜索引擎的国别搜索

对于跨境电商人员来说，各个搜索引擎网站前面三页包含的信息内容和广告内容是最有价值的。但是，如果你只用其中一个(例如百度中国)，那你将错过许多市场机会。以"paint"作为搜索关键词，用不同的搜索引擎搜索，比照搜索结果发现，同一个关键词在不同搜索引擎中的搜索结果有相当大的差异。

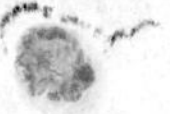

- 用全球搜索引擎Google、Yahoo和Bing，比照搜索结果，前三页80%内容均不同。
- 用同一个全球搜索引擎Google在不同国家或地区进行搜索，比照搜索结果，前三页90%内容均不同。
- 用百度、Google香港分站分别进行搜索，比照搜索结果，前三页70%内容均不同。

3) 多搜索引擎并用发现最新商机

每个搜索网站每天会收录其他网站更新的信息，比如买家在阿里巴巴上发布了新的采购信息，几小时后在Google就能搜索到。信息多长时间被收录，要根据具体的搜索网站和被搜索网站决定，这些最新收录的信息对你的生意最有帮助，蕴含更多商机。

简而言之，外贸业务员首先要大致了解搜索引擎的知识，通过不同搜索引擎查阅产品和客户信息是跨境电商搜索客户的核心。同样的关键词在不同的搜索引擎就有不同的结果；即使同一个搜索引擎，只要你愿意多尝试些关键词也会有意想不到的收获。

2. 利用数据分析用户的行为习惯

数据分析能揣测用户的心理和习惯。网站数据分析应该有两个层次：第一，围绕产品如何运转，得出产品的点击是否顺畅、功能展现是否完美；第二，研究客户的访问焦点，挖掘客户潜在需求。当用户在网站上有了购买行为之后，就从潜在客户变成了网站的价值客户，网站一般都会将用户的交易信息，包括购买时间、购买商品、购买数量、支付金额等，保存在自己的数据库里面。所以对于这些用户，我们可以基于网站的运营数据对他们的交易行为进行分析，以估计每位用户的价值和针对每位用户的扩展营销的可能性。

下面以面膜为例，分析如何通过速卖通数据分析客户的消费习惯。

首先，通过速卖通数据分析查看“面膜”类目的成交数据，包括标价分布和客单价分布之间的对比。一个月内，面膜的成交商品标价分布最多的区间是5.5～7元，而成交人数的客单价(消费者累计购买金额)分布最多的区间是58～67元，就可算出平均一个用户购买面膜的数量为10片。

然后，查看速卖通目标客户的购买频次分布。由该时段内购买一次的消费者数量占8成，可得出大致的结论：一般购买面膜的消费者通常在一个月内购买一次，并且购买一次的面膜片数大概是10片，所以搭配销售、组合销售时推出10片装优惠套装或者关联其他不同类的面膜，最符合消费者的购物特性。大多数消费者在网上一次购买的片数是10片，只要套装组合不偏离太多，消费者潜意识就更容易接受卖家的商品，这也与实际的抽样采访结论相符合(一般的女性消费者一月内的面膜使用量约为4～8片)。

其次，统计买家来访时间。不同类目的来访和购买时间还是有明显差异的，针对面膜类目买家的来访时间，卖家就可以做出对应的限时打折或者定向促销，甚至可据此安排上下架时间。面膜类目买家的来访高峰时段是下午14:00—15:00，次高峰来访时段是上午10:00—11:00；成交高峰时段是上午10:00—11:00，次高峰成交时段是下午14:00—15:00。可知，来访和成交的时段并不是一一对应的。

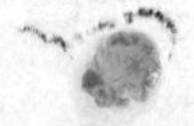

此外，目标客户数据其他的重要维度还有性别、年龄、地域分布，这些决定了目标客户群体的人口统计属性。

综上所述，客户的选择可以总结为三点：首先，从购买时间、商品、数量、支付金额等行为数据评价客户的价值；其次，分析消费者的性别、年龄、地域分布；最后，看消费者的爱好，分析他们的关联收藏、购买信息。

2.2.2 老客户的维护

如何维护好老客户是跨境电商平台卖家持续稳定发展的重要因素。跨境电商平台的卖家都知道，挖掘一个新客户比维护6个老客户更加不容易，成本也高，且前期投入往往更多，可见维护老客户的至关重要。

1. 老客户流失原因

老客户的流失原因包括内部因素和外部因素两个方面。

1) 内部因素

第一，产品质量不稳定。质量是提供所有服务的基础，消费者挑选商品时首先关注的是质量。如果你给客户提供粗制滥造的产品，造成客户利益受损，顾客就不会满意，更不会建立较高的顾客忠诚度。

第二，缺乏服务意识。提到服务意识可能很多人会想到服务态度，事实上服务意识还包括解决问题的时效。工作效率低下是直接导致网购客户流失的重要因素。

第三，产品缺乏创新性。随着市场成熟及产品价格透明度的提高，产品带给客户的利益空间往往越来越小，若企业不能及时进行产品创新，客户势必会选择有创新性的厂商合作，毕竟利益才是维系双方关系的纽带。

2) 外部因素

首先，客户遇到新"诱惑"。如今行业竞争日益激烈，而客户是有限的，"多金"的客户自然成为大家争夺的对象。竞争对手一旦抓到软肋，就会不择手段进行扩大，迅速占领市场有利地位，获得更多客户。

其次，客户的自然流失。自然流失无外乎是排除人为因素所造成的客户流失，如客户转行、转业等。针对这种自然流失，卖家要从自身找原因，客户一旦流失，应积极与之联系，重新建立合作关系。在与客户重新联系的过程中，首先要表示出重新建立合作的意愿，即在原来存在的问题上进行改进，在保证不损害自身利益的前提下，在价格上做出让步。同时，企业必须居安思危，在产品和服务上不断更新、改进，让客户知道企业的变化在哪里，市场的变化又在哪里。企业遇到客户流失的时候，不管是主观因素还是客观因素，都建议企业先从自身着手，分析产生问题的根源，找到深层次原因。

2. 维护老客户的方法

跨境电商平台的卖家维护老客户的常见方法有以下几点。

1) 收集客户信息，做好"功课"

收集整理老客户的信息资料。信息资料包括老客户的喜好、脾气、性格等，在了解客户的过程中掌握他们的信息，力求解决问题时"对症下药"，不错过一个细节，为客户提供个性化的服务。

2) 定期对老客户进行回访

虽然国外和国内客户由于地域差异，相处方式有所不同，但是在对客户维系上是有相同之处的。为了与客户保持良好的关系，很多跨境卖家会在客户节日和生日的时候，发一封邮件或者寄发一些卡片，交易关系转变为朋友关系，为后续工作的跟进提供便利。

3) 对老客户的问题及时解答

老客户的邮件一定要回复及时，尽量在当天给予回复。如果有些问题暂时不能解答，需要第三方协助，一定要事先告知客户，例如回复"邮件收到，正在处理中"，并在邮件强调"即便如此，对您的回复一定不超过三天"。

4) 产品质量至关重要

企业只有始终以高质量求发展为目标，不断提高产品的质量，才能争取到更多的回头客，形成良性循环，推动企业发展。

5) 定期回访老客户

销售行业都会对客户进行售后服务和回访，对老客户进行有计划的跟踪服务。企业可以选择邮件回访的方式，也可以选择打电话，询问客户对产品质量和服务的意见和反馈。总之，要让客户知道我们在踏实做事，尊重客户的意愿和想法，力求各方面改进以做到更好。

2.3 跨境选品与定位

2.3.1 理论依据

卖家选择什么样的商品销售至关重要。商品选得好，买家自然纷至沓来，商品供不应求；商品选得不好，最终只能下架处理。卖家可以从站内选品(跨境电商交易平台，如速卖通、亚马逊等)和站外选品(平台之外的渠道)两个方面来考察。无论是站内选品还是站外选品，我们都应该了解有关产品的生命周期，选择有发展前途的适销商品。

传统市场营销学理论认为，产品生命周期一般可分为导入期、成长期、成熟期和衰退期。导入期的产品销售进展缓慢，初期利润通常偏低甚至亏损；到了成长期，产品销售量才会得到快速增长，盈利也会显著增加；到了成熟期，产品利润达到顶点，并逐渐走下坡路；到了衰退期，产品销售量显著下滑，盈利也会大幅下降(见图2-1)。

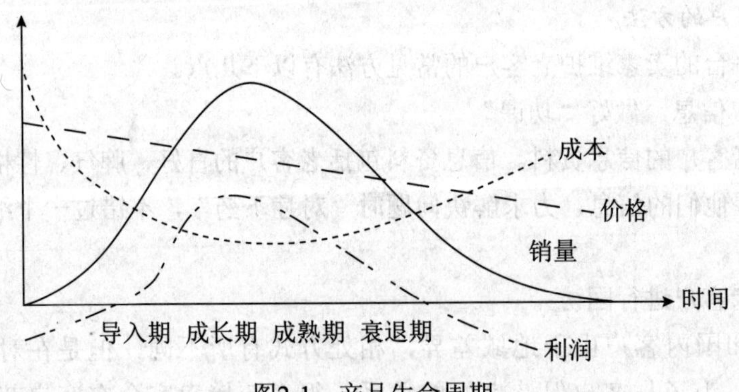

图2-1 产品生命周期

资料来源：http://yuedu.163.com/book_reader/02f910961be5462c96e9300d25a722c0_4/11f2e3dac71e484686a763714fab2770_4.

与此相适应，卖家选品时，最好从商品的成长期介入，而且越早越好；如果是导入期进入，推广难度大，盈利前景渺茫，甚至出现亏损；如果是成熟期介入，这时的市场规模虽然最大，可竞争也比较激烈，利润率会一步步下降；如果是衰退期介入，这时市场在走下坡路，竞争对手已经开始纷纷退出，所以不介入为好。

具体到跨境电商来说，于成长期早早介入，最容易打造热销商品。以全球速卖通为例(见图2-2)，2015年销售量大且热门的商品依次是服装服饰占比20.3%；美容健康品占比11.2%；电脑网络占比10.8%；灯具占比8.6%；珠宝、手表占比3.6%；家居用品占比2.9%；汽车、摩托车配件占比2.7%；消费电子占比2.1%；其他商品占比37.8%。需要注意的是，热销商品中有一部分属于成长期，而另一部分商品已经开始进入成熟期，这时卖家需要结合其他因素仔细甄别。

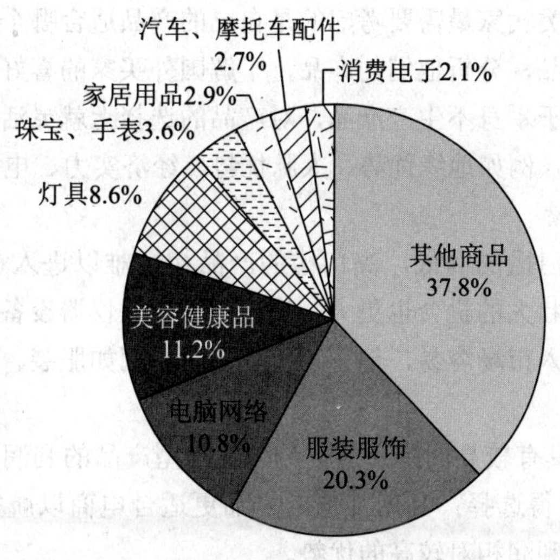

图2-2　速卖通各商品占比

资料来源：http://yuedu.163.com/book_reader/02f910961be5462c96e9300d25a722c0_4/11f2e3dac71e484686a763714fab2770_4.

2.3.2　选品目的

选品的目的主要从以下三方面来考虑。

1. 从市场角色关系看

选品，即选品人员从供应市场中选择适合目标市场需求的产品。选品人员必须一方面全方位把握用户需求，另一方面又要从众多供应市场中选出质量、价格和外观最符合目标市场的产品。成功的选品，能实现供应商、客户和选品人员三者的共赢。此为选品价值之所在。

2. 从用户需求的角度看

选品要满足用户对某种效用的需求，比如给生活带来方便、满足虚荣心、消除痛苦等，满足用户生理或心理方面需求。

3. 从产品的角度看

选出的产品要符合目标用户对外观、质量和价格等方面的需求。

由于需求和供应都处于不断变化之中，选品也是一个无休止的过程。

2.3.3 选品维度

选品的维度主要从以下两方面来考虑。

1. 从电商种类角度看

我们简单地把电商分为工厂类、贸易公司类、网商类、个体商户以及个人，对于这几类电商而言，选品的方式和方法也不尽相同。工厂类卖家本身就是生产厂家，那么当然是首选自有的产品来进行销售。因为他们不但对产品了解，而且在成本控制以及商品价格上具有很大的优势。工厂类卖家最需要考虑的是自己的产品适合哪个市场，关注国际市场变化，借鉴同行的热销产品，分析他们的产品，了解国外买家的喜好。贸易公司、网商、个体商户以及个人电商由于本身不生产产品，对产品的选择上就灵活得多。这类电商可以根据自身的特点进行选品，例如地缘优势、人脉优势、经济实力、电商经验等。

2. 从产品本身角度看

(1) 考虑产品入门门槛的高低。高门槛的产品初期难以进入市场，但市场竞争会小些，打入市场后，发展壮大的机会也更大，例如一些专业仪器设备，或者新上市的高科技产品等；低门槛产品进入市场容易，但不易“存活”，例如服装、饰品等竞争极为激烈的红海产品。

(2) 清楚产品是否具有较高的附加值。劳动加工型产品的利润低，如果不能做到一定规模，这类产品就不值得选择；高附加值的产品更适合电商以航空快递这种方式进行交易，具有交易时间短、利润相对较高的优势。

2.3.4 选品原则

选品原则可归纳为三点：一是从兴趣出发的原则，二是从市场需求出发的原则，三是从平台特性出发的原则。

1. 从兴趣出发的原则

选品要从自己感兴趣的产品入手，这样你才愿意花费更多的时间去了解产品的品质、功能、特性和用途，才有动力投入更多的精力去研究产品的优势、价值和目标消费群体等。只有对产品有充足的认识，才能切实解答客户关于产品的疑问，提升客户对产品的信任。

2. 从市场需求出发的原则

市场需求量大的产品，才能带来可观的销量；市场需求不足的产品，当然也无法带来订单。因此，选品要从市场需求出发，也就是说，要考虑目标客户群的消费特点，从产品的市场容量出发来指导选品决策。

3. 从平台特性出发的原则

卖家要对不同的跨境电商平台有足够的了解，掌握不同平台的不同特性和平台的商业理念，知道自己做的平台哪些品类是热销品，知道哪些品类是平台大力扶持的，知道什么样的产品更容易获得平台推荐等。

2.3.5　选品思路

在实际操作中，选品要有清晰的思路，在此将选品的思路总结为六点：广泛、专业、精选、坚持、重复、分析数据。

1. 广泛

对于跨境电商的卖家来说，选品首先着眼于一个大的范围，关注多类目的产品，而不是将目光局限在某一个品类上。这就要求卖家在初期选品时，要拓展自己的思路，广泛涉猎多个类目的产品，这样才能从众多类目中选到最适合自己的类目和产品来作为自己的发展方向。

2. 专业

通过对多个类目进行对比分析，卖家找到了自己感兴趣、有货源且销量和利润都较好的类目，此时卖家需要向专业的方向努力。如果卖家对自己销售的产品没有专业的认识，而仅仅是有一个简单的了解，那么要想有所作为是很难的。因此，卖家要想在当前几近透明的市场状态下胜过竞争对手，就应该先让自己在对产品的专业认识上超越对手。

3. 精选

随着对自己所经营类目的专业知识的积累，卖家对产品的理解也越来越深刻，在这个基础上，卖家在选品上要做的是精挑细选，反复筛选。在生意场上，永远是20%的产品带来80%的利润，卖家需要尽力挖掘的就是那20%的能够带来高利润的产品。

4. 坚持

选品是一个长期的过程，它贯穿于店铺运营的始终，因此，在选品过程中卖家不应该存在一劳永逸的思想。今天选品的成功不意味着明天这款产品也能带来热销，卖家应坚持经常性地做一些选品活动，让自己在拥有热卖爆款的同时，开发有潜力的趋势款，为明天做准备。

5. 重复

坚持的过程就是一个重复的过程。在重复的过程中，很多人会逐渐厌烦，失去了激情和斗志，这也是一些卖家凭借某款产品引爆市场成为销售明星后，却又很快沉寂，最终消失的原因。为了保持运营的长期稳定，卖家要始终保持对基本工作的热情。选品是一个无趣的过程，但是如果卖家长期坚持，反复精选，一定会不断有新发现。

6. 分析数据

卖家在选品初期，很大程度上凭借的是直观感觉或比较基础性的分析，当店铺发展到一定阶段，卖家积累了一定的经验，对行业有了足够的认知，他觉得对所有产品都有了一定的了解，在这种情况下，卖家在选品时会受到自己认知和偏见的影响，导致错失良品的现象。因此，卖家在选品的过程中，需要尽可能地结合大数据分析，借助大数据分析工具辅助选品，多维度收集相应的销售数据。与个人认知相比，大数据能够反映出更加客观的内容，卖家可以从中挖掘出以前未曾意识到的信息和产品。

2.3.6 选品方式与方法

1. 选品的方式

选品的方式主要分为主动选品和被动选品两类。

所谓主动选品，就是客户通过对目标市场或某个行业进行分析，主动地开发产品。比如，善于销售数码类消费电子产品的客户，能精确掌握整个蓝牙耳机市场的产品状况，对哪一款产品是最新开发的，哪一款产品是低价走量的，哪一款产品是高质高价走高端路线的都了如指掌。此时他就会根据自身情况去开发适合销售的蓝牙耳机。

与主动选品相对应的是被动选品。被动选品有两种情况：一是作为生产厂家来进行选品，即从自己生产的产品中选择；二是作为中间商来进行选品，此时的被动选品就是中间商通过参考近期热销产品，然后从供应市场寻找并订购同样的产品来进行销售，这样做比较简单，但是永远都是走在别人的后面，占据的市场份额也不会太大。

2. 选品的方法

1) 基本方法

卖家要对目标市场的四季天气变化，目标市场人群的业余爱好、饮食习惯、消费习惯以及节假日安排等各个方面有所了解。以下简单介绍几个主动选品的参考方法：

(1) 节假日分析法。在节假日来临之前，西方国家的消费者大都会大量采购节假日用品，比如圣诞节之前西方消费者会采购装饰品、圣诞礼物等，万圣节来临前会采购恐怖面具以及化妆品、服装等。卖家要充分了解西方节假日时期的消费热点，挖掘符合节假日氛围的产品。为了抢占先机，要考虑物流耗费的时间，节假日产品一般是提前一个月开发及上架。

(2) 季节分析法。卖家要根据西方的季节变化开发应季产品。冬季来临前，卖家应该开发保暖产品，例如帽子、围巾、手套、保暖衣等；夏季来临前，卖家应该开发降温产品，例如笔记本散热器、笔记本冰垫、迷你风扇等。

此外，卖家要对目标国家的气候有所了解。比如英国居民的室内有暖气供应，他们在冬天也喜欢T恤加外套的搭配，因此短袖T恤在英国的冬季也会有不错的销量；英国雨量偏多，因此有防水功能的汽车防雨罩、烧烤防雨罩等产品非常受欢迎。

(3) 生活习惯分析法。卖家可以根据目标市场消费人群的生活习惯来开发产品。比如，美国18～65岁之间的成年人大约有1.98亿，其中六成的人具有户外产品消费的潜力，针对这类人群，卖家可以开发手电筒、帐篷灯、登山车、泳衣、护目镜等户外用品。此外，欧美各国居民的性格也不一样，美国人性格开放，偏爱新奇产品，而英国人性格比较保守，喜欢经典款的物品。

2) 进阶方法

以上的方法只不过是粗略的分析方法，如果卖家想真正抓到客户的痛点，精准定位目标客户，那就必须采用以下几种进阶方法。

(1) 评价数据分析法。评价数据分析包括差评数据分析和好评数据分析。其中，差评数据分析就是通过搜集平台上热卖产品的差评数据，从中找出顾客不满意的地方，然后对产品进行改良，或者是开发能够解决客户痛点的产品。差评数据分析法以抓取产品数据为主，兼顾分析商品好评数据，从中寻找客户对产品真正的需求点和期望值。概括来说，评价分析法就是从产品评价中挖掘客户需求痛点，从差评数据中寻找产品的不足之处并完善产品。卖家选择能够解决客户需求痛点的产品，自然能够提高产品的曝光量，进而提高销量。

(2) 产品组合分析法。产品组合分析法是指用产品组合的思维来选品，在建立产品线的时候，核心产品占据20%，用以获取高额利润；爆款产品占10%，用以获取流量；基础产品占70%，用以配合销售。选品应该兼顾不同的目标客户，不能将所有的产品都选在同一个价格段和同一个品质。不同价格和不同品质的产品能吸引不同的目标客户，进而产生更多订单。

核心产品应该定位小众化、利润高的产品；爆款产品应该定位热门产品或者紧跟当前热点并将要流行的产品；基础产品应该定位性价比较高的产品。无论是核心产品、爆款产品，还是基本产品，我们都要评估产品的毛利。简单来说，单品计算毛利的公式为

单品毛利=销售单价-采购单价-单品运费成本-平台费用-引流成本-运营成本

第3章将就站内选品方法作深入分析，此处不再赘述。

2.4　跨境物流方式认知

经济全球化的发展使得各国之间的商贸往来更加频繁，世界各国向海外出口优势产品并进口所需产品成为促进本国经济社会发展的重要举措。随着我国经济发展进入新常态时代，跨境电商物流作为国民经济增长的新亮点，引起了国家和业界的重视。

跨境物流(International Logistics)是指利用国际化的物流网络、物流设施和技术，实现货物在国际的运输和交换，以促进区域经济的发展和世界资源的优化配置的一种运输方式。

近年来，随着全球消费市场向着一体化方向发展，电子商务软硬件设施及产业环境不断发展、日益完善，跨境电子商务已在全球范围内快速崛起，成为中国企业开拓海外市场、提升企业品牌形象的新型贸易方式，其本质就是“互联网+外贸”。目前，跨境电子商务物流是对跨境电商有着极大影响力的“三流”中的一个，且在跨境电子商务交易活动中，物流是其重要环节之一，关系到跨境电子商务交易的成败，对跨境电商的发展影响巨大。

通常状况下，跨境物流可以分为国际平邮、商业快递、国际专线和海外仓4种方式。其中，国际平邮包括中国邮政小包、中国香港邮政小包、新加坡邮政小包；商业快递包括大陆EMS、新加坡EMS、美国邮政(USPS)、英国邮政以及UPS、DHL、TNT、FedEx四大商业国际快递。国际专线包括中美专线、中澳专线、燕文专线等，通过航空包舱方式运输到国外，通过合作公司进行目的国派送；海外仓就是在除本国以外的其他国家或地区建立海外仓库，在销售目的地进行货物仓储、分拣、包装和派送的一站式控制与管理服务。

跨境电商的卖家在选择跨境电商的物流方式时，首先应该根据所售产品的特点(尺

寸、安全性、通关便利性等。例如大件产品(如家具)就不适合走邮政包裹渠道，而更适合海外仓模式。其次，在淡旺季要灵活使用不同物流方式。例如在淡季时可以使用中邮小包降低物流成本，在旺季或者大型促销活动时期采用中国香港邮政或者新加坡邮政甚至比利时邮政来保证时效。最后，售前要明确向买家列明不同物流方式的特点，为买家提供多样化的物流选择，让买家根据实际需求来选择物流方式。

本章结语

本章主要围绕跨境电商前期准备的各个环节展开说明，具体分析了海外市场调研中的市场大环境和消费人群，针对跨境电商自身的特点，结合具体的选品案例，总结了跨境电商选品的步骤，希望大家能够熟悉海外买家特征，了解海外买家的需求，提高跨境电商选品经营的成功概率。此外，本章还简单介绍了跨境物流的基本知识，为后文详述跨境电商物流做好铺垫。

章后习题

一、思考题

1. 跨境电商前期的市场调研工作有哪些？

2. 跨境电商企业如何维护好老顾客？

3. 以速卖通为例，简述跨境电商的站内选品步骤。

4. 以速卖通为例，举例说明跨境电商的交易规则。

5. 简述主动选品的方法。

6. 跨境电商开店前，卖家应做哪些准备工作？

二、实训题

假设你是一名刚毕业的大学生，准备在跨境电商平台上创业，请以一种跨境电商平台为例，分析选品依据。

参考文献

[1] 刘红燕. 跨境电商营销实务[M]. 北京：中国商务出版社，2017.

[2] 蒋柳红. 跨境电子商务出口贸易中选品的思路及技巧[J]. 商场现代化，2019(6)：58-59.

[3] 邓志超. 基于大数据的跨境电商平台选品分析策略[J]. 特区经济，2019(6)：135-137.

[4] 左娜. 中国跨境电商进口平台运营的影响因素分析[D]. 兰州财经大学，2019. 6.

[5] 胡治芳. 跨境电商卖家成功选品的几种策略技巧[J]. 对外经贸实务，2018(8): 67-70.

[6] http: //seller.dhgate.com/industry-trends/c_15251.html.

[7] http: //yuedu.163.com/book_reader/02f910961be5462c96e9300d25a722c0_4/11f2e3dac71e484686a763714fab2770_4.

第3章 跨境电子商务平台基本规则及店铺实操

学习目标

- 了解跨境电商主流交易平台类型
- 熟悉阿里巴巴速卖通平台规则
- 掌握店铺基本操作技巧

能力目标

辨析不同跨境交易平台差异，通晓平台相关规则，掌握基本实务操作技巧。

引导案例

2018年，阿里巴巴平台上国货品牌的线上占比高达71%。在商务部认定的1128家中华老字号企业中，已有超过7成老字号在淘宝、天猫开店。2018年，46家中华老字号在阿里巴巴平台上实现销售额破亿。2018年，天猫“双11”当天，在237个成交额破亿品牌中，国货品牌占据“亿元俱乐部”过半江山，小米、华为、美的、海尔等国产品牌更是当日销售额突破10亿元。

“品牌是企业和国家参与经济全球化的重要资源。当前，中国人均GDP超过9000美元，中国自主品牌将迎来大爆发。以阿里巴巴为代表的平台将促进中国制造向中国创造、中国速度向中国质量、中国产品向中国品牌转变。”在阿里巴巴新国货计划发布会上，商务部电子商务与信息化司的一位副司长说。

资料来源：https://www.cifnews.com/article/44036.

3.1 代表性跨境电商交易平台

根据研究显示，目前我国跨境平台企业已超过5000家，通过各类平台开展跨境电子商务业务的企业更是超过20万家。平台型电商通过线上搭建商城，整合物流、支付、运营等服务资源，吸引商家入驻，为其提供跨境电商交易服务。同时，平台以收取商家佣金和增值服务佣金作为主要盈利模式。目前众多出口跨境交易平台中，eBay、全球速卖通(AliExpress)、Amazon、敦煌网等平台的市场份额占到80%以上，同时一些新兴平台也陆续引起人们的注意，如日本Rakuten(乐天市场)、印度Flipkart、东南亚本土电商平台Lazada与Shopee、拉美电商平台Linio和Mercrolibre、东非最大的电商平台Kilimall、美国本土运营的在线交易平台Crov(开锣网)，均为早期加入的商户提供更多政策红利和流量倾斜，进驻此类新兴平台能够为跨境企业带来新的增长点。现就代表性跨境电商交易平台做如下介绍。

3.1.1 eBay

1. 平台简介

eBay(电子湾、亿贝、易贝)是全球最大的C2C电子商务网站，于1995年9月4日由Pierre Omidyar以Auctionweb的名称创立于加利福尼亚州圣荷西，是一个可让全球民众上网买卖物品的线上拍卖及购物网站。eBay利用其强大的平台优势和旗下全球市场占有第一的支付工具PayPal为全球商家提供网上零售服务，为卖家提供产品展示服务，买家可以根据自己的兴趣选择合适的商品来投标。

同时eBay是成熟的B2C网站，已经成为全球中小企业和个人用户从事跨国贸易的首选。截至2018年底，eBay全球活跃买家总数达到1.79亿，大约有11亿个在售商品刊登信息(后文简称listing)。

2. 平台收费情况

eBay平台基本费用主要是由刊登费和成交费组成的，所谓刊登费(Insertion Fee)，即商家在eBay上刊登商品时平台所收取的费用；所谓成交费(Final Value Fee)，即当交易成功时，平台会收取一定比例的佣金。此外eBay还有一些其他的收入来源，包括广告收入、销售佣金、通过提供其他站点的链接而获得的间接收入等。具体费用根据相应国家站点、产品的售价、刊登形式、刊登时选择的分类(Category)、是否为listing选择一些升级功能以及账号表现(Seller Performance Standards)来决定。下文以美国站为例介绍eBay平台收费的详情。

1) 刊登费

当卖家在eBay上线一条listing时，eBay将向每条listing、每个分类收取费用[如果在listing中选择第二分类(Second Category)，否则只收一次]。每个月平台将给予非店铺卖家50条免费刊登的listing条数(Zero Insertion Fee，ZIF)，店铺卖家则根据店铺性质的不同获得至少50条免刊登费的listing条数。超出条数，将需要支付刊登费。针对多属性产品，每次刊登只需支付一次刊登费。eBay平台将每30天收取一次刊登费，除非listing中的产品被售完缺货、卖家停止刊登或者listing违反eBay的某些政策被移除。eBay卖家免费刊登费收费情况如表3-1所示。

表3-1 eBay卖家免费刊登收费情况

店铺类型	免费刊登条数及售卖方式
非店铺卖家套餐(No Store Package)	50条，拍卖
初级店铺套餐(Starter Store Package)	100条，一口价+拍卖
基本店铺套餐(Basic Store Package)	250条，一口价；250条，拍卖
精选店铺套餐(Premium Store Package)	1000条，一口价；500条，拍卖
超级店铺套餐(Anchor Store Package)	10000条，一口价；1000条，拍卖
企业店铺套餐(Enterprise Store Package	100000条，一口价；2500条，拍卖

资料来源：eBay官网.

2) 成交费

当产品售出时，eBay会收取成交费。成交费是基于买家总共付款的金额的一定百分比来收取的，包含了产品费用和运费处理费。如果账号表现不佳，跌入不及初始店铺(Below Standard)级别后，成交费会增加4%。如发生买家不付款等情况，平台还可能返还成交费。

3) 可选升级功能费用

在刊登产品时，可以选择一些功能，例如字体加粗、第二分类、副标题、1天或3天的拍卖时长、保底价等功能，卖家需要额外支付功能费用，但是这些升级的功能可以使listing更容易吸引买家眼球。eBay根据每条listing、每个分类收取这些listing升级功能费用，无论产品是否售出，这些费用都不包含在每月的免刊登费listing条数中。

4) 店铺月租费

若在eBay上订购eBay店铺，相关订购费用以及店铺带来的福利根据订购店铺的类型不同而有所差异。无论选哪一种方式，eBay都是以月度方式来收取订购费。eBay店铺月租费概况如表3-2所示。

表3-2 eBay店铺月租费概况

店铺类型	店铺月租费	
	每月更新	每年续期
初级店铺	$7.95	$4.95
基本店铺	$27.95	$21.95
精选店铺	$74.95	$54.95
超级店铺	$349.95	$299.95
企业店铺	目前无法使用	$2999.95

资料来源：eBay官网.

5) 广告服务费用

若已订阅店铺，卖家可以选择使用eBay的广告服务来使产品获得更多的曝光机会。广告服务功能可以将商品推送给更多的潜在买家，店铺只需要针对那些通过广告成交的产品支付广告费用。

6) 网上支付费用

在eBay网站上，使用PayPal的用户还需支付相应费用，这可以看作eBay对交易平台的配套服务——网上支付服务所收取的费用。这些费用是通过用户的PayPal账户来收取的，而不是通过eBay账户。PayPal作为eBay旗下的公司，致力于安全、便捷、迅速的在线收款和付款。PayPal除了为eBay的用户提供网上支付服务以外，也为其他在线零售商、在线商家乃至传统的线下商家提供相关服务。

在收费方面，使用PayPal账户进行开户、付款和充值都是免费的。不过，用户进行提现，接受PayPal余额、PayPal及时转账或PayPal电子支票付款，接受信用卡、借记卡或买家信息付款，以及多币种交易则需支付相应费用。根据服务的不同，收取的费用从服务金额的1.9%到4.9%不等。此外，PayPal根据用户的不同将其账户区分为个人账户和高级/企业账户，有些服务职能只有高级/企业账户才能享用。另外，在收取的费用方面两者也会有所区别。

可见，eBay的收入来源分为两个部分：一个是来自其提供的交易平台，另一个则是来自其提供的配套服务(即网上支付)。

相关资讯

eBay于1995年创立，历经20多年的发展，其已成为全球一大电商公司。据电商调研公司Marketplace Pulse的2019年2月份最新公布的eBay数据来看，eBay平台上现在已经拥有多达783 811家eBay商店，卖家在拥有自己的eBay商店之后可以获得工具来发展品牌并实现销售最大化。eBay全球卖家共刊登了1 741 305 206个产品listing，这一数据意味着平均每位卖家刊登了315种商品。另外，eBay全球排名前100的卖家中有35个来自英国，eBay美国站同样以35个卖家紧随其后，eBay德国站则以21个卖家跻身第三。在eBay全球Top卖家榜单中，位于美国的卖家独占28%，英国占25%，中国占19%，德国占16%。从这一细分数据可以看出eBay在世界各地的经济影响力，仅美国和英国Top卖家数量就占Top卖家总数量的一半以上。另外，大部分国际卖家都来自中国，有18.9%的Top卖家位于中国。eBay卖家全球分布如图3-1所示。

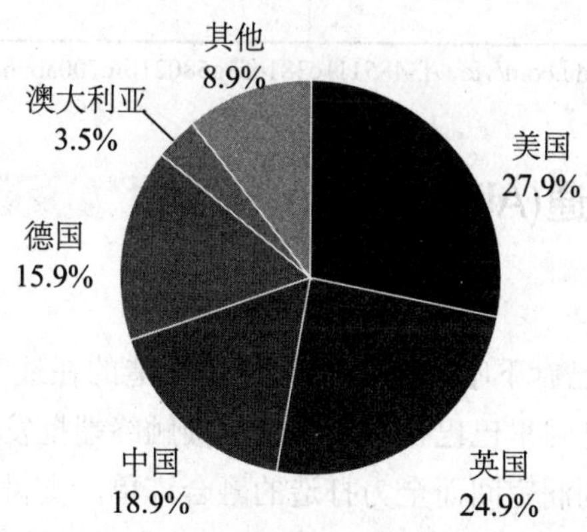

图3-1　eBay全球Top卖家分布

资料来源：https://wenku.baidu.com/view/f3485111c381e53a580216fc700abb68a982ad77.html.

13%的eBay全球Top卖家主要销售鞋服及配饰(Clothing，Shoes & Accessories)品类，其他热门品类还有家居园艺用品(Home & Garden，占12%)、eBay Motors(占11%)和收藏品(Collectibles，占9%)具体情况如表3-3所示。

表3-3 eBay品类卖家统计

Category	Percent of Sellers
Clothing，Shoes & Accessories	13%
Home & Garden	12%
eBay Motors	11%
Collectibles	9%
Health & Beauty	6%
Toys & Hobbies	6%
Cell Phones，Smart Watches & Accessories	5%
Jewelry & Watches	5%
Sports Memorabilia. Fan Shop & Sports Cards	5%
Sporting Goods	4%
Business & Industrial	3%
Computers，Tablets & Network Hardware	3%
Consumer Electronics	2%
Coins & Paper Money	2%
Art & Craft Supplies	2%
Stamps	2%
DVDs & Movies	2%
Music	1%
Vidco Gamcs & Consoles	1%
Books	1%
Musical Instruments & Gear	1%
Cameras&Photo	1%
Pet Supplies	1%
Entertainment Memorabilia	1%
Dollars$Bears	0%

资料来源：https://wenku.baidu.com/view/f3485111c381e53a580216fc700abb68a982ad77.html.

3.1.2 全球速卖通(AliExpress)

1. 平台简介

全球速卖通是阿里巴巴旗下唯一面向全球市场打造的在线零售交易平台，被广大卖家称为国际版“淘宝”，是阿里巴巴帮助中小企业接触终端批发零售商，使其小批量、多批次快速销售，为其拓展利润空间而全力打造的融合订单、支付、物流于一体的外贸在线交易平台。2010年4月上线，截至2018年10月，全球速卖通已覆盖全球230个国家和地区，已开通18个语种的站点，主要交易市场为俄、美、西、巴、法等国；海外买家数累计突破1.5亿，以25～34岁的人群为消费主力。AliExpress App海外装机量超过6亿台，入围全球应用榜单Top10，全球100多个国家的购物类App下载量中排名第一，已成为全球最大的外贸在线交易平台。全球速卖通覆盖服装服饰、3C、家居、饰品等30个一级行业类目，其中优势行业主要有服装服饰、手机通信、鞋包、美容健康、珠宝手表、消费电子、电脑网络、家居用品、汽车摩托车配件、灯具等。2019年3月，全球速卖通在俄罗斯推出在线售车服务。俄罗斯消费者可以直接在速卖通上一键下单，支付预付款，到指定线下门店支付尾款即可提车。

在全球速卖通上有三类物流服务，分别是邮政大小包、速卖通合作物流以及商业快递，其中90%的交易使用的是邮政大小包。(具体有关跨境物流的相关问题将会在后面章节提及，这里不再赘述。)

速卖通的盈利模式主要是商品类目征收技术服务费和年费，并制定相应的年费返还制度。同时，卖家成功完成交易后，需要缴纳一定的佣金。此外，速卖通还提供增值服务，如直通车、装修模板等，根据不同服务项目收取不同费用。

2. 收费情况

速卖通账号只准选取一个经营范围经营，并可在该经营范围下经营一个或多个经营大类(只有第9和第10经营范围下有多个经营大类)；年费按照经营大类收取，入驻不同经营大类需分别缴纳年费；同一经营大类下，年费只缴纳一份；2019年度，卖家经营大类下的共享类目，产生的销售额(GMV)也会算到卖家当前准入的这个经营大类中；特殊类目(Special Category)不单独开放招商，而采取随附准入制度，即只要卖家获准加入任一经营大类，即可获得特殊类(Special Category)的商品经营权限；经营到自然年年底的速卖通卖家，年费分两部分返还：退还年费(卖家未使用月份年费)+奖励年费(卖家年销售达标奖励年费)。表3-4列举了速卖通2019年度各类目技术服务费年费详情，仅供参考。

相关资讯

全球速卖通(以下简称速卖通)是中国唯一一个覆盖“一带一路”全部国家和地区的跨境出口B2C零售平台。2018年，速卖通平台上56%的买家来自“一带一路”沿线国家和地区，这些地区的消费者贡献了速卖通平台57%的订单和49%的交易金额。

目前，速卖通在“一带一路”沿线国家中表现较好的是俄罗斯，其布局如下：速卖通在2012年进入俄罗斯市场，现在俄罗斯买家数已达2200万，即每6个俄罗斯人里就有1个在使用速卖通。俄罗斯人最爱从速卖通网购的中国货是手机、女装、汽车电子设备、男装、时尚饰品。速卖通发布的“2018年最受俄罗斯人关注的中国手机排行榜”显示，俄罗斯消费者对中国手机的关注度已全面超越三星、LG等跨国品牌，中国手机成为俄罗斯手机市场的第一集团军。小米连续两年蝉联俄罗斯“网红”手机排名第一，华为晋升第二。

不仅如此，速卖通还在俄罗斯搭建相关物流体系，具体内容如下所述。

1. 自助提货点

2018年6月19日，速卖通同全球知名物流服务商DPD合作，在俄罗斯100座城市和哈萨克斯坦、白俄罗斯等其他关税同盟国新增2000个自取提货网点。平均交货时间缩短至8～15天，包裹配送时效是过去的两倍。消费者选择自取提货点的配送方式，比起其他配送方式平均节省20%的成本。在开始阶段，自助取件箱内可以收取300多万最流行的电子产品和服饰类商品。

表3-4　速卖通收费详情表

经营范围	2019经营大类	年费/万美元	经营大类下可发布的类目	是否开放基础销售计划	返50%年费对应年销售额/美元	返100%年费对应年销售额/美元
1	珠宝手表(含精品珠宝)	1	Jewelry & Accessories　珠宝饰品及配件 Watches　手表 以下类目可共享发布： Apparel Accessories　服饰配饰(男/女/儿童配件，婴儿配饰发到婴儿服装) Men's Clothing　男装 Women's Clothing　女装 Novelty & Special Use　新奇特及特殊用途服装 Underwear，Socks，Sleep & Lounge Wear　男女内衣/家居服/袜子 Weddings & Events Wedding Accessories　婚庆配饰 Consumer Electronics(消费电子)>Smart Electronics(智能电子)> Wearable Devices(可穿戴设备)>Wristbands (腕带) Consumer Electronics(消费电子)>Smart Electronics(智能电子)> Wearable Devices(可穿戴设备)>Smart Watches (智能手表)	是	5000	30 000
2	服装服饰	1	以下类目可共享发布： 珠宝饰品及配件、手表 箱包部分类目 孕婴童 > 儿童服装(2岁以上) > 亲子装 男女鞋类目 泳装类目 Apparel Fabrics & Textiles　服装面辅料及纺织品	是	15 000	45 000
3	婚纱礼服	1	Weddings & Events　婚礼及重要场合 以下类目可共享发布： Jewelry & Accessories Fashion Jewelry　流行饰品 Apparel Fabrics & Textiles　服装面辅料及纺织品	是	25 000	50 000

(续表)

经营范围	2019经营大类	年费/万美元	经营大类下可发布的类目	是否开放基础销售计划	返50%年费对应年销售额/美元	返100%年费对应年销售额/美元
4	美容个护 (含护肤品)	1	Beauty & Health Tools & Accessories 工具/配件 Beauty & Health Tattoo & Body Art 文身及身体彩绘 Beauty & Health Skin Care Tool 护肤工具 Beauty & Health Shaving & Hair Removal 剃须及脱毛产品 Beauty & Health Sanitary Paper 卫生用纸 Beauty & Health Oral Hygiene 口腔清洁 Beauty & Health Nail Art & Tools 美甲用品及修甲工具 Beauty & Health Makeup 彩妆 Beauty & Health Hair Care & Styling 头发护理/造型 Beauty & Health Bath & Shower 沐浴用品 Beauty & Health Fragrances & Deodorants 香氛/除臭芳香用品 Beauty & Health Skin Care 护肤品 Home Appliances>Personal Care Appliances 家用电器>个人护理用品 以下类目可共享发布： Massage & Relaxation 按摩 Massage Products 按摩产品 Massage Appliance 按摩器具	是	15 000	40 000
5	真人发 (定向邀约制)	5	Hair Extensions & Wigs Beauty Supply Hair Extensions & Wigs Hair Salon Supply Hair Extensions & Wigs Human Wigs Hair Extensions & Wigs Human Hair 1 Hair Extensions & Wigs Human Hair 2 以下类目可共享发布： Beauty & Health-Hair Care & Styling	否	60 000	200 000
6	化纤发 (定向邀约制)	1	Hair Extensions & Wigs Synthetic Hair 化纤发 以下类目可共享发布： Beauty & Health-Hair Care & Styling	否	40 000	150 000

(续表)

经营范围	2019经营大类	年费/万美元	经营大类下可发布的类目	是否开放基础销售计划	返50%年费对应年销售额/美元	返100%年费对应年销售额/美元
7	母婴玩具	1	Mother & Kids 孕婴童 Toys & Hobbies 玩具 以下类目可共享发布：Shoes 鞋子	是	15 000	30 000
8	箱包鞋类	1	Luggage & Bags 箱包 Shoes 鞋子 以下类目可共享发布： Mother & Kids Children's Shoes 童鞋 Men's Clothing 男装 Women's Clothing 女装 Mother & Kids Baby Shoes 婴儿鞋 Apparel Accessories 服饰配饰(男/女/儿童配件，婴儿配饰发到婴儿服装) Novelty & Special Use World Apparel 世界民族服饰 Novelty & Special Use Stage & Dance Wear 舞台表演服和舞蹈服	是	12 000	35 000
9	健康保健	1	Health Care 健康保健 以下类目可共享发布： Beauty & Health -Sex Products-Safer Sex 安全/避孕 Skin Care Tool 护肤工具	是	18 000	50 000
	成人用品	1	Sex Products 成人用品 以下类目可共享发布： Novelty & Special Use-Exotic Apparel 情趣服装(不要发布日常穿着的性感内衣)	否	25 000	65 000
10	3C数码(除内置存储、移动硬盘、U盘、刻录盘、电子烟、手机、电子元器件)(投影仪定向邀约)	1	Security & Protection 安全防护 Office & School Supplies 办公文教用品 Phones & Telecommunications 电话和通信 Computer & Office 电脑和办公 Consumer Electronics 消费电子	是	15 000	36 000

(续表)

经营范围	2019经营大类	年费/万美元	经营大类下可发布的类目	是否开放基础销售计划	返50%年费对应年销售额/美元	返100%年费对应年销售额/美元
10	内置存储，移动硬盘，U盘，刻录盘	1	Computer & Office Internal Storage　内置存储[包含内置固态硬盘、储存卡、存储卡配件(读卡器、存储卡卡套/适配器/转卡器/内存卡盒)、固态硬盘托架和支架] Computer & Office External Storage　移动硬盘，U盘，刻录盘(包含刻录盘、外置机械移动硬盘、外置固态硬盘、硬盘壳包、硬盘盒、U盘)	否	8000	25 000
	电子烟	3	Electronic Cigarettes　电子烟	否	60 000	120 000
	手机	3	Phones & Telecommunications Mobile Phones　手机	否	45 000	100 000
11	电子元器件(定向邀约制)	1	Electronic Components & Supplies　电子元器件	否	30 000	65 000
12	汽车摩托车配件	1	Automobiles & Motorcycles　汽车摩托车配件	是	15 000	36 000
13	家居家具家装灯具工具	1	Furniture　家具和室内装饰品 Home & Garden　家居用品 Home Improvement　家装(硬装) Lights & Lighting　照明灯饰 Tools　工具	是	15 000	40 000
14	家用电器	1	Home Appliances　家用电器	否	15 000	36 000
15	运动娱乐(含电动滑板车)	1	Sports & Entertainment　运动及娱乐 Sports & Entertainment Cycling Self Balance Scooters　平衡车 Sports & Entertainment Roller，Skateboard &Scooters Scooters Electric Scooters　电动滑板车	是	10 000	25 000
16	特殊类		Special Category　特殊类			

资料来源：全球速卖通官网公布收费标准. https://sell.aliexpress.com/zh/__pc/mivKVp2cfQ.htm.

2. 海外仓和“当日达”

2018年5月，速卖通联合菜鸟投入超过5亿卢布在莫斯科地区开设了全新的海外仓，这类海外仓面积超过2万平方米，每天最多可处理约10万个订单。

基于“海外仓”，2018年7月，速卖通联合菜鸟在俄罗斯正式推出“当日达”服务，为莫斯科消费者提供免费当日配送。2018年“双11”开锣不到半日，俄罗斯莫斯科就已实现首单送达——来自莫斯科郊区的一位年轻父亲，收到了他给女儿下单的儿童拖鞋。

3. 与俄成立合资公司

2018年9月11日，在符拉迪沃斯托克(海参崴)举行的第四届东方经济论坛上，阿里巴巴集团与俄罗斯直接投资基金(RDIF)、Mail.Ru集团、MegaFon宣布建立新的战略合作伙伴关系，共同成立合资公司AliExpress Russia，将帮助俄罗斯零售价值链实现数字化和转型。

4. 推出全俄首个网上购车服务

2019年3月5日，速卖通在俄罗斯首开先河，正式推出在线售车服务，为当地消费者开启线上线下打通的购车体验。这是速卖通首次将阿里巴巴在国内成功实践的新零售购车模式复制到海外，俄罗斯消费者可以直接在速卖通上一键下单，支付预付款，到指定线下门店支付尾款即可提车。中国自主品牌车企奇瑞是该新项目的首个合作伙伴。据了解，以奇瑞、力帆等为代表的中国自主汽车品牌在俄罗斯深受欢迎，长期位列俄罗斯最畅销的中国汽车排行榜。新项目将有效解决中国自主汽车品牌因海外渠道不足造成的维修配件供给难问题。速卖通上丰富的汽配商品，以及速卖通联合菜鸟在当地市场布局的海外仓，可大幅减少自主品牌车企在海外供应链端的资金投入，提高供应链响应速度。在速卖通平台，汽车产品作为新兴类目的需求增长强劲。2018年“双11”，俄罗斯市场上汽车产品销售额是日常的20倍。而在西班牙、法国、波兰、中东、南美等国家和地区，汽车产品也已成为速卖通上最受欢迎的商品类别之一。

资料来源：http://www.mgzxzs.com/3870.html.

3.1.3 亚马逊(Amazon)

1. 平台简介

亚马逊是网络上最早开始经营电子商务的公司之一，成立于1995年，一开始只经营网络的书籍销售业务，现在则扩及了范围相当广的其他产品，已成为全球商品品种最多的网上零售商和全球第二大互联网企业，亚马逊及其他销售商为客户提供数百万种独特的全新、翻新及二手商品，如图书、影视、音乐和游戏、数码下载、电子和电脑、家居园艺用品、玩具、婴幼儿用品、食品、服饰、鞋类和珠宝、健康和个人护理用品、体育及户外用品、玩具、汽车及工业产品等。除了自营业务外，亚马逊对第三方卖家开放，在全球13个国家拥有电子商务网站。根据卖家选择服务的不同，亚马逊采用不同的收费模式。卖家在亚马逊全球网店开店，亚马逊将收取平台月租费和交易佣金，无交易则不收佣金。同时，亚马逊以优质的仓储物流系统闻名，选择亚马逊物流的卖家加收仓储和物流费用；自主配送卖家的配送服务必须符合亚马逊对服务质量的相关要求。

2. 亚马逊资费标准

根据商品类型，亚马逊按售价百分比收取佣金。自2018年2月1日起，亚马逊依品类增设了最低销售佣金。亚马逊将对订单中每件商品单独计算佣金，当商品按照所销售品类佣金比例收取的佣金小于最低销售佣金时，亚马逊将按照最低销售佣金进行收取。具体收费标准如表3-5所示。

表3-5　亚马逊收费详情

商品分类	保证金/元	销售佣金百分比	最低销售佣金/元
图书	20 000	12%	3.9
个护健康	30 000	8%	6
美妆	30 000	8%	8
玩具	30 000	10%	5
母婴用品	30 000	10%	7
酒水	50 000	10%	5
食品饮料	50 000	8%	5
大家电	50 000	4.5%	43
手机通信	50 000	4%	91
摄影摄像	50 000	4.5%	28
家庭影音	50 000	4.2%	50
数码电子及其他	50 000	4.2%	27
个人及平板电脑	50 000	4.2%	57
手机配件、数码电子配件、大家电配件	50 000	12%	5
摄影摄像配件、电脑配件、家庭影音配件	50 000	12%	6
办公用品	50 000	8%	5
办公耗材	50 000	12%	4
乐器	—	10%	6
家居用品、家居装修	10 000	10%	7
运动户外休闲、汽车用品	10 000	10%	8
服装、厨具及小家电	10 000	10%	9
鞋靴、箱包	10 000	10%	11
钟表	10 000	12%	19
珠宝首饰	10 000	15%	6
金条、银条	10 000	5%	—

资料来源：亚马逊官网.

相关资讯

亚马逊中国是全球最大的电子商务公司亚马逊在中国的网站。亚马逊中国为消费者提供图书、音乐、影视、手机数码、家电、家居、玩具、健康、美容化妆、钟表首饰、服饰箱包、鞋靴、运动、食品、母婴、运动、户外和休闲、IT软件等32大类、上千万种的产品，通过“送货上门”服务以及“货到付款”等多种方式，为中国消费者提供便利、快捷的网购体验。

亚马逊中国拥有业界最大、最先进的运营网络之一，在中国拥有15个运营中心，分别位于北京、苏州、广州、成都、武汉、沈阳、西安、厦门、上海、天津、哈尔滨、南宁等城市，总运营面积超过70万平方米。这些运营中心主要负责厂商收货、仓储、库存管理、订单发货、调拨发货、客户退货、返厂、商品质量安全等业务。同时，亚马逊中国还拥有自己的配送队伍和客服中心，为消费者提供便捷的配送及售后服务。

通过亚马逊中国的不懈努力和消费者的大力支持，亚马逊中国每年都保持了高速增长，用户数量也大幅增加。在未来的发展中，亚马逊中国将进一步丰富产品种类，加强用户体验，力争以最丰富的选品、最具竞争力的价格和最优质的客户体验成为中国消费者的首选网上商城。

2019年7月18日，亚马逊官方宣布将停止为亚马逊中国网站上的第三方卖家提供卖家服务，即亚马逊将不再运营中国国内市场业务，但他们针对中国卖家，推出了新的借贷服务，方便他们向世界其他地区的消费者出售商品。据亚马逊卖家论坛上的消息称，这项借贷服务被称为贷款推荐计划。亚马逊通过中国本地银行，向认定的卖家提供短期贷款，以帮助卖家采购库存，扩大业务。

中国消费者对亚马逊并不感兴趣，但中国商家越来越多地将亚马逊作为直接向美国销售产品的重要渠道，目前中国卖家的数量在该平台上正迅速增长，并已占据很大比例。所以亚马逊针对海外购的中国卖家推出新举措，想要进一步推动这些中国卖家的成长。电商咨询公司Azoya联合创始人赵唐表示，“亚马逊要在中国建立一个更大的卖家生态系统，扩展其全球电商平台，向卖家提供营运资金是一个重要举措。”

资料来源：https://baijiahao.baidu.com/s?id=1633013661750404518&wfr=spider&for=pc.

思考：试分析亚马逊中国关停的原因。

3.1.4 敦煌网

1. 平台简介

敦煌网是全球领先的在线外贸交易平台，是国内首个为中小企业提供B2B网上交易的网站，致力于帮助中小企业通过跨境电子商务平台走向全球市场。它采取佣金制，2019年2月20日起新卖家注册开始收取费用，在买卖双方交易成功后收取费用，即佣金，通常是交易额的3%～12%(即动态佣金，总体平均水平大概是7%)。佣金的收取比例根据行业、交易额的不同而有所变化，交易额越大，佣金比例越低。

据PayPal交易平台数据显示，敦煌网是在线外贸交易额中亚太排名第一、全球排名第六的电子商务网站，其在2011年的交易额达到100亿元。截至2018年底，敦煌网平台拥有200多万家累计注册供应商，在线产品数量2200万，覆盖全球222个国家和地区的2100万累计注册买家，拥有50多个国家的清关能力，200多条物流专线，以及17个海外仓。敦煌网是商务部重点推荐的中国对外贸易第三方电子商务平台之一，工信部电子商务机构管理认证中心已经将其列为示范推广单位。目前，敦煌网已经建立起在品牌、技术、运营、用户这四大维度上难以复制的竞争优势。

2. 平台特点

首先，敦煌网“为成功付费”，打破了以往的传统电子商务“会员收费”的经营模式，既减小企业风险，又节省了企业不必要的开支，同时避开了与阿里巴巴、中国制造网、环球资源、环球市场等平台的竞争。在敦煌网，买家根据卖家提供信息生成订单，可以选择直接批量采购，也可以选择先小量购买样品，再大量采购。这种线上小额批发一般使用快递，快递公司一般在一定金额范围内代理报关。其次，敦煌网提供的诚信担保机制，即实现7～14天的国际贸易周期，使制造商、贸易商与零售卖家之间实现无缝对接。

相关资讯

2019年，在APEC(亚太经济合作组织)中小企业跨境电商峰会暨敦煌网卖家大会上，敦煌网发布了2019年海外新流量战略。在全球经济发展还有诸多不确定性因素的背景下，敦煌网聚合更广阔的平台，构建更大的流量矩阵，通过与海外多地知名电商平台战略合作、最佳线下流量入口DTC(数字贸易中心)全面升级等新的流量战略整合落地，持续赋能中小企业借助跨境电商平台扬帆出海，拓展更广阔的国际市场，加速布局包括“一带一路”沿线国家在内的诸多跨境新蓝海，融入全球价值链。

据悉，2019年敦煌网将强势推进与俄罗斯、欧洲、中东，以及其他亚洲国家知名电商平台的战略合作，协助卖家根据自身需求，打造多形式、多流量入口，整合线上线下营销方案，精准快速地融入当地市场。目前，敦煌网与亚洲新兴市场知名平台的战略合作已经取得重大进展，将成为该公司旗下中国唯一的战略合作平台。

DTC是敦煌网打造的集展示、交易、营销、售后、培训等多种服务于一体，线上线下结合的数字贸易旗舰店模式，目前已在匈牙利、澳大利亚、西班牙、美国、土耳其、俄罗斯、秘鲁、阿联酋等几个国家落地，凭借其线下口碑配合线上辐射可快速迎合当地市场特点的优势，一直被卖家誉为能够获得线下优质流量的最佳模式。

2019年，敦煌网将对DTC展开更具针对性的升级改造：首先加快不同城市落地速度，打造全球连锁店模式；选择重点城市的核心商业区或者知名批发区落地，保证线下流量的体量和质量；在多语言站点开通DTC专区为其加码引流；通过DHsocial App实现分销代理；所有进入DTC的卖家均有专人跟进销售；同时敦煌网为加盟商提供线下交易的商品及优势价格。预计这一系列升级将更有效地整合敦煌网资源，聚集线上线下优质流量，更好地为卖家提供一站式服务，协助卖家扫清进入当地市场的障碍。

资料来源：https://www.cifnews.com/article/42583.

3.1.5 Wish

1. 平台简介

Wish是基于App的新兴跨境电商平台，主要靠价廉物美吸引客户，在美国市场有非常高的人气，核心品类包括服装、饰品、手机、礼品等，大部分都是从中国发货。Wish的卖家审核比较容易，审核时间一般为两天到一周。在Wish平台开店是不收费的，分为个人账户和企业账户，是一个适合新手的起步跨境平台，即Wish开店不需要租金，卖出物品之后收取这件物品收入(售价+邮费)的15%作为佣金；不销售不产生佣金。Wish平台97%的订单量来自移动端，App日均下载量稳定在10万，峰值时冲到20万。就目前的移动互联网优势来看，Wish未来的潜力是非常大的。

2. 平台特点

速卖通、亚马逊、eBay是PC端的跨境电商平台，Wish是移动端跨境电商平台。Wish平台正在全球迅速发展，欧洲及北美市场是平台最大的两个市场，两者贡献的GMV占据平台总GMV的6成以上。重视欧洲及北美，发掘全球其他市场，这是运营Wish店铺的基本法则。Wish专注于手机端市场，平台特点如下所述。

(1) 年轻。Wish的用户主要集中在15～40岁，其中青年用户占Wish用户的一半左右，用户年轻是区分于其他平台的显著特征。

(2) 时尚与新奇。年轻群体的消费具有较为明显的“冲动性”和“时尚偏好”，潮流趋势性的产品显然更符合他们的口味，所以说“新奇”是选品的一个重要思路。

(3) 碎片化。移动端购物的显著特征就是碎片化——碎片化的需求，碎片化的时间。如何在短暂的时间里实现最大的曝光，是应对碎片化的有效方式之一。

基于上述的种种平台特征，Wish平台上各类较为新奇有趣的产品表现相对突出，尤其是当新奇遇上了正确的时间、正确的人群。

相关资讯

2019年4月9日，WishPost平台发布关于4月10日起使用WishPost—中国邮政小包渠道发货的Wish订单将享受运费增长部分75%的补贴相关公告，商户可按以下步骤获取补贴。

(1) 商户在发货时，将首先在WishPost账户中看到并全额支付增加的中国邮政平邮渠道运费。

(2) 补贴订单和每个订单的补贴金额将在商户后台的“订单 > 历史记录”页面中显示。

(3) 根据Wish订单付款适格政策，商户将收到退款，作为其付款的一部分。

WishPost表示，鉴于Wish将为中国邮政平邮运费上涨提供75%的补贴，商户最终将仅需支付运费上涨的25%。

公告还指出，Wish补贴的适用资格要求包括(但不限于)以下两种情况的。

(1) WishPost—中国邮政平邮渠道(WishPost—中国邮政挂号渠道运费不予补贴)。

(2) 现有的产品(北京时间2019年4月10日0时后上传的产品不具有补贴资格)。

资料来源：亿邦动力.

3.1.6　其他交易平台

1. 阿里巴巴国际站

“阿里巴巴国际站”成立于1999年，是阿里巴巴集团的第一个业务板块，现已拥有1.5亿注册会员，是全球领先的跨境贸易B2B电子商务平台，一个账号可以直达200多个国家和地区的1000万活跃优质采购商，平台每天会产生超过30万个订单采购需求。阿里巴巴国际站帮助中小企业拓展国际贸易的出口营销推广服务，是全球性采购批发平台，通过向海外买家展示、推广供应商的企业和产品，进而获得贸易商机和订单，提供一站式的店铺装修、产品展示、营销推广、生意洽谈及店铺管理等全系列线上服务和工具，帮助企业降低成本、开拓外贸市场。

阿里巴巴国际站按年收费，费用由基础服务费用和增值服务费用组成，基础服务费(出口通)为29 800元1年，费用具体由客户经理根据会员的不同需求制定。平台入驻流程简单，根据报名链接页面提示填写相关信息即可。所需资料包括合法真实有效的营业执照和法人身份证正反面扫描件，这与其他平台基本一致。

相关资讯

2019年5月8日，阿里巴巴发布新国货计划：协助全国1000个产业集群全面数字化升级；创造200个年销售过10亿元的国产品牌；帮助200个老字号年销售过亿元；全面扶持20万个年销售500万的淘宝创意特色商家；天猫海外、Lazada和速卖通帮助70万国货商家出海。在数字经济时代，只要是中国创造、创新的产品就是新国货。来自全国各个产业带的优质农业产品、工业和服务产品、老字号、国产品牌、文化创意产品等，都将成为“中国创造”。

资料来源：https://www.cifnews.com/article/44029.

2. Lazada

Lazada(来赞达)创建于2012年，在印度尼西亚、马来西亚、菲律宾、泰国、越南和新加坡这6个国家开展业务，是东南亚地区较大的在线购物网站之一。截至2015年底，Lazada已拥有4万卖家，2015年全年交易总额达到13亿美元。获得德国创业孵化器Rocket Internet桑威尔兄弟(Samwer Brothers)支持，Lazada的目标主要是印度尼西亚、马来西亚、菲律宾以及泰国用户。2014年这家公司营收1.543亿美元，但净运营亏损达到1.525亿美元。2018年3月19日，阿里巴巴集团宣布，将向东南亚最大电商平台Lazada追加20亿美元投资，用于该公司在东南亚地区的业务扩张。蚂蚁金服集团董事长彭蕾将出任Lazada CEO职务，原CEO Bittner将出任高级顾问职务。

相关资讯

东南亚人口总数达到5.6亿，看似市场潜力很大，但这近6亿人分布在12个国家、上千个岛屿。东南亚国家有着10多种不同的语言，用着5种不同的货币，90%的人没有信用卡，更没有像支付宝一样通行的网上支付手段，而Lazada将在不同国家的平台上收到的款项将以当地货币存入卖家账户的方式解决了跨币种结算的问题。而对于消费者付款而言，Lazada更是开辟了所有能收钱的模式，据说他们收钱的方式高达60种。此外，Lazada为消费者提供了一款名为HelloPay的线上支付平台。

针对东南亚地区物流服务落后、基础设施不健全的问题，Lazada推出了自己的物流解决方案——LEX(Lazada Express)。2017年7月，Lazada已与70多个物流服务商建立合作，建成61个最后一英里分拨中心(其中19个位于印度尼西亚)，并建立了自己的物流配送团队，超过60%的订单可实现次日达。

资料来源：https://baike.baidu.com/tashuo/browse/content?id=c88e91feadf7041a8590db01&lemmaId=18508994&fromLemmaModule=pcBottom.

3. Shopee

Shopee是东南亚及中国台湾地区的电商平台，覆盖新加坡、马来西亚、菲律宾、中国台湾地区、印度尼西亚、泰国和越南七大市场，同时在中国深圳、上海和香港地区设立跨境业务办公室。2018年Shopee GMV达到103亿美元，同比增长149.9%，App下载量超过1.95亿。根据权威移动数据分析平台App Annie消息，Shopee为2018年东南亚购物类App下载量第1名。Shopee中国跨境业务表现突出，2018年“双11”和“双12”大促跨境卖家单量攀升至8倍与10倍。Shopee还为中国卖家提供自建物流SLS、小语种客服和支付保障等解决方案，卖家可通过平台轻松触达东南亚市场。

相关资讯

根据Google和新加坡主权投资基金淡马锡联合发布的2018年东南亚数字经济年度报告分析，预计至2025年，东南亚的互联网经济规模将超过2400亿美元。其中，电子商务产业规模在2018年已经超过230亿美元，预计到2025年将超过1000亿美元。

互联网经济规模的增长很大程度上得益于互联网接入设备，尤其是移动设备的增长。在东南亚，网络连接速度的提高和移动数据成本的降低吸引了约每月300万人次的互联网新用户。

截至2018年6月，新加坡、马来西亚、泰国、印度尼西亚、越南和菲律宾共有超过3.5亿互联网用户，自2015年以来增长了9000万。由于90%以上的东南亚人主要通过智能手机上网，Shopee对所有领域的业务采取高度本地化的策略，以吸引东南亚用户的注意，从而确保用户体验的相关性和吸引力，为每个国家开发不同的应用程序，由此Shopee根据各个市场的文化差异，灵活开展营销活动。Shopee的区域营销活动中，就采用了本土化的策略和产品，以迎合当地人的喜好。举例来说，Shopee的2019年“双12”促销活动中，就在不同的国家选择了不同的活动大使。

越南的活动大使是当地颇受欢迎的足球运动员Bui Tiến Dũng。菲律宾的活动大使是被当地人亲切称为“菲律宾的圣诞老人”的Jose Mari Chan。而在泰国，由于韩流风靡，Shopee选择了在韩发展的泰国籍歌手BamBam作为泰国“双12”活动的代言人。这不仅利于Shopee的销售活动高度本土化，还吸引这些代言人的粉丝，成为Shopee的忠实用户。Shopee还独家举办了粉丝聚会、现场音乐会，并利用社交媒体平台进行了直播活动，进一步与用户互动。

资料来源：https://shopee.cn/news/7/78.

4. 京东全球售

京东全球售是京东商城的海外平台，京东海外的商家可以把产品销往全球200多个国家和地区。京东全球售英文站，覆盖英国、美国、澳大利亚等区域；俄文站已于2015年上线，面向俄罗斯、乌克兰等国家；2018年，上线了西班牙语站，主打拉美市场，覆盖墨西哥、西班牙、巴西等西语国家。京东全球售具有如下特点：具有服务本地化、售后本地化等多项服务，把国内用户体验带到每个重点的海外市场；推动高质量商品出海；并在此基础上强化卖家的品牌建设意识。目前，京东全球售开放给商家的合作方式主要有三种：第一种是开放给国内成熟的外贸厂家或者卖家，京东可以在品牌及服务上进一步为卖家赋能；第二种是开放给国内想要转型出海的商家，京东主站点或者其他平台国内卖家均可；第三种是京东自主采购拿货的自营模式。以平台现有的数据分析来看，3C、家电、消费品、服饰、家居、汽车摩托配件以及假发等这些重点品类都是海外需求较大的产品。

5. Newegg

Newegg国际商城于2001年创立于美国南加州，经过近20年的发展，目前已成长为全球市场上排名第一的纯科技品类电商和服务平台，拥有面向美国及全球52国市场的newegg.com，面向加拿大市场的newegg.ca，以及负责B2B业务的neweggbusiness.com等多个电商平台，网站每月独立访客超过2600万，拥有超过3800万注册用户，1550万电子邮件订阅者及390万个商品评论。平台集合了数千专业卖家，产品超过1700个类别，商品数量超过4000万。Newegg被《福布斯》等多家权威媒体评选为最佳购物网站，在PriceGrabber.com的五星客户满意度评选中获得了4.5星的高分荣誉。与其他电商平台不同，在入驻政策上Newegg国际商城是以邀请制为起点的平台，即只有信用品质良好的卖家才能获得申请入驻的资格。这样做不仅可以保证Newegg国际商城内的卖家都能体验到优质、高效、良性的运营环境，还可以让卖家不必担心因为其他卖家素质良莠不齐，而面临恶性竞争的情况发生。

知识链接

Newegg 入驻条件、扶持政策及流程

1. 入驻条件

(1) 优先入驻标准：主打3C品类产品；亚马逊、eBay、Lazada等平台每月GMV超过500 000美元或在其子类目中有处于前十的畅销产品；拥有国际知名品牌的卖家；在亚马逊或其他同类平台的店面获得了1000+的用户评价。

(2) 普通入驻标准：拥有适用于Newegg平台、客户群的产品类别；拥有自己的电子商务运营团队；拥有亚马逊、eBay、Lazada(或其他同类平台)的开店经验；能够操作卖家账

户或有专门的客户经理来进行账户操作。

2. 扶持政策

(1) Newegg国际商城提供专人账户经理对卖家进行全程入驻及营销指导。

(2) 使用SBN(Shipped By Newegg)物流服务的卖家将获得6个月免仓储费优惠。

(3) 极具竞争力的佣金水平。

(4) 上架商品将可能获得Newegg国际商城的特别营销推荐及SEO(搜索引擎优化)服务。

3. 入驻流程

(1) 申请入驻：向Newegg发出入驻申请，通过初步审核后，卖家账户经理将向卖家发送入驻邀请。

(2) 账户注册：按照邀请邮件的注册链接，提供登录信息、基本账户信息、营业执照和W-8表格。

(3) 收款信息：进入卖家管理系统Seller Portal，确定收款方式，完善收款信息，如选择使用电汇，需提供银行资信证明或作废支票。

(4) 配送信息：配置适当的配送方式、退货处理信息及仓储配置。

(5) 创建产品：卖家需先尝试创建1～5个商品，提交账户经理审核，1个工作日内审核完成。

(6) 账户激活：账户经理对卖家设置的关键信息进行全面审核，1～2个工作日完成并激活卖家账户。

(7) 商品激活：账户激活后，卖家商品将被激活，全球52国消费者将可以购买卖家商品了。

资料来源：https://www.cifnews.com/article/22794.

上述提及的平台未必有其他平台的流量大，但其成长性和关注度更为突出，如有读者未来在跨境电商领域就业或创业，可以多方面了解不同平台的差异和相关规则，以便更有效地指导实践。本书重在抛砖引玉，引导读者进行交易平台的选择。

3.2　全球速卖通平台规则

相比各类平台的普及度和中国卖家的认可度，全球速卖通都较其他平台有着明显的优势，因此，本章主要以全球速卖通为例，介绍相关平台规则，力求为就业者和创业者提供一定的借鉴。

根据全球速卖通官方平台公布，全球速卖通平台规则(中国卖家规则)主要由基础规则(含卖家基本义务、交易、违规及处罚规则)、行业规则、营销规则、知识产权规则、禁限售规则、招商规则和卖家保护政策等共同构成。这些规则可在全球速卖通网页中查看，如图3-2所示。

图3-2　全球速卖通规则界面

资料来源：sell.aliexpress.com.

这些规则相互独立。例如，基本规则与招商规则有冲突的，以基本规则为准；基本规则与行业规则、营销规则、知识产权规则、禁限售规则有冲突的，以后者为准。由于篇幅的限制，下面列举部分规则，特别是每一个卖方都应该遵守的全球速卖通平台规则。

3.2.1　基础规则

1. 卖家义务

卖家在平台的任何行为应遵守中国及其他国家可适用的法律、法规，应就双方达成买卖交易自主对买家负责，切实履行卖家的信息披露、质量保证、发货与服务、售后及质保等义务。遵守平台各类目的商品发布规则；禁止发布禁限售的商品或信息，尊重他人的知识产权，保证出售的商品在合理期限内可以正常使用。

2. 交易

卖家使用合法邮箱在全球速卖通注册，全球速卖通有权终止、收回未通过身份认证或连续一年180天未登录速卖通或TradeManager的账户。速卖通平台接受依法注册并正常存续的个体工商户或公司开店，卖家需经实名认证并绑定支付宝账户。

速卖通有两种销售计划类型：标准销售计划和基础销售计划，一个店铺只能选择一种销售计划类型。全球速卖通的标准计划与基础计划的区别如表3-6所示。

表3-6 全球速卖通标准计划与基础计划区别

项目	标准销售计划(Standard)	基础销售计划(Basic)	备注
店铺的注册主体	企业	个体工商户、企业均可	注册主体为个体工商户的卖家店铺，初期仅可申请“基础销售计划”，当“基础销售计划”不能满足经营需求时，满足一定条件可申请并转换“标准销售计划”
开店数量	不管个体工商户或企业主体，同一注册主体下最多可开6家店铺，每个店铺仅可选择一种销售计划		
年费	年费按经营大类收取，两种销售计划收费标准相同		
商标资质	需要具体商标资质	同标准销售计划	
类目服务指标考核	需要通过考核	同标准销售计划	
年费结算奖励	中途退出：按自然月返还未使用年费； 经营到年底：返还未使用年费，使用的年费根据年底销售额完成情况进行奖励；销售额另有要求	中途退出：全额返还 经营到年底：全额返还	无论哪种销售计划，若因违规违约关闭账号，年费将不予返还
销售计划是否可转换	一个自然年内不可切换至“基础销售计划”	当“基础销售计划”不能满足经营需求时，满足以下条件可申请“标准销售计划”(无须更换注册主体)：最近30天网站成交金额≥2000美元；当月服务等级为非不及格(不考核+及格及以上)	
功能区别	可发布在线商品数≤3000	(1) 可发布在线商品数≤300(2019年可提额至500)； (2) 部分类目暂不开放基础销售计划，开放类目查看其他文件； (3) 每月享受3000美元的经营额度(即买家成功支付金额)，当月支付金额≥3000美元时，无搜索曝光机会，但店铺内商品展示不受影响；下个自然月初，搜索曝光恢复	无论何种销售计划，店铺均可正常报名参与平台各营销活动，不受支付金额限制

资料来源：全球速卖通官网.

无论选择哪种销售计划，均需根据系统流程完成类目招商准入，此后卖家方可发布商品。商品发布后，卖家将在平台自动开通店铺，完成认证的卖家在速卖通可最多开设6个虚拟店铺。选择“标准销售计划”的店铺，店铺内在线商品数量上限为3000；选择“基础销售计划”的店铺，店铺内在线商品数量上限为300；特殊类目(Special Category)下每个类目在线商品数量上限为5。

此外，平台交易规则还对搜索排序、订单超时、物流、纠纷、售后服务、放款、提现及佣金、拒付等方面做了相应规定。

3. 违规及处罚

平台将违规行为根据违规性质归类分为知识产权严重违规、知识产权禁限售违规、交易违规及其他、商品信息质量违规，称为“四套积分体系”。这四套积分分别扣分、分别累计、处罚分别执行。为保障消费者、经营者或速卖通的正当权益，在会员违规处理期间速卖通对会员可采取以下处理措施，如警告、搜索排名靠后、屏蔽、限制发送站内信、删除评价、限制发布商品、品牌下挂、下架商品、删除商品、限制参加营销活动、关闭经营权限、关闭提前放款功能、冻结或关闭账户等，直至速卖通确认风险基本可控后予以部分或全部解除管控。速卖通四套积分体系处罚节点情况如表3-7所示。

表3-7　速卖通四套积分体系处罚节点一览

违规类型	违规节点	处罚
知识产权严重违规	第一次违规	冻结(以违规记录展示为准)
	第二次违规	冻结(以违规记录展示为准)
	第三次违规	关闭
知识产权禁限售违规	2分	警告
	6分	限制商品操作3天
	12分	冻结账号7天
	24分	冻结账号14天
	36分	冻结账号30天
	48分	关闭
交易违规及其他	12分	冻结账号7天
	24分	冻结账号14天
	36分	冻结账号30天
	48分	关闭
商品信息质量违规	12分及12分倍数	冻结账号7天

资料来源：全球速卖通官网.

需要注意的是，速卖通严格禁止任何违反规定的利润，这意味着它不允许侵犯其他卖家的财产权和合法权利。这些规则限制以下操作：①在交易过程中，卖方通过诱使买方违反速卖通的规定而获得任何不正当的利润；②卖方通过发布和提供任何伪造品，或者提供任何服务或物流信息来获得任何不正当的利润；③在以前的账户因违规而关闭后，重新注册卖方账户；④直接或间接使用或管理任何其他账户，如果以前的账户因违规而关闭；⑤从其他方面获得不正当的利润。上述操作都违反了交易规则，卖方应在日常账户管理期间避免这些操作。

3.2.2　知识产权规则

全球速卖通平台严禁用户未经授权发布、销售涉嫌侵犯第三方知识产权的商品。若卖家发布、销售涉嫌侵犯第三方知识产权的商品，则有可能被知识产权所有人或者买家投诉，平台也会随机对商品(包含下架商品)信息、产品组名进行抽查，若涉嫌侵权，则信息会被退回或删除，并将根据侵权类型执行处罚。全球速卖通知识产权具体规则如表3-8所示。

表3-8 全球速卖通知识产权具体规则

侵权类型	定义	处罚规则
商标侵权	严重违规：未经注册商标权人许可，在同一种商品上使用与其注册商标相同或相似的商标	三次违规者关闭账号
	一般违规：其他未经权利人许可使用他人商标的情况	(1) 首次违规扣0分； (2) 其后每次重复违规扣6分； (3) 累计达到48分者关闭账号
著作权侵权	未经权利人授权，擅自使用受版权保护的作品材料，如文本、照片、视频、音乐和软件，构成著作权侵权。 实物层面侵权：实体产品或其包装被盗版；实体产品或其包装非盗版，但包括未经授权的受版权保护的内容或图像。 信息层面信息：图片未经授权被使用在详情页上；文字未经授权被使用在详情页上	(1) 首次违规扣0分； (2) 其后每次重复违规扣6分； (3) 累计达到48分者关闭账号
专利侵权	外观专利、实用新型专利、发明专利的侵权情况 (一般违规或严重违规的判定视个案而定)	(1) 首次违规扣0分； (2) 其后每次重复违规扣6分； (3) 累计达到48分者关闭账号(严重违规情况，三次违规者关闭账号)

资料来源：全球速卖通官网.

卖家可登录全球速卖通卖家后台——经营表现公告栏中查看相关细节规则。

相关案例

当一些卖家大量销售带有双接口的iPhone USB线时，其他卖家可能会出售同样的产品，如果他们没有得到任何授权，销售这些双接口USB线的行为就会被视为违规。全球速卖通致力于保护每一个卖家的知识产权，一旦它发现了这些未经授权的行为，就会惩罚卖家。处罚包括产品移除和商店排名下降。

以下列举部分违反产权保护规则的具体操作。

(1) 带有品牌名称的产品名称。全球速卖通可以通过关键词扫描，轻松收集这些产品的名称，一旦发现侵权行为，就会给予卖家惩罚。例如，一些卖家可能会在速卖通上添加世界知名品牌，以便在搜索引擎中获得更高的店面排名。然而，这绝对违反了保护规定，因为这些卖家大多没有得到这些品牌的授权。因此，卖家不应该上传未经授权的品牌的任何信息，比如产品标题或产品图片。

(2) 用品牌名称来命名店铺。任何未经授权的品牌名称都不允许与商店名称或产品名称放在一起。此外，商店名称的设置与产品名称描述(速卖通产品标题描述要求)。一旦商店名称发生改变，卖家要在6个月以后才可以再次修改店铺名称。

(3) 销售音频和视频产品。一些卖家可能会在速卖通上销售DVD、CD甚至视频格式的音频或视频产品。需要注意的是，这些产品受到了速卖通的严格限制，因为它可能涉及广泛的版权和知识产权问题。速卖通对这些音频和视频产品进行了高度监控和限制。

(4) 销售原始的软件系统或设备。如果未经授权，卖方不被允许出售任何原始的软件系统和其他软件，即使其中一些卖家正在出售真正的软件。例如，如果未经授权，不允许在速卖通上出售任何Windows软件，即使这些卖家已经从微软的官方网站上购买了这些软件。

资料来源：https://www.chinabrands.cn/dropshipping/article-guize-1952.html.

3.2.3 禁限售规则

“禁限售”全称是“知识产权禁售违规”，包括知识产权违规和禁售违规两种行为。速卖通平台禁止发布任何含有或指向性描述禁限售信息。用户不得通过任何方式规避平台发布的其他禁售商品管理规定及公告规定的内容，否则可能将被加重处罚。平台有权根据发布信息本身的违规情况及会员行为做加重处罚或减轻处罚的处理(见表3-9)。

表3-9　禁限售违规处罚情况

处罚依据	行为类型	违规行为情节/频次	其他处罚
禁限售规则	发布禁限售商品	严重违规：48分/次(关闭账户)	退回或删除违规信息； 若核查到订单中涉及禁限售商品，速卖通将关闭订单，如买家已付款，无论何种物流状况均全额退款给买家，卖家承担全部责任
		一般违规：0.5分～6分/次(1天内累计不超过12分)	

资料来源：全球速卖通官网.

禁限售违规和知识产权一般侵权将累计积分，积分累计到一定分值，将执行账号处罚。违规累计扣分情况如表3-10所示。

表3-10　违规累计扣分表

积分类型	扣分节点	处罚
知识产权禁限售违规	2分	严重警告
	6分	限制商品操作3天
	12分	冻结账号7天
	24分	冻结账号14天
	36分	冻结账号30天
	48分	关闭

资料来源：全球速卖通官网.

3.2.4 营销规则

为了促进卖家成长，增加更多交易机会，在平台定期或不定期组织卖家的促销活动以及卖家自主进行的促销活动中，卖家应当遵守如下规则。

(1) 卖家在速卖通平台的交易情况需满足以下条件，才有权申请加入平台组织的促销活动。对于有交易记录的卖家，满足好评率≥90%；店铺DSR(服务评级)描述分≥4.5；速卖通平台对特定促销活动设定的其他条件。对于无交易记录的卖家，则由速卖通平台根据实际活动需求和商品特征制定卖家具体准入标准。

(2) 卖家在促销活动中，应该遵守国家法律、法规、政策及速卖通规则，不得发生涉嫌损害消费者、速卖通及任何第三方正当权益，或从事任何涉嫌违反相关法律法规的行为。

(3) 卖家在促销活动中发生违规行为的，速卖通平台有权根据违规情节，禁止或限制卖家参加平台各类活动，情节严重的，速卖通平台有权对卖家账号进行冻结、关闭或采取其他限制措施。具体规定如表3-11所示。

表3-11　卖家违规行为汇总

违规行为	违规行为定义	违规处罚
出售侵权商品	促销活动中，卖家出售假冒商品、盗版商品或其他侵权商品	取消当前活动参与权，根据速卖通相应规则进行处罚
违反促销承诺	卖家商品从参加报名活动开始到活动结束之前，要求退出促销活动，或者要求降低促销库存量、提高折扣、提高商品和物流价格、修改商品描述等行为	取消当前活动参与权，根据情节严重程度确定禁止参加促销活动3～9个月；根据速卖通相应规则进行处罚
提价销售	在买家下单后，卖家未经买家许可，单方面提高商品和物流价格的行为	取消当前活动参与权，根据情节严重程度确定禁止参加促销活动3～9个月；根据速卖通相应规则进行处罚
成交不卖	在买家下单后，卖家拒绝发货的行为	根据情节严重程度，禁止参加促销活动6个月
强制搭售	卖家在促销活动中，单方面强制要求买家必须买下其他商品或服务，方可购买本促销商品的行为	禁止参加促销活动12个月；根据速卖通相应规则进行处罚
不正当谋利	卖家采用不正当手段谋取利益的行为，包括向速卖通工作人员及其关联人士提供财务、消费、款待或商业机会等；会员通过其他手段向速卖通人员谋取不正当利益的行为	根据不正当谋利的规则执行处罚，关闭商家店铺

资料来源：全球速卖通官网.

(4) 卖家在促销活动中的行为如果违反本规则其他规定或其他网站规则，会根据相应规则进行处罚。

(5) 全球速卖通保留变更促销活动规则并根据具体促销活动发布单行规则的权利。

(6) 卖家因为一些不可抗力的因素(如地震、洪水)等导致无法参加促销活动，若情况属实，平台会根据情况特殊处理。

(7) 团购活动在遵循促销活动规则基础上，同时需要遵循团购规则。

此外，速卖通平台每年还公布相应的招商政策，主要对准入资质、商品发布类型、店铺类型做相关细节规定，如读者要在平台开设店铺，应认真查询相关规定。

3.3　店铺实操

如前文所述，跨境电商平台数量很多，现我们以中国卖家关注度和热衷度较高的全球速卖通平台为例，介绍店铺的操作流程，包括开通店铺、产品发布、店铺装修等几个部分，希望起到引领作用，以便读者掌握其他相关平台的操作流程。

3.3.1　开通店铺

1. 全球速卖通入驻要求

1) 卖家身份

个体工商户或企业身份均可开店，须通过企业支付宝账号或企业法人支付宝账号在速卖通完成企业身份认证，即先注册一个企业支付宝或企业法人支付宝。平台有基础销售计划和标准销售计划供商家选择，个体工商户商家在入驻初期仅可选择基础销售计划。

2) 品牌要求

卖家若拥有或代理品牌，可根据品牌资质，选择经营品牌官方店、专卖店或专营店。若不经营品牌，可跳过这个步骤。需要注意的是，仅有部分类目必须拥有商标才可经营。具体以商品发布页面展示为准。

3) 服务费要求

卖家须缴纳技术服务年费，各经营大类技术服务年费不同，具体查看相关资费标准。经营到自然年年底，拥有良好的服务质量及不断壮大经营规模的优质店铺都将有机会获得年费返还奖励。

2. 入驻流程

第一步，开通账号，打开http://sell.aliexpress.com，使用企业或个体工商户身份进行卖家账号注册，如图3-3所示。

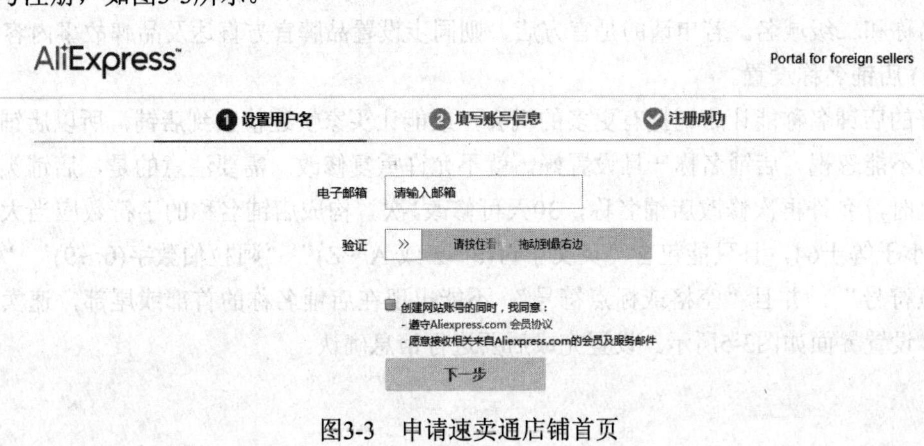

图3-3　申请速卖通店铺首页

开通账号要经过设置用户名(输入有效电子邮箱并验证)、填写账号信息和注册成功三个具体操作程序。同时需要公司有效营业执照并加盖公司公章扫描件、法定代表人身份证扫描件、公司授权书扫描件、账号实名认证人身份证扫描件。

第二步，提交入驻资料。个别类目需提供类目资质(请参考速卖通官网关于类目资质要求)，审核通过方可经营。若要经营商标，需提供商标资料，等待平台审核通过；若商标在商标资质申请页面查询不到，根据系统引导进行商标添加。若不经营商标，可跳过这个步骤。

第三步，等待平台审核。平台通常在15日内会给出审核结果，可以通过“卖家后台—账户认证—类目招商准入”查看进度。

第四步，店铺类型设置。若类目已申请入驻成功，相关商标注册已完成后，就可以根据速卖通提供的不同的店铺类型申请开通店铺，并根据所选的经营类目缴纳对应的年费。速卖通店铺类型设置界面如图3-4所示。

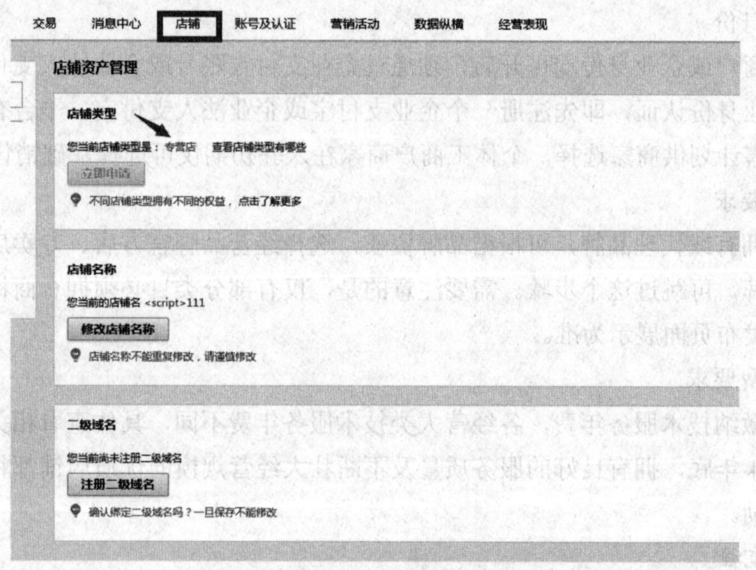

图3-4 速卖通店铺类型设置界面

第五步，完善店铺信息。付费完成后，进入“卖家后台—店铺—店铺资产管理”设置店铺名称和二级域名。若申请的是官方店，则同步设置品牌官方直达及品牌故事内容。

(1) 店铺名称设置。

好的店铺名称能让店铺拥有更多的机会，或能让买家快速检索到店铺，所以店铺名称设置也不能忽视。店铺名称一旦设置好，就不允许重复修改。需要注意的是，店铺类型发生变化时，允许再次修改店铺名称，30天可修改1次。构成店铺名称的字符数应当大于等于4，小于等于64，且只能包含“英文字母(a～z 或 A～Z)”“阿拉伯数字(0～9)”“空格或标点符号”，并且“空格或标点符号” 不能出现在店铺名称的首部或尾部，速卖通店铺名称设置界面如图3-5所示。设置完成后要进行信息确认。

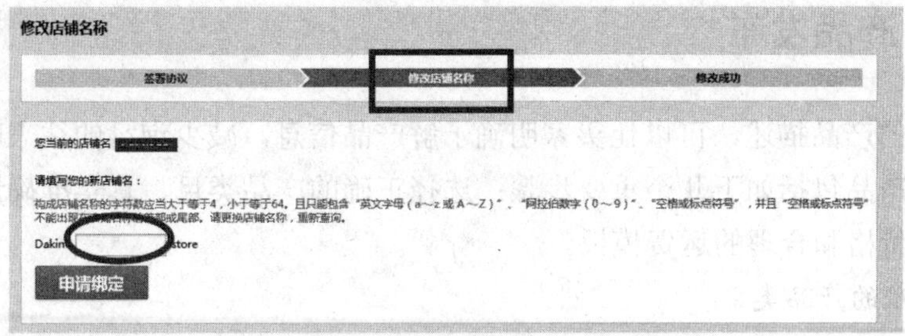

图3-5　速卖通店铺名称设置界面

(2) 注册二级域名设置。

第一步，需要签署二级域名协议。速卖通二级域名协议界面如图3-6所示。

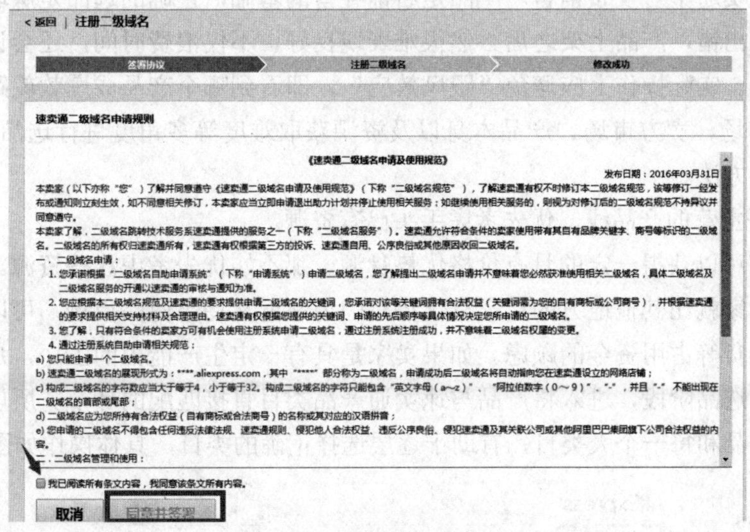

图3-6　速卖通二级域名协议界面

第二步，协议签署完成之后，就可以设置关于速卖通店铺的域名信息。构成二级域名的字符数应当大于等于4，小于等于32，且只能包含“英文字母(a～z)”“阿拉伯数字(0～9)”和连接符“-”，并且“-”不能出现在二级域名的首部或尾部。店铺二级域名申请如图3-7所示。

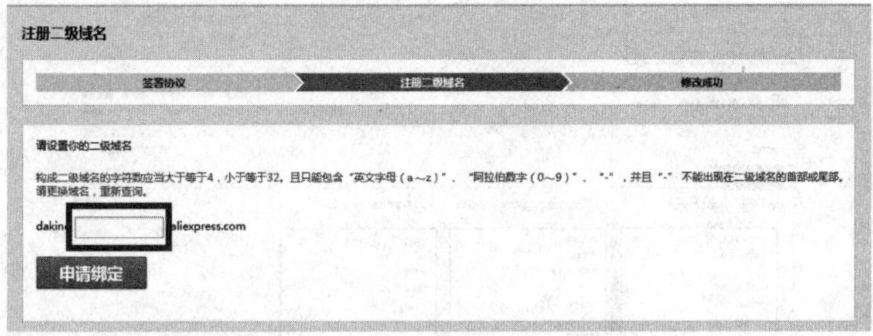

图3-7　店铺二级域名申请界面

完成上述5个入驻步骤，基本实现店铺开通。

3.3.2 产品发布

一个清晰的产品描述，可以让买家明确了解产品信息，减少询盘的往来时间，加快下单速度。发布产品包括如下几个重要步骤：选择正确的产品类目、真实准确地填写产品信息、设置产品价格和合理的运费模板。

1. 选择正确的产品类目

类目选择准确，方便平台买家找到该商品。速卖通的选品和实体店经营选品既有不同，也有相同之处。总体上是本着中国直发导向、时尚类产品和配件、小家居运动类产品、低价产品等选品原则进行品类的确定。简而言之，只要是支持国际快递发货的产品都适合在全球速卖通平台发布销售。产品是店铺经营的基础，正确的选品是赚取利润的第一步。选品一旦出错，产品上架之后必然很难表现良好，不仅浪费时间，还会让卖家面临产品滞销的情况。实际操作上应避免“跟风效应”，即看到哪个产品成爆款就跟着做，而是应根据买方市场、卖方市场、产品本身以及资源获取难度等多角度进行选品。以下从5种途径介绍选品方法。

1) 确定好主营的产品线，优先考虑手头已有资源

如果卖家可以获得一定的具有价格优势货源，那不妨优先考虑这些资源。例如，地处浙江义乌的卖家就比其他地方的卖家有优势，因为邻近义乌小商品市场，可以减少供货不足而引起的囤货等占用资金的顾虑。如果卖家是具有一定生产能力的工厂，那么可以跳过大海捞针式的选品阶段，进入将产品与速卖通产品类目直接匹配的环节。所以说，了解和熟悉自己的产品和每一个大类目，有助于逐层选择正确的类目，具体操作如图3-8所示。

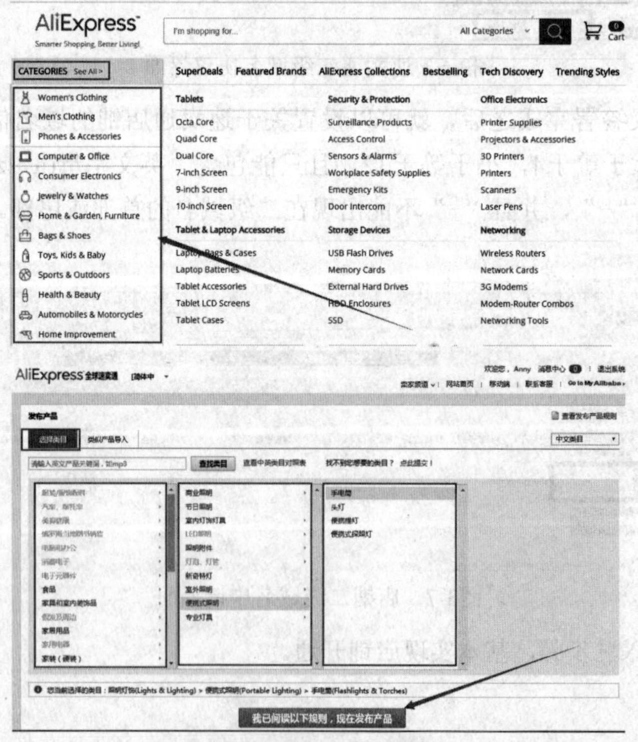

图3-8 店铺类目选择界面

2) 通过平台推荐进行选品

进入速卖通首页，单击Best Selling快捷入口，选择Hot Product或Weekly Bestselling查看平台里卖得好的产品(见图3-9)。Weekly Selling 和Hot Products是整个速卖通平台的热销产品，这些产品在主流国家的认可度高，在选品的时候可以作为参考。

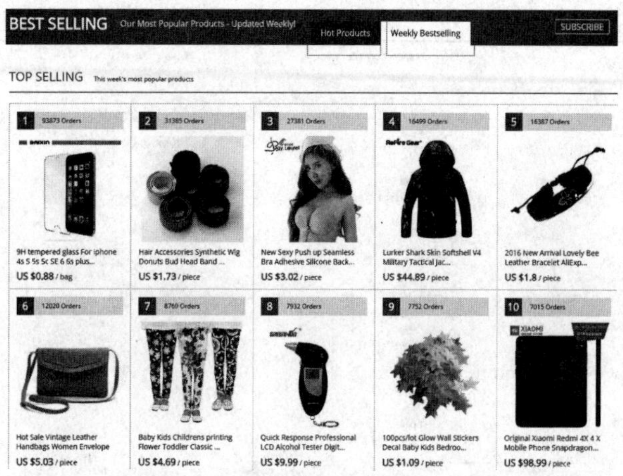

图3-9　平台热销产品推荐界面1

继续往下拉，可以选择类目查看各个类目的热销品，具体界面如图3-10所示。

图3-10　平台热销产品推荐界面2

3) 按类目查找热销品进行站内选品

打开平台首页，在CATEGORIES Selling找到所带店铺的类目，把鼠标放在所选的类目查看各个二级类目的产品，具体界面如图3-11所示。

图3-11　速卖通商品类目界面

单击其中一个感兴趣的类目，都会出现很多这个类目下卖得好的产品，单击Orders可查看该产品的交易记录，单击Sort by Latest更新到最新记录，可查看近三天销量总数，算出日均销售，进而预估一个月的销量，同时用预估的月销量和该产品的售价相乘可以得出该产品的预估月销售额，以此来判断要不要开发此类产品(见图3-12)。

Transaction History   8420 transactions in last 6 months. Sort by latest

Buyer	Transaction Information
S***n A. RU	1 pair 25 Jun 2017 17:26
S***a E. MX	1 pair 25 Jun 2017 16:46
A***y G. RU	1 pair 25 Jun 2017 15:39
A***o T. CL	3 pair 25 Jun 2017 15:02
R***y A. BY	1 pair 25 Jun 2017 14:43
S***s K. RU	1 pair 25 Jun 2017 14:11
V***r P. RU	1 pair 25 Jun 2017 13:57
L***s R. CL	1 pair 25 Jun 2017 13:46

1 2 3 4 5 6 7 ... 1199 Go to Page Go

一页页查看，数出近三天该产品的销售总量，总量除以3算出日均销量，用日均销量乘以一个月的天数（30天）预估一个月的销售。

图3-12　速卖通店铺历史交易界面

4) 运用选品工具确定品类

数据纵横是速卖通选品的好助手，通过后台的“数据纵横—选品专家”的筛选功能，以数据分析的形式帮助卖家了解热销和热搜的三级类目。热销是买家维度，表示近期搜索量比较大、市场需求比较多的产品，可以重点关注。具体操作方法：打开速卖通后台的“数据纵横”，选择“选品专家”，单击“热销”，选择店铺的主营行业，选择国家和时间，分析当前行业哪些品类更有市场优势，如图3-13所示。

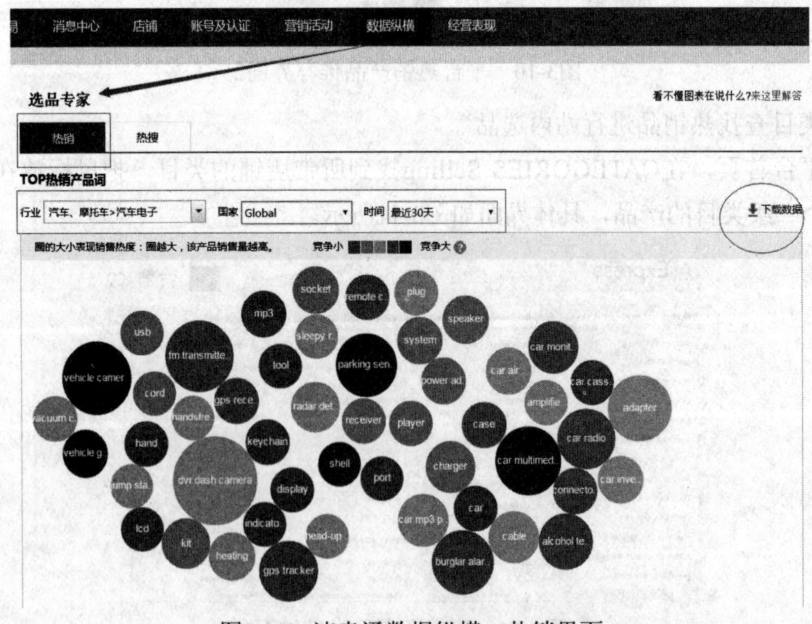

图3-13　速卖通数据纵横—热销界面

图3-13中，圈越大，代表该品类的销量越大；颜色代表产品的竞争度，越红说明该品类产品市场竞争越大，灰色说明竞争度居中，越蓝则代表该品类的竞争越小。为了更好地分析，可以单击界面中的“下载数据”。例如选择汽车、摩托车这个类目下的二级类目汽车电子，下载该类目的30天原始数据，分析出汽车电子这个二级类目下的热销品类，核算出各品类的热销综合指数。热销综合指数计算公式为

热销综合指数=成交指数÷支付转化指数÷竞争指数

对算出的综合指数进行降序排序，排名靠前的商品关键词的品类就是购买率大且竞争度较小的产品，这些产品相对来说更具市场优势。

热搜的入口与热销的入口基本一致，选择行业、国家和时间，即可抓取热搜词。速卖通数据纵横—热搜界面如图3-14所示。

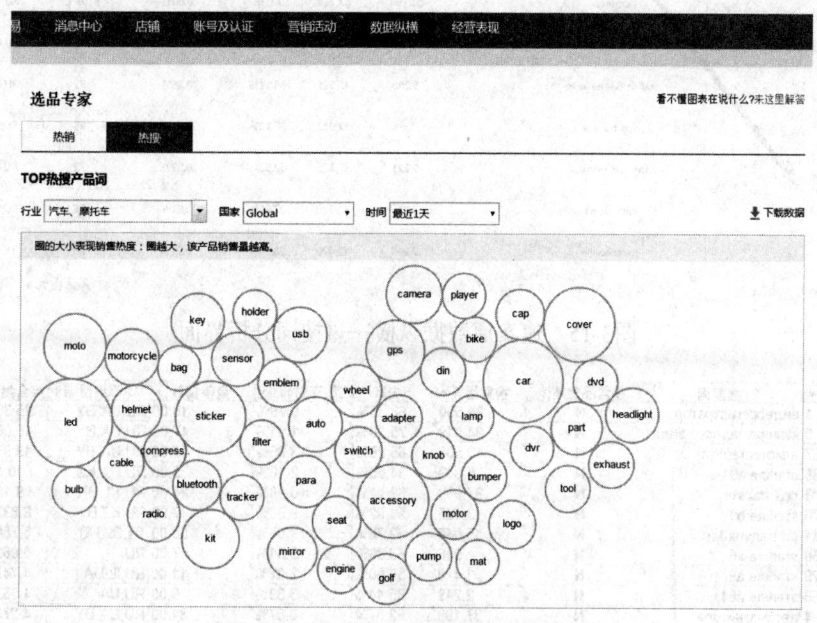

图3-14　速卖通数据纵横—热搜界面

此外，通过数据纵横，选择实时概况，单击实时商品，还可以分析出哪些产品浏览量比较高，但是这类产品出单比较少，可用于打折或直通车推广。

5) 分析热搜词

操作步骤：打开速卖通后台—数据纵横，选择“搜索词分析”，单击“热搜词”，选择店铺主营行业，分析当前行业哪些搜索词品类是买家大量搜索且竞争小的。速卖通数据纵横—热搜词分析界面如图3-15所示。

然后，单击“下载数据”，将品牌原词从表格中删除，以排除品牌原词，避免侵权。之后，把浏览—支付转化率零的词也删除，没有转化的品类也不是我们要找的。最后，算出剩下这些词的综合指数，对每一个搜索词的综合指数做降序排序，选择综合指数排名靠前，有好的搜索指数，但竞争指数偏低的品类。热搜词综合指数计算公式为

热搜词综合指数=搜索指数×点击率×支付转化指数÷竞争指数

速卖通选品工具搜索词分析汇总如图3-16所示。

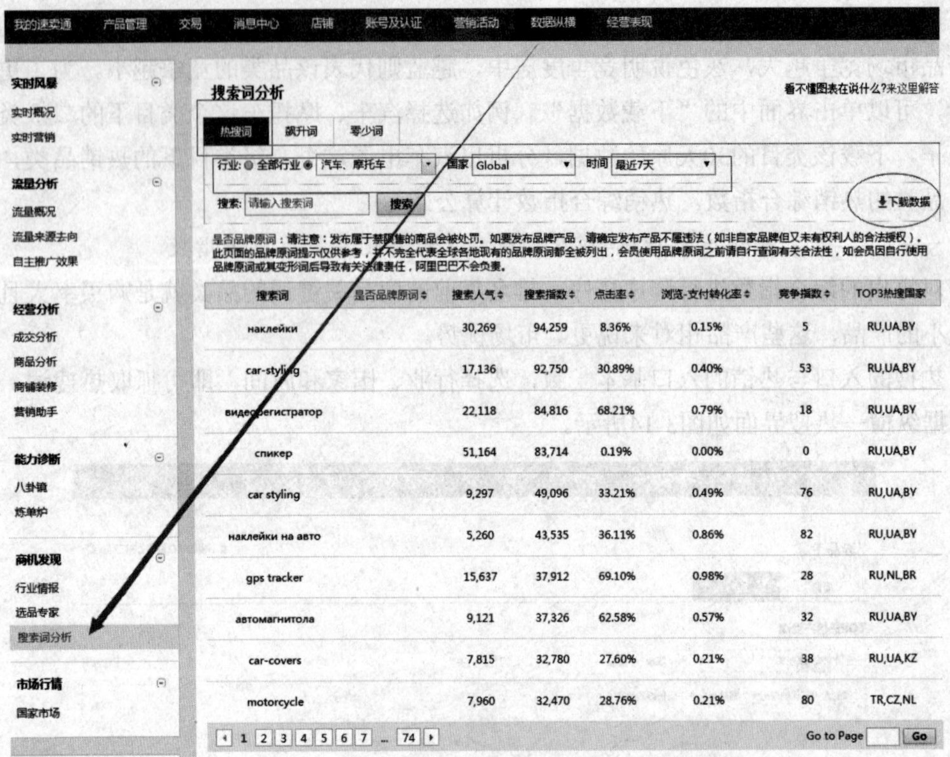

图3-15 速卖通数据纵横—热搜词分析界面

NO.	搜索词	是否品牌原词	搜索指数	点击率	浏览-支付转化	竞争指数	TOP3热搜国	综合指数
1	видеорегистратор	N	84,550	68.36%	0.79%	18.00	RU,UA,BY	25.36706678
5	камера заднего вида	N	24,019	75.28%	1.51%	17.00	RU,UA,BY	16.06062931
27	алкотестер	N	10,506	65.28%	3.86%	19.00	RU,UA,BY	13.93321203
68	starline a91	N	6,809	34.50%	2.16%	5.00	RU,UA,KZ	10.1481336
3	gps tracker	N	37,908	69.11%	0.98%	28.00	RU,NL,BR	9.16937658
176	starline b9	N	3,125	51.02%	3.00%	7.00	RU,KZ,BY	6.833035714
11	fm transmitter	N	15,049	62.36%	3.08%	50.00	TR,CZ,HU	5.780886742
568	starline a6	N	946	63.39%	5.91%	7.00	RU	5.062923077
429	starline a9	N	1,478	50.00%	7.07%	11.00	RU,IL,UA	4.749754545
263	starline a61	N	2,249	35.11%	3.33%	6.00	RU,UA	4.382412645
4	автомагнитола	N	37,199	62.57%	0.57%	31.00	RU,UA,BY	4.279672952
535	anytek at66a	N	1,103	64.86%	2.36%	4.00	RU,UA,BY	4.22089422
33	антирадар	N	9,982	71.72%	0.91%	16.00	RU,KZ,BY	4.071732665
83	bluetooth aux	N	5,705	63.05%	3.11%	29.00	RU,TR,UA	3.857475095
8	парктроник	N	17,559	51.44%	1.56%	41.00	RU,BY,UA	3.436698872
525	7020g	N	1,163	85.90%	2.88%	9.00	RU,FR,RS	3.1968544
569	starline b6	N	942	65.22%	5.14%	10.00	RU	3.157874136
17	видеорегистраторы авт	N	13,353	70.49%	0.97%	30.00	RU,UA,BY	3.043384603
64	радар детектор	N	6,988	67.30%	1.46%	23.00	RU,BY,KZ	2.985334365
358	rcd330	N	1,726	79.87%	1.08%	5.00	RU,DE,FR	2.977681392
49	парктроник для авто	N	8,220	68.43%	2.07%	41.00	RU,BY,UA	2.839911761
46	fm модулятор	N	8,537	69.02%	1.68%	38.00	RU,BY,UA	2.604989166
79	антирадар для автомоб	N	6,043	83.96%	1.12%	22.00	RU,KZ,UA	2.582975971
559	7021g	N	991	82.71%	1.13%	4.00	RU,UA,NP	2.315528483
7	dash cam	N	17,620	57.92%	0.91%	41.00	US,NL,CA	2.265124059
501	преобразователь 12v дс	N	1,279	29.15%	0.58%	1.00	RU,UA,DE	2.1624053
333	aux bluetooth	N	1,880	69.38%	3.18%	21.00	RU,TR,BG	1.975149486
28	регистратор	N	10,506	60.70%	0.65%	22.00	RU,UA,KZ	1.884155591
598	junsun 7	N	804	84.26%	2.31%	9.00	RU,UA,AT	1.73878936
269	спиртометр	N	2,226	15.46%	1.01%	2.00	RU,UA,BY	1.73790498
172	автомобильный пылесо	N	3,178	79.93%	1.30%	20.00	RU,KZ,UA	1.65111401
302	roidmi	N	2,068	25.68%	0.90%	3.00	RU,UA,ES	1.5931872
130	радар детектор для рос	N	3,852	91.32%	1.07%	24.00	RU,BY,VN	1.56828402
9	2 din	N	17,213	75.08%	0.49%	45.00	RU,UA,BR	1.407227777

图3-16 速卖通选品工具搜索词分析汇总

除了运用速卖通选品工具，还可以在速卖通平台上搜索同款产品，参考其他大卖家的类目。在前面章节我们提及的选品原则同样也适用于速卖通等平台选品。总之，通过充分的调研和分析，选出适合店铺经营的产品将为后续的产品上架、营销、引流以及推广等奠定良好的基础。

知识链接

上架商品是店面操作流程中的一个重要环节，这对于新手卖家来说并不简单，而且有时容易陷入误区，下文列举部分情况，以使新手卖家引以为戒，提高上架商品的准确度。

1. 放错类目或设错属性

将商品发布在不合适的类目中或设置错误的属性会影响网站产品类目列表的准确性，进而影响买家的购物体验；同时会影响其余正确设置类目属性商品的曝光率，破坏公平原则。例如，手提包应发布在女士包的类目，不应发布在行李包等类目。

2. 滥用标题和关键词

卖家应该为商品合理设置符合商品自身特征的关键词和产品描述。为了吸引更多买家注意或有意误导买家浏览自己的商品，而在商品的标题、关键词、简要描述、详细描述等处设置与商品本身不相关的品牌名称和描述用语的行为被称为“滥用标题和关键词”。滥用关键词的行为会影响网站关键词搜索结果列表的准确性，进而影响到买家的购物体验。例如，商品是普通MP3产品，但使用了Cellphone、Digital Camera、DV等关键词；商品是油画，但使用了Gallery、Imitation、Masterpiece等不直接关联的关键词。

3. 滥用商品价格与运费设置

卖家设置商品价格和运费应该真实、准确，不具有误导性，并符合一般商业规范和相关行业标准。如果卖家滥用商品价格与运费设置，就会扰乱阿里巴巴网上交易市场的交易秩序，既影响买家购物体验，也影响平台的公平性原则。例如，发往美国的一台手机，市场价格150美元，价格设为每台20美元，而邮费被设置为每台150美元。

4. 标题、图片、描述不一致

商品发布的标题、图片与描述必须与实际商品的属性真实相符，而不能出现几种信息的描述相互不一致的情况。标题、图片、描述不一致的发布可能影响买家的购物体验，甚至对买家产生误导，从而影响平台的安全性与公平性。例如，一件商品的标题为“Branded GSM cellphone”，但是图片和描述却显示实际销售的商品为手机配件。

资料来源：https://www.ikjzd.com/k/17598.html.

2. 真实准确地填写产品信息

速卖通产品发布包含标题书写、关键词设置、主图的选择以及内页文案优化等几方面要素，注意各项产品信息的填写技巧，有助于打造高质量产品，促进该产品的销售。

1) 标题书写

标题书写的总体原则就是与产品无关联、描述不符、有误导性的词均不可放入标题。一般来说，标题由核心词、属性词以及流量词三部分构成。速卖通平台规定标题最大长度不超过128个字符。

所谓核心词，指的是行业热门词，大多是行业通用的词。这类词会放在标题比较靠前的位置，但这类词并不能真正决定流量，因为这类词的竞争比较激烈，只有当系统在进行判定时，才影响该产品的相关性，进而影响产品排序和客户点击率。

所谓属性词，指的是长度、颜色等界定产品属性的限定词。这类词具有丰富产品信息的功能，系统在判断标题时会优先识别出这类具有正规标题的产品，进而间接影响产品排序；另外，买家筛选产品时会使用属性词，所以属性词的书写也会影响该商品的点击率。

所谓流量词，即真正能带来流量的词。这类词通常被放在标题靠后的位置，因为这类词基本是针对系统搜索引擎的，并不是给买家看的。但也有例外情况，比如可以把这类词放在具有独有款式产品的标题第一位。

总而言之，产品标题要按这个词对买家的重要程度排序，但词语的位置对搜索引擎没有影响，在实际操作中，卖家可根据自己的产品随意组合。

2) 关键词设置

想要获得更好的曝光资源，卖家就需要把握买家关注的热门关键词，产品的关键词与买家搜索词匹配度越高，产品排序就越靠前。可见，关键词与产品曝光量、流量、订单量密切相关。下面，我们以速卖通为平台，介绍几个常用的关键词设置方法。

(1) 通过买家需求设置关键词。

买家的心理存在一定的共性，从关键词的搜索热度，我们可以分析买家市场的心态，判断出买家想买什么产品，以及期望获得的服务。通常情况下，买家搜索的关键词有以下3个共同特征：①搜产品名。针对卖家搜产品名的心理特征，产品名的设置最好与产品类目词相同，而且要体现产品的特征，但不要与速卖通其他卖家的同类产品标题相差太远。对于非标类产品(如服装、珠宝)，买家通常搜索的关键词是产品属性+产品类目词，例如买家想买一件大码婚纱，会使用“plus size wedding dress”这个关键词；对于标类产品(如3C产品)，买家一般会直接搜索型号或使用型号/属性+产品类目词，如unlocked phones，a5000。②搜特色服务(营销词)或特性词。买家经常使用的特色服务词有free shipping，wholesale，sale，promotion等；经常使用的特性词有hot，fashion，designer，cheap，2011，men，women，kids等。③搜品牌：买家在搜索时也常使用品牌关键词，使用这些品牌关键词的卖家往往带着很强的购买目的。需要注意的是，很多品牌没有获得授权是不能发布的，如果违规发布就会受到惩罚。

因此，卖家可以把产品名、营销词、品牌词等设置为关键词。此外，卖家也要根据搜索热度变化优化关键词。例如，sunglasses，swimsuits等运动品关键词或与渔具有关的关键词如fishing，fishing equipment等，在夏季持上升趋势，经营相关品类产品的卖家要据此调整关键词设置。

(2) 明确关键词类别。

关键词大概分为大词、精准词、长尾词三类。所谓大词，是指意思接近于类目词的一类词语，如果你销售的是服装，那么“服装/衣服”就属于大词。所谓精准词，则指细分类词，如果你销售的衣服属于韩版短裙，那么相对“服装/衣服”来说“韩版短裙”就是精准词，因为这个词的针对性更强；所谓长尾词，则指不常用但恰好有一些特定群体会搜索的词语，例如“明星同款”等。在设置速卖通标题关键词时，卖家应尽可能多地使用大词，做到相关产品都要用到大词；精准词的设置要求强关联，相关性强；长尾词起到配合的作用，但并不是每个产品都有长尾词，切忌牵强附会。

(3) 通过站外工具选取更多关键词。

我们还可以利用其他工具选择关键词，这里推荐一些关键词选词的外部网站。

① 一些主流引擎关键词查询工具：

Google Search Suggest - http://www.google.com/webhp?complete=1

MSN Adcenter Keyword Tools - http://adlab.msn.com/Keyword-Research.aspx

Google Sets - http://labs.google.com/sets

Google Related keywords-http://www.gorank.com/seotools/ontology/index.php

Keyword Research tool - http://www.webmaster-toolkit.com/keyword-research-tool.shtml

Keyword Data Miner Tool - http://www.seocompany.ca/tool/keyword-find/

② 关键词趋势类工具站：

eBay Pulse - http://pulse.ebay.com/

Yahoo! Buzz - http://buzz.yahoo.com/overall/

Google Hot Trends - http://www.google.com/trends/hottrends

Google Trends - http://www.google.com/trends

Google Zeitgeist - http://www.google.com/press/zeitgeist.html

AOL Search Hot Searches - http://hot.aol.com/

PPydt Trends - http://www.pp9pp9.cn/

Ask Jeeves Interesting Queries - http://sp.ask.com/docs/about/jeevesiq.html

Lycos Hot 50 - http://50.lycos.com/

③ 其他搜索引擎关键词趋势类工具：

Thesaurus.com - http://thesaurus.reference.com/

Dependency-based Word Similarity - http://www.cs.ualberta.ca/%7Elindek/demos/depsim.htm

Hitwise Search Intelligence - http://www.hitwise.com/

3) 主图的选择

这里所说的主图包括商品主图和详情页主图。商品主图有两点作用：一是吸引买家注意力，直接决定买家是否会点击；二是展示产品的主要信息，决定部分手机端买家的购买意愿。所以，做一条好的listing，主图是至关重要的。而详情页主图可以为顾客展示出产品的详细信息，让顾客更为全面地了解产品。

速卖通平台对主图的选择有以下几点要求：首先，图片的尺寸要统一，宽度要合理，给人整齐划一的视觉感受。第二，图片上尽量不要出现中文，或仅用英文描述产品，以方便不同国家的顾客，进而提高产品的购买率。第三，图片上尽量加上自己的水印，以防止图片被盗用。如果要使用别人的图片，需要经过别人的同意，否则就是侵权。第四，商品主图清晰明确，亮点突出；详情页图片尽量控制在10屏以内，以衣服为例，衣服正反图片各一张，细节图片5张，重点说明图片2张，一共9张图片。

知识链接

速卖通各类产品图片优化技巧

1. 女装、男装行业产品图片要求

(1) 无杂乱背景，统一背景颜色，最好是白色或浅色。对于有某种定位的品牌店铺，背景也可呈现一定个性，但必须是统一的品牌风格。

(2) 图片上除了英文Logo统一放在左上角，不允许放置任何尺码、促销、水印、文本等信息。

(3) 图片主体比例要求占整个图片70%以上，禁止出现任何形式的拼图，尤其是使用多色多宫格的展示(注：多SKU商品速卖通平台会通过另外的方式实现买家端的展示)。

(4) 建议上传6张图片，顺序依次为模特或实物正面图、背面图、侧面图、细节图(3张)。

2. 童装行业产品图片要求

(1) 图片背景要求白色或纯色，与店铺风格统一；模特居中展示，图片主体需要占整个图片70%以上；不允许有杂乱背景展示，不允许加边框和中文水印，Logo统一放在左上角。

(2) 允许2张拼图，左图模特，右图实物图，但不允许3张以上的拼图。

(3) 主图可以平铺，但背景色和风格必须统一，且只能出现一张主体图片。

(4) 主图建议为正方形，像素大于等于800×800。

(5) 建议上传6张图片，第一张为正面图，第二张为侧面图，第三张为背面图，第四张、第五张为产品细节图，第六张为实物图。

3. 婚纱礼服行业产品图片要求

(1) 主图像素必须大于等于800×800。

(2) 主图背景建议为浅色、纯色或是白色。

(3) 主图上传6张，第一张为正面全身图，第二张为背面全身图，且不得少于3张细节图。

(4) 主图中的真人模特必须露出头和脸，禁止将头剪裁掉或脸部打马赛克。

(5) 主图不得拼接，不得添加边框，不得出现除店铺编号以外的水印(水印必须是浅色)，不得包含促销、夸大描述等文字说明，该文字说明包括但不限于秒杀、限时折扣、包邮、×折、满×送×等；品牌Logo放置于主图左上角。

(6) 产品大小占图片整体比例80%以上，多色产品主图禁止出现九宫格。

4. 鞋行业产品图片要求

(1) 图片背景简单，以不妨碍商品主体为唯一原则；不建议用深色背景及光线较暗的实拍图片。

(2) 重点展示单只或者一双鞋子(占据图片60%以上的地方)，鞋子上不能出现水印。

(3) Logo固定在图片左上角，且Logo不宜过大。

(4) 图片上不能出现多余文字，严禁出现汉字，不能出现任何促销信息。图片上不允许设置图标或者边框。

(5) 图片像素大于等于800×800，图片长宽比例保持1：1，图片数量必须5张以上。

(6) 不要用拼接的图片。

(7) 多颜色展示(页面展示SKU颜色的功能能实现多颜色展示，但每张图片只展示1种颜色，不需要在一张图片上展示多种颜色)。

5. 箱包行业产品图片要求

(1) 主图的像素大于等于800×800，以正方形为佳，背景清晰，以不妨碍商品主体为原则；推荐白色或纯色背景，避免杂乱背景、非商品实物背景、深色背景、其他类目商品背景等。

(2) 图片中不得出现除品牌外的文字，不得加水印，不得出现文字说明(SKU、款式、价格、尺寸)。

(3) 主图主体必须唯一、清晰、细节可观，不得出现九宫格、产品堆叠等情况；避免对主图添加边框，避免多图拼接。

(4) 主图主体大小占整体图片的2/4～3/4，居中摆放，正面为佳，必须完整出现单一商品主体，避免主体过大或过偏、过小或不完整。

(5) 品牌Logo统一居于产品左上角，Logo不建议过大，以英文Logo为优。

(6) 主图第1张不建议选择模特图片或箱包背带图片，特别是无法展示商品整体的模特图。

(7) 图片数量建议5张以上，可包括箱包各面图(六面最佳，至少正反面)、包身细节图、包内部细节图等。

6. 配饰行业产品图片要求

(1) 主图像素必须大于800×800，尺寸建议为正方形。

(2) 主图不允许出现九宫格。

(3) 商品主图建议不得少于5张，第1张为商品正面图，第2张为侧面图。

(4) 主图主体数量不宜过多，力求主体清晰，不得添加边框。因拍照造型需要，在一张图片中出现多个产品是可接受的，但不允许出现拼图。

(5) 商标所有人可将品牌Logo放置于主图左上角。

(6) 图片上不允许出现中文字体。

资料来源：https://www.cifnews.com/article/27489.

4) 内页文案优化

速卖通内页文案指的是详情页的产品详细描述，是买方下订单所需要了解的全部信息。它包括产品介绍；产品图片；产品的特点、优势、卖点；产品的具体使用说明；产品包装信息、配件；付款方式；物流方式、时间；售后服务；产品纠纷、退款等方面承诺；卖家的实力背景、信誉情况(买家评价)等内容。具体内容详见表3-12。

表3-12　内页方案内容

项目	内容
页头营销	品牌互动，新品推介，促销海报或关联产品等
产品属性	文字介绍部分：产品材质、功用、尺码
产品展示	主图、细节图、模特图、组合图、效果图、包装图
好评展示	买家秀、好评图、信誉展示
店铺说明	店铺工作时间、付款方式、物流及发货说明、退货流程、退款说明、使用说明、注意事项、售后事宜、评价说明等
生产场景	产品生产环境、设计理念、生产团队、生产流程、工艺展示、原材料
资质展示	授权证书、资质文件、荣誉证书、质量认证等
关联营销	搭配产品、套餐优惠、促销信息、关联产品展示等
侧边栏	客服图标、语言选择、收藏店铺、店内产品分类、热卖品推介等

资料来源：百度文库.

3. 价格设置

在速卖通平台，对排序起着核心作用的两点是销量和关键词，而影响销量的关键因素是价格。

1) 基本定价公式产品的成本计算公式为

成本=产品进价+国际运费(一般以俄罗斯为例)+速卖通平台佣金5%(一般定价时先不计算，算利润时计算)

例如，成本=6.83(进价)+96.3(每千克到俄罗斯的单价)×0.075(产品重量)×0.85(折扣)+8(小包的挂号费)=20.97(美元)

定价=成本×利润率(可自由设置，如1.8，将店铺活动的设置、折扣的设置考虑进去，要给自己留利润空间，不要亏本)

2) 相关概念

了解了基本定价公式之后，卖家还要搞清楚几个比较重要的概念。

(1) 上架价格(List Price，LP)，即产品在上传的时候所填的价格。

(2) 销售价格或折后价(Discount Price，DP)=上架价格×(1-折扣)，即产品在店铺折扣下显示的价格。

(3) 成交价格(Order Price，OP)=销售价格-营销优惠(满立减、优惠券、卖家手动优惠)，即用户在最终下单后所支付的单位价格。

3) 定价策略

弄清了这几个价格之后，卖家就可以有针对性地对不同定位的产品采取不一样的定价策略。

(1)“狂人”策略。

当卖家想要打造爆款，做出引流产品，可研究同行业卖家、同质产品销售价格，确定行业最低价，以最低价的一定折扣(5%～15%)作为产品销售价格，再由销售价格算出上架价格。

上架价格可以分为两种思路来算，一种是上架价格=销售价格/(1-15%)；另一种是上架价格=销售价格/(1-30%)。前一种定价策略简单、有效，但费钱，不可持续运作，风险较大。后一种定价策略稍微保守一些，卖家可通过后期调整折扣使销售价格回到正常水平。两种定价思路最后得出的上架价格都在同行业销售价格8.5折上下。

(2) 稳妥策略。

卖家还可以根据成本价、利润来确定产品的销售价格，再根据店铺营销的安排，确定产品上架价格。

① 确定销售价格。例如，产品成本是3美元，按照速卖通目前的平均毛利润率(15%)、固定成交速卖通佣金费率5%和部分订单产生的联盟费用5%。我们可以推导出销售价格=3÷(1-0.05-0.05)÷(1-0.15)=3.92美元。稳妥一些，销售价格=3÷(1-0.05-0.05-0.15)=4美元。其中，5%的联盟佣金并不是所有订单都会产生，但考虑到部分产品满立减、店铺优惠券直通车等营销投入，以5%作为营销费用，也是合情合理的。

当然，销售价格还可以加入丢包及纠纷损失的投入，按照邮政小包1%的丢包率来算，销售价格=3÷(1-0.05-0.05-0.01)÷(1-0.15)=3.96美元。

更稳妥一些，销售价格=3÷(1-0.05-0.05-0.15-0.01)=4.05美元。

② 确定上架价格。在稳妥策略中，上架价格也分为两种思路来算：一种是活动款的上架价格按照平台通常活动折扣要求40%来计算，即上架价格=销售价格÷(1-0.4)；一种是一般款的上架价格按照平时打30%折扣来计算，即上架价格=销售价格÷(1-0.3)。在实际操作中，折扣参数不应低于15%，因为平台大促所要求的折扣是15%；不高于50%，因为折扣过大容易产生虚假折扣的嫌疑。根据速卖通官方的统计，折扣在30%左右，是买家最钟情的折扣，属于合理预期范围。

对于50%折扣的活动要求，基于以上定价的模式，产品相当于平出，卖家不会亏本或者略亏，假如客户购买两个及两个以上，卖家才有盈余。

按照上述定价公式，商品价格还包括运费价格，所以在价格设置中还包括运费模板的设置，在前面物流章节中我们已经列举了敦煌网的运费模板设置，它与速卖通的运费模板设置基本类似，所以此处就省略此内容，实际操作中考虑到运费问题即可。

3.3.3 店铺装修

速卖通店铺装修是店铺优化的重要一环，卖家要充分结合各方面因素，打造出美观有吸引力的店铺。如果说之前的工作是开门迎客的必要准备，那么店铺装修就是要想办法让客户在你的店铺里面待更长的时间，光顾更多次。2019年，速卖通店铺全部用新版3.0系统，已经不再支持官方装修市场模板。目前，装修店铺的办法只有两个：一是由美工自行设计；二是使用官方服务市场上的专业装修设计工具——超级魔板。店铺装修模板一般来说都是付费的，适合不想过多花心思在店铺装修或者对店铺装修不是很熟练的卖家。我们这里着重讲解第一种方式。

1. 店招设计

店招是展示在商铺顶部，用于向买家展示商铺的Logo、特色等的区域，店招的图片在商铺内所有的页面都会展示。

进入“卖家入口—卖家后台—店铺—店铺装修及管理”，再单击“进入装修”后台，单击右侧“编辑”就可设计店招，如图3-17所示。设置店招时要注意以下几点：第一是图片像素要控制在1200×(100～150)之间，官方建议高度是150px；第二是URL格式一定得是速卖通的链接；第三是图片要清晰，主题要突出。大部分卖家用PS、isee、美图秀秀等常用软件来设计店招，设计店招需加入如下几个要素：店名、主营类目、主推产品、二维码、优惠券、国家分站、关键词搜索、大促活动、节假日活动提示、客服服务、物流服务等。

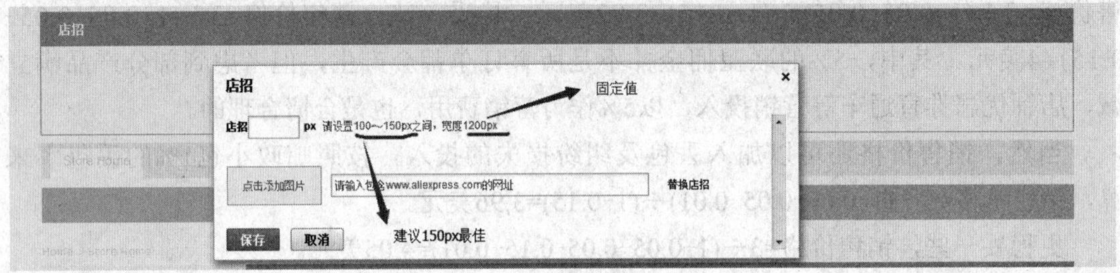

图3-17　店招装修界面

2. 图片轮播

在商铺展示区域，卖家可以设置1～5张图片(若设置一张图片则不轮播)，并且为所有的图片分别指定超链接，在商铺前台实现图片轮流播放的效果，轮播图片的像素范围需要在100～600px之间，并且同一组轮播的图片最好宽度和高度保持一致，以便给买家更好的体验，如图3-18所示。

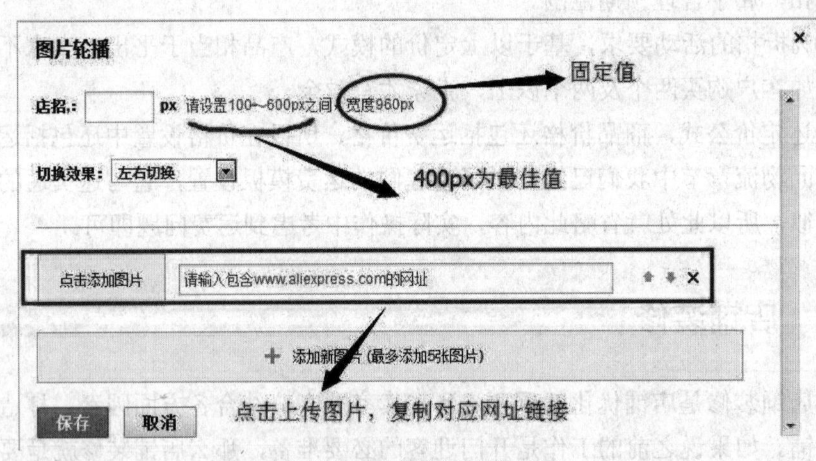

图3-18　图片轮播装修界面

轮播图具有上新海报、促销海报、节日海报、店铺自主营销的作用。需要注意的是，轮播图的产品标题要明确，位置要好，颜色搭配适宜，还要有引导符号，且要注意经常更新。

3. 产品推荐模块

卖家在装修的时候会根据店铺买家的习惯来定义排序方式，加入三个产品推荐模块(见图3-19)，分别是按销量、最新发布、价格排列，这三个模块穿插在店铺装修首页。

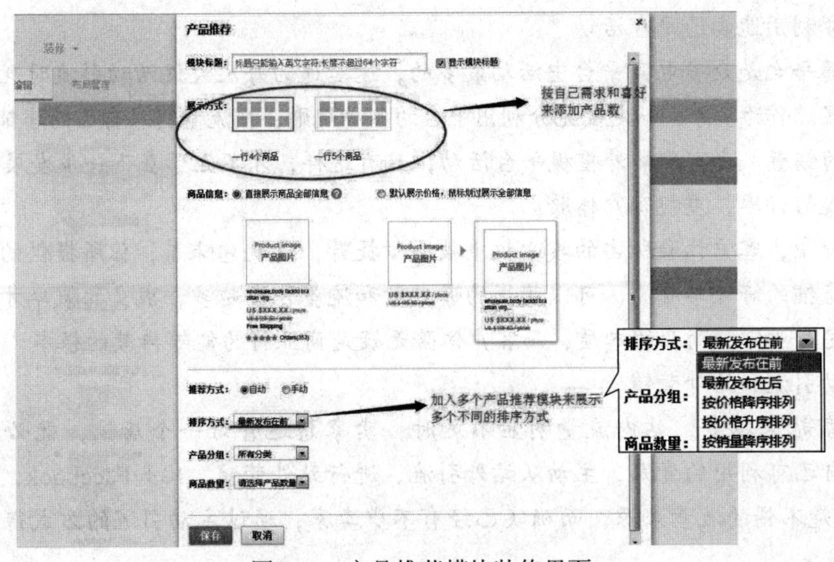

图3-19　产品推荐模块装修界面

总之，速卖通店铺装修要遵循突出重点商品、商品陈列有序、页面视觉贯穿流畅、“少即是多”和“对齐”等原则。完美的店铺装修有助于提高店铺排名和搜索权重，是店铺运营中重要的组成部分。

如果不想花过多心思在店铺装修或者对店铺装修不是很精通的卖家，可以购买装修市场里的模板，再针对推荐产品和轮播图片进行相应修改。

知识链接

速卖通新手开店操作必看的6个思路

电商热潮不退，随着加入速卖通的商家越来越多，很多新手对于新开店铺的运营做得不是很好，下面和大家一起分享一些关于速卖通新店运营的一些思路，希望对大家有帮助。

1. 打破原有思路，优化产品结构

杂货时代已经过去了，再想凭借多发布产品来获取更多流量已经不可能了，比如现在在淘宝网上，谁还记得淘宝网的第一个金冠店的“柠檬绿茶”呢？所以，在新形势下，一定要做到优化产品结构，重点打造核心产品，而不是盲目铺货，胡乱上新。

2. 提高产品质量，精选高质产品

eBay已经因为整个平台产品品质不高而开始没落，Amazon则因为产品品质和物流时效得到越来越多顾客的青睐，速卖通虽然凭着起步时蛮干抢粮的方式，从新兴国家市场拔得头筹，但下一步发展时，对产品品质方面的要求会越来越高，只有高质量的产品才有出路，这也符合速卖通从淘宝模式向天猫模式转变的需求。

3. 努力做好速卖通店铺优化

店铺优化包括图片美工、速卖通店铺装修、关联营销、店内打折促销等。卖家要充分结合各方面因素，打造出美观有吸引力的店铺。

4. 充分利用速卖通平台活动

速卖通平台是众多电商平台中活动最多的，速卖通为每次大促活动引流时耗资巨大，成交也明显。作为卖家，一定要充分利用平台的各种规则，把流量引入自己的店铺，进而转化为实际的销量。卖家要格外重视平台活动，只有这样，才不至于在下一步发展中掉队。

5. 重视好评率，重视客户体验

在新规中，客户体验所占的搜索权重被逐步提升，这就意味着，你所提供的客户体验越好，你店铺的好评率越高，可以获得的曝光量和流量才会越多，成交的概率才越大。商业活动终究是要回归商业的本质，而客户体验无疑是商业行为能够持续的根本。

6. 主动引流和站外营销

当卖家越来越多，站内流量明显不足时，卖家想运营好一个店铺，就必须主动出击，结合自己可利用的资源，主动从站外引流，进行站外营销，比如Facebook，Twitter，Youtube都是不错的流量来源，而确实已经有不少卖家，通过主动引流的方式得到了显著的销量拉升。

资料来源：http://www.sohu.com/a/249467586_100251342.

本章结语

本章内容为实操环节，以速卖通平台为例，介绍相关平台规则以及整个平台操作流程，重点包括店铺注册、商品上传、商品信息完善以及店铺装修等内容，由于众多跨境电商交易平台操作流程有相似之处，所以实践中读者可将此部分内容运用到其他平台操作，希望本章内容能引领有意致力于跨境电商平台创业的人士走向新的起点。

章后练习

实操一：在速卖通平台上开通店铺

实操二：上传产品并发布成功

实操三：设计店铺首页和产品详情页

参考文献

[1] https: //www.xzbu.com/3/view-10560966.htm.

[2] https: //sell.aliexpress.com/zh/__pc/mivKVp2cfQ.htm.

[3] https: //www.cifnews.com/article/44036.

[4] 柯丽敏，王怀周. 跨境电商基础、策略与实战[M]. 北京：电子工业出版社，2016：347-387.

[5] 刘红燕. 跨境电商营销实务[M]. 北京：中国商务出版社，2017：129-189.

第 4 章 店铺网络营销

学习目标

- 了解网络营销的定义、分类及特点
- 熟练应用跨境电商网络营销的主要方法

能力目标

从网络营销定义、分类等基础知识入手，熟悉跨境电商网络营销的主要技术手段，提高读者利用现代网络技术进行营销推广的能力。

引导案例

有数据显示，全球有3.6亿的消费者会网购海外商品，同时他们对商品的品牌、质量和技术含量也十分重视。据Facebook分析，中国、美国、西欧占有全球60%的跨境生意销售额，其中中国跨境电商更以每年20%以上的增速引领全球。这些都能够表明中国跨境电商迎来了发展的新契机，其中成长型公司日益成为中国出海市场中活跃的主力军。

Maxfind作为一个成长型公司，主要打造符合全球标准的“中国智造”，秉持中国当代匠心精神，用绿色出行的生活理念引起全球更多用户的共鸣。Maxfind在出海过程中首先面临的就是本土化问题。每个国家的消费者都有自己的消费习惯和服务取向，作为卖家，跨境电商要对不同海外市场的消费群体做行业的分析和预测，推出爆款商品带动利润增长。其次，跨境电商还要打造产品品牌化，吸引高购买力客户并使其保持黏性。最终Maxfind选择了Facebook作为自己的合作伙伴，借助Facebook的广告，超额完成营销目标。通过在Facebook上进行营销，Maxfind成功吸引众多用户到众筹网站购买产品。Facebook根据Maxfind的广告投放，以用户参与互动的方式和时间来定位广告受众，以及用户了解产品的情况创建相关广告体验。比如，用视频广告、Canvas来展示自身的功能、用法，动态的画面和声效体验会增加用户对产品的信任度。最终，Facebook成功为Maxfind精准定位欧美地区的用户。历时30余天，这一大批高价值用户使Maxfind的众筹额度超出原定目标，明显提升平均投资回报率，而Facebook则单独贡献了高达90%的销售额。

资料来源：https://academy.papayamobile.com.

4.1 网络营销概述

4.1.1 网络营销的定义

网络营销(Network Marketing)是基于互联网络及社会关系网络连接企业、用户及公众，向用户及公众传递有价值的信息和服务，为实现顾客价值及企业营销目标所进行的规划、实施及运营管理活动。网络营销是在市场营销的基础上发展起来的，借助计算机网络、通信技术和数字交互式媒体来实现营销目标的一种市场营销方式，其价值在于使企业与消费者能够更便利、更有效、更充分地进行价值交换、利用网络技术面向特殊的网络市场环境。

广义上，网络营销是指企业利用一切网络(包括社会网络，计算机网络；企业内部网，行业系统专线网及互联网；有线网络，无线网络；有线通信网络与移动通信网络等)进行的营销活动。狭义上，网络营销是指以国际互联网为主要营销手段，为达到一定营销目标而开展的营销活动。

电子商务与网络营销是一对紧密相关又具有明显区别的概念，对于初次涉足网络营销领域者很容易混淆两个概念。比如企业建一个普通网站就认为是开展电子商务，或者将网上销售商品称为网络营销等，这些都是不确切的说法。网络营销与电子商务的区别主要体现在以下两个方面。

首先，网络营销与电子商务研究的范围不同。电子商务的内涵很广，其核心是电子化交易，电子商务强调的是交易方式和交易过程的各个环节，而网络营销注重的是以互联网为主要手段的营销活动。网络营销和电子商务的这种关系也表明，发生在电子交易过程中的网上支付和交易之后的商品配送等问题并不是网络营销所能包含的内容，同样，电子商务体系中所涉及的安全、法律等问题也不适合全部包括在网络营销中。

其次，网络营销与电子商务的关注重点不同。网络营销的重点在交易前的宣传和推广，电子商务的标志之一则是交易实现了电子化。网络营销的定义已经表明，网络营销是企业整体营销战略的一个组成部分，可见无论是传统企业还是基于互联网开展业务的企业，都需要网络营销，但网络营销本身并不是一个完整的商业交易过程，而是为了促成交易，给交易提供支持，因此网络营销是电子商务的一个重要环节，尤其在交易发生之前，网络营销发挥着主要的信息传递作用。从这种意义上说，电子商务可以被看作网络营销的高级阶段，一个企业在没有完全开展电子商务之前，同样可以开展不同层次的网络营销活动。

不过，电子商务与网络营销是密切相关的，网络营销是电子商务的组成部分，开展网络营销并不等于一定实现了电子商务(指实现网上交易)，但实现电子商务一定是以开展网络营销为前提，因为网上销售是网络营销的职能之一。

4.1.2 网络营销的特点

目前，互联网正迅速渗透到社会政治、经济、文化各个领域，进入人们的日常生活，并带来社会经济、人们生活方式的重大变革，这些都为企业营销带来新的契机，愈来愈多的企业认识到互联网对企业经营发展不可替代的重要作用。作为一种全新的营销方式，网络营销具有传统市场营销方式无可比拟的优越性，客观上决定了网络营销必然具有强大的生命力，也必将成为21世纪企业营销的主流，全球企业竞争的锐利武器。

1. 与国际市场的距离缩短

互联网覆盖全球市场，为企业架起了一座通向国际市场的通道，企业可通过互联网方便快捷地进入任何一国市场，推销自己的产品和服务。由于网络的开放性、互联性，通信实现了信息全球化，网络可以到达推销和销售渠道无法到达的地方。通过互联网，企业可以发现世界各个角落的潜在顾客，企业的潜在用户也可以轻松廉价地了解企业的资料并达成交易。因此，网络营销为企业提供了选择范围最大的全球化市场。

2. 减本增益

企业在一种“虚拟市场”的网络环境下进行商品买卖，可以节省营销与渠道成本，使企业具有低成本的竞争优势。网络营销加强了企业与供应商的信息交流，减少了采购费用；建立了企业与消费者之间的直接联系，减少了交易环节及销售费用；完成了企业内部信息的共享和交流实时化，实现统一管理，减少了管理费用；网络营销使企业和消费者即时沟通供需信息，使无库存生产和无库存销售成为可能，从而降低库存费用。

3. 高效便捷的信息沟通

网络就是信息高速公路，企业可以借助网络多方面收集顾客的需求信息，尤其是个性化的信息，并迅速地做出反应；同样企业也可以通过网络平台把产品或服务传递给消费者，这种信息传递不仅迅速、快捷，还几乎不受时间和地点的限制。网络虚拟市场的信息十分丰富，有图片、动画、文字和声音等，不仅有产品和价格信息，还有相关的知识文化信息。

4. 消费者的选择空间大

在互联网上，消费者可以根据自己的需求特点在全球范围内不受地域和时间限制，快速寻找满意的产品，并进行充分比较，以节省交易时间与交易成本。此外，互联网还可以帮助企业实现与消费者的一对一沟通，便于企业针对消费者的个别需要，提供具有特色的个性化服务。

5. 竞争更公平

网络为企业提供了一个真正平等、自由的市场体系，使企业具有面临消费者的机会和平等获取世界各地信息的机会。竞争在网上变得透明而清晰，信誉成了网上竞争新的焦点，而这种竞争绝不会受到企业自身规模的限制，无论这个企业是商业巨子还是无名小卒，都能平等地获取世界各地的信息，平等地发展自己。利用互联网，中小企业只需花费极小的成本，就可以迅速建立起自己的全球信息网和贸易网，将产品信息迅速传递到以前只有财力雄厚的大公司才能接触到的市场。因此，网络营销成为刚刚起步且面临强大竞争对手的中小企业的一个强有力的竞争武器。

4.1.3 网络营销的职能

网络营销的基本职能归纳为以下6个方面：网络品牌、网站推广、信息发布、销售促进、顾客关系管理、网上调研。

1. 网络品牌

网络营销的重要任务之一就是在互联网上建立并推广企业的品牌。知名企业的网下品牌可以在网上推广，一般企业则可以通过互联网快速树立品牌形象，并提升企业整体形象。网络品牌建设是以企业网站建设为基础，通过一系列的推广措施，达到顾客和公众对企业的认知和认可。从一定程度来讲，网络品牌的价值甚至高于通过网络获得的直接收益。

2. 网站推广

获得必要的访问量是网络营销取得成效的基础，这一点对中小企业尤为重要。中小企业由于经营资源的限制，发布新闻、投放广告、开展大规模促销活动等机会较少，因此通过互联网手段进行网站推广是一个不错的宣传途径，这也是中小企业对网络营销热衷的主要原因。网站推广是网络营销基本职能之一，是网络营销的基础工作。

3. 信息发布

网络营销的基本思想就是通过各种互联网手段，将企业营销信息以高效的手段向目标用户、合作伙伴、公众等群体传递，因此信息发布就成为网络营销的基本内容之一。互联网为企业发布信息创造了优越的条件，企业不仅可以将信息发布在企业网站上，还可以利用各种网络营销工具和网络服务商的信息发布渠道向更大的范围传播信息。

4. 销售促进

网上销售是企业销售渠道在网上的延伸，一个具备网上交易功能的企业网站本身就是一个网上交易场所。网上销售渠道建设并不限于企业网站本身，还包括建立在专业电子商务平台上的网上商店，以及与其他电子商务网站不同形式的合作等，因此网上销售并不仅仅是大型企业才能开展，不同规模的企业都有可能拥有适合自己需要的在线销售渠道。通过采取许多针对性的网上促销手段，都能促进网下销售，这一点对大中小企业同样适用。

5. 顾客关系管理

互联网提供了更加方便的在线顾客服务手段，从形式简单的FAG(常见问题解答)到电子邮件、邮件列表，以及在线论坛和各种即时信息服务等，这种在线服务具有成本低、效率高的优点，并为建立良好的顾客关系、提高顾客满意度和忠诚度奠定了基础。

6. 网上调研

网上调研具有调查周期短、成本低的特点。网上调研不仅为制定网络营销策略提供支持，也是整个市场研究活动的辅助手段之一，合理利用网上市场调研手段对于市场营销策略具有重要价值。因此，网上调研是网络营销的主要职能之一。

开展网络营销的意义就在于充分发挥各种职能，让网上经营的整体效益最大化，因此，仅仅由于某些方面效果欠佳就否认网络营销的作用是不合适的。网络营销的职能是通过各种网络营销方法来实现的，网络营销的各个职能之间并非相互独立的，某个职能可能需要多种网络营销方法的共同作用，而某种网络营销方法也可能具有多个网络营销职能。

4.1.4 网络营销的方法

网络营销职能的实现需要借助一种或多种网络营销手段，随着互联网技术的不断发展，各种新兴的技术手段层出不穷。目前，市场上网络营销的方法主要有以下几类。

1. 搜索引擎营销

搜索引擎营销(Search Engine Marketing)就是根据用户使用搜索引擎的方式利用用户检索信息的机会尽可能将营销信息传递给目标用户。简单来说，搜索引擎营销就是基于搜索引擎平台的网络营销，利用人们对搜索引擎的依赖和使用习惯，在人们检索信息的时候将信息传递给目标用户。搜索引擎营销的基本思想是通过搜索引擎工具让用户发现信息，并通过点击进入网页，向用户传递进一步的相关信息。企业通过搜索引擎付费推广，让用户可以直接与公司客服交流，了解详细信息，实现交易。搜索引擎营销包含7种推广形式：搜索引擎登录、固定排名、网络实名、竞价排名、关键词广告、有效通话收费和搜索引擎优化。

2. E-mail营销

E-mail营销是在用户事先许可的前提下，通过电子邮件的方式向目标用户传递有价值信息的一种网络营销手段。E-mail营销特点是范围广、效率高、成本低、针对性强、反馈率高、应用范围广、操作简单，所以E-mail营销是经久不衰的营销方式。E-mail营销的关键是选好客户人群。

3. 数据库营销

数据库营销(Database Marketing)就是企业通过收集和积累会员(用户或消费者)信息，有针对性地使用电子邮件、短信、电话、信件等方式进行客户深度挖掘与关系维护的营销方式。实际上，数据库营销就是以与顾客建立一对一的互动沟通关系为目标，并依赖庞大的顾客信息库进行长期促销活动的一种全新的销售手段。数据库营销的核心是数据挖掘。现在数据库营销方式被越来越多的国内企业重视起来，它可以培养网络用户对企业的忠诚度，在建立良好客群关系上有突出作用。数据库营销是一种广告形式，它不仅能像做实验一样精准测试，还能提供分析结果。

4. IM营销

IM营销又称即时通信(Instant Messaging)营销，是通过即时工具帮助企业推广产品和品牌的一种手段。IM营销的基本特征就是即时传递信息，高效、快速。无论是品牌推广还是常规广告活动，IM营销都实现了企业与客户无延迟沟通的营销效果，这主要表现为两方面。一方面，IM营销通过分析用户的注册信息，如年龄、职业、性别、地区、爱好等，以及兴趣相似的人组成的各类群组，针对特定人群专门发送用户感兴趣的品牌信息，诱导用户在日常沟通时主动参与信息的传播，使营销效果达到最佳；另一方面，IM营销不受空间、地域的限制，能将类似促销活动这种消费者感兴趣的实用信息第一时间告知。

5. 无线营销

“无线营销”是基于一定的网络平台实现的，这个网络平台既可以是移动通信网络，也可以是无线局域网络，而对应的接入手段或设备包括手机、个人数字助理、便携式电脑或其他专用接入设备等。正是由于对“网络营销”的“无线”延伸，“无线营销”给市场营销创造“无限”应用的第二个概念，即所谓的“A的立方”的概念，具体而言就是“无线营销”使人们可以在任何时间(Any Time)、任何地点(Any Where)、做任何事情(Any Thing)都能进行。无线营销又被称为手机互动营销或移动营销，是一种既涉及无线通信又与市场营销有关的方式。无线营销以手机为主要传播平台，企业可以随时处理公司业务，与客户保持密切联系，为客户提供更好的购物体验。

6. 问答营销

问答营销又称知识营销，是指通过有效的知识传播方法和途径，将企业所拥有的对用户有价值的知识(包括产品知识、专业研究成果、经营理念等)传递给潜在用户，使其逐渐形成客户对企业品牌和产品的认知，为将潜在用户最终转化为用户的过程和各种营销行为。这种营销方式既能与潜在消费者产生互动，又能植入商家广告，是做品牌口碑、互动营销不错的营销方式。例如，百度知道、雅虎知道、新浪爱问、天涯问答等都是比较熟悉的问答营销平台。

7. 社会化媒体营销

社会化媒体营销又称为社交媒体营销或社会化营销，就是利用社会化网络、在线社区、博客、百科或者其他互联网协作平台和媒体来传播和发布资讯，从而形成的营销、销售、公共关系处理和客户关系服务维护及开拓的一种方式。网络营销中的社会化媒体主要是指具有网络性质的综合站点，其主要特点是网站内容大多由用户自愿提供，而用户与站点不存在直接的雇佣关系。目前，社会化媒体营销已经成为网络营销的重要方式。

知识链接

抖音与谷歌、Facebook等主流营销平台优劣势比较

抖音，是一种新鲜的短视频玩法，是新的社交以及网络信息传播的新途径。85%的抖音用户都在24岁以下，主力达人基本都是“95后”，甚至“00后”。有专家指出，抖音是典型的构建在用户闲暇时间之上的内容推荐平台，本身拥有社交、娱乐属性，并根据用户浏览习惯和兴趣自动推荐内容。抖音的优势在于用户黏度高、单个用户平均使用时间长。据专家分析，强大的娱乐属性是抖音规模性抢占用户碎片时间的原因。根据国内抖音发展态势，这种新型的娱乐内容平台正在从娱乐过渡到电商生态，从引发用户兴趣的角度实现流量的最大程度变现。抖音也正在成长为除了搜索、社交以外的第三种互联网生态模式。而抖音的劣势在于过分依赖用户内容生产，且内容同质化严重。抖音平台主要依靠用户生产内容(UGC)，一旦用户兴趣流失、内容同质性高以及优质内容缺失，那么平台用户的规模以及黏性都会发生大规模的下降。

而从流量体量和流量入口的深度来说，对比抖音，Facebook、谷歌等海外主流营销渠道的地位仍然是无法撼动的，但也不可避免存在劣势。Facebook的营销劣势在于平台逐渐老龄化以及用户的流失，同时使用这一平台的广告发布商每年都在上涨，竞争之下已经演变为流量价格的博弈，因此这一平台的营销对产品、创意以及品牌的要求会逐步升高。谷歌虽然流量庞大、触达用户的面非常广，但其更多的是从数据层面找到一个人，并非从人群属性爱好中找到用户，因此相应的缺点在于精准度不高。

一种新的产品所带来的商业模式，需要经过海外市场的深度认证，考验它的变现能力以及具体广告效果是否令人满意。因此，出口电商卖家可以去关注抖音这种新的营销方式，但不建议卖家大规模投入资金。即使抖音经市场验证适合进行海外推广，中国卖家也要回归到自身产品的属性，考虑产品是否适合抖音、抖音上用户是否符合产品的目标群体等。

资料来源：https://www.cifnews.com/article/35066.

8. 病毒式营销

病毒式营销(Viral Marketing)又称基因行销或核爆式行销，是一种常用的网络营销方法，是企业提供有价值的信息引发人们的关注，在用户之间进行口碑传播，信息不断复制，传向数以千计、数以百计的受众，形成一个病毒式的传播过程。病毒式营销是由信息源开始，再依靠用户自发的口碑宣传，达到一种快速滚雪球式的传播效果。病毒式营销的重点在于找到营销的引爆点，即找到既迎合目标用户口味又能正面宣传企业的话题；而营销技巧的核心在于如何打动消费者，让企业的产品或品牌深入消费者心理，让消费者从认识品牌、了解品牌、信任品牌到最后的依赖品牌。病毒式营销是性价比较高的网络营销方式方式。企业通过深入挖掘产品卖点，制造适合网络传播的舆论话题，引爆产品病毒营销，效果往往非常显著。

9. 个性化营销

个性化营销又称为定制化营销，是指按照不同用户的差异化要求，制作个性化的产品，把对人的关注放到中心位置。个性化营销即企业把对人的关注、人的个性释放及人的个性需求的满足推到空前重要的地位，通过建立消费者个人数据库和信息档案，与消费者建立更为个人化的联系，及时地了解市场动向和消费者真正需求，向消费者提供一种个人化的销售和服务。消费者根据自己需求提出商品性能要求，企业尽可能按消费者要求进行生产，迎合消费者个别需求和品味，以生产者与消费者之间的协调合作来提高竞争力。

10. 平台型营销

对于初涉电子商务的传统企业而言，平台型营销是投入成本最低、运作最简单的网络营销方式。传统企业开展网络营销面临的最头疼的问题是网站技术问题、市场营销问题以及人力问题，而各种电子商务平台操作简易、环境诚信、人气集中，在一定程度上解决了传统企业的这种担忧。在平台上进行信息发布是网络营销的基本职能，又是一种较为实用的操作手段。很多平台都是广受中小企业欢迎的宣传推广平台，例如阿里巴巴、亚马逊、京东等。

11. 整合营销

整合营销(Integrated Marketing)是对各种营销工具和手段的系统化结合，是企业根据环境进行即时性的动态修正，以使交换双方在交互中实现价值增值的营销理念与方法。整合就是把各个相对独立的营销手段综合成一个整体，以产生协同效应。这些独立的营销工作包括广告、直接营销、销售促进、人员推销、包装、事件、赞助和客户服务等。整合营销是以消费者为核心重组企业行为和市场行为，综合协调地使用各种形式的传播方式，以统一的目标和统一的传播形象，传递一致的产品信息，实现与消费者的双向沟通，迅速树立产品品牌在消费者心目中的形象，建立产品品牌与消费者长期密切的关系，有效达到广告传播和产品行销的目的。

4.2 店铺自主营销

对于店铺而言，流量是决定经营业绩的关键。很多店铺在成立初期都需要依靠站内营销工具来引来流量、站内营销工具主要包括店铺自主营销和平台营销两种。平台营销主要是参加平台组织的各种活动，这里以店铺自主营销为例来重点介绍。

4.2.1 店铺自主营销的含义及特点

店铺自主营销是指店铺经营者不通过任何代理、自己开展营销活动的方式。这种营销方式是店主根据自身经营的商品选择最适合的营销方式向顾客推送产品，具有相当高的针对性和转化率，因此店铺自主营销是很多店家的首选。

店铺自主营销具有以下几个特点。

1. 营销手段丰富

一般而言，各网络平台都会提供打折、满减等比较丰富的营销工具帮助店铺开展营销活动。平台的自主营销工具主要包括免费营销工具和付费营销工具两大类，店铺可以根据自身的情况选择单独使用还是组合使用。更重要的是，各平台提供的营销工具对提高店铺的点击量及商品的转化率效果都比较明显。

2. 营销成本及风险可控

很多店铺的经营成本有限，因此对营销活动的成本和风险控制就显得特别重要。网络平台的卖家不仅能根据店铺经营商品的特色、销售区域、潜在客户消费偏好等特征选择合适的店铺自主营销工具，还能得到平台提供的指导与帮助，这大大降低营销难度和营销成本，也便于对风险进行控制。

3. 有利于增加客户黏性

所谓客户黏性，指的是客户对于品牌或产品的忠诚、信任与良性体验等结合起来形成的依赖感和再消费期望值。产品依赖感越强，客户黏性越大；再消费期望值越高，客户黏性越大。卖家通过跨境电子商务平台提供的营销方式和营销服务，根据自己销售商品的实际情况选择最适合的促销手段，在提高当期销售业绩的同时，增加客户购物体验的满意度，进而达到增加客户黏性的目的。

4.2.2 店铺自主营销工具的类型

以速卖通平台为例，店铺自主营销工具包括免费店铺自主营销工具和付费店铺自主营销工具两种。

1. 免费店铺自主营销工具

免费店铺自主营销工具是跨境电商平台为店铺开展营销活动提供的一些便利工具。在店铺发展初期充分利用这些免费营销工具可以提升店铺流量、增加点击率及转化率，大幅降低营销成本，因此被广泛使用。在速卖通平台上，免费店铺自主营销工具主要包括限时限量折扣、全店铺打折、全店铺满立减、店铺优惠券，这些都可以在店铺“营销活动”的“店铺活动”中找到。

1) 限时限量折扣

限时限量折扣是由卖家自主选择活动商品和活动时间，设置促销折扣及库存量的店铺营销工具。作为速卖通的免费店铺营销工具之首，限时限量折扣在店铺营销之中最为常用，其通过设定不同的折扣力度，以达到推新品、造爆品、清库存的目的。

限时限量折扣的主要优点是可以在商品主图显示折扣标识，并能在买家购物车和收藏夹显示折扣提醒，提醒顾客下单购买。另外，在速卖通买家搜索页面，通过“Sale Items(折扣产品)”搜索结果筛选功能(见图4-1)，“限时限量折扣”的商品有机会展示在搜索结果的前页，这大大增加了商品的曝光率。特别是平台大促期间，网站会引入大量新流量，使用“限时限量折扣”工具可以将新流量引入店铺，进而冲高销量。

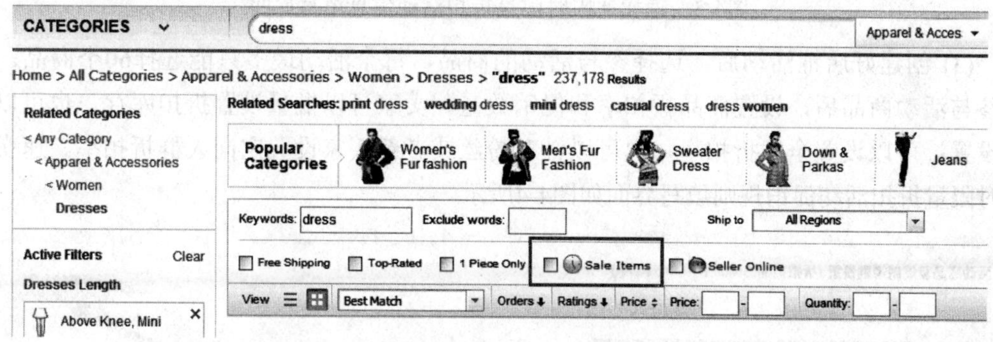

图4-1　速卖通“限时限量折扣”在买家搜索结果界面的展示

“限时限量折扣”工具使用步骤主要包括以下几个环节。

(1) 登录“我的速卖通”，进入“营销活动”，选择“店铺活动”中的“限时限量活动”开始创建活动，如图4-2所示。

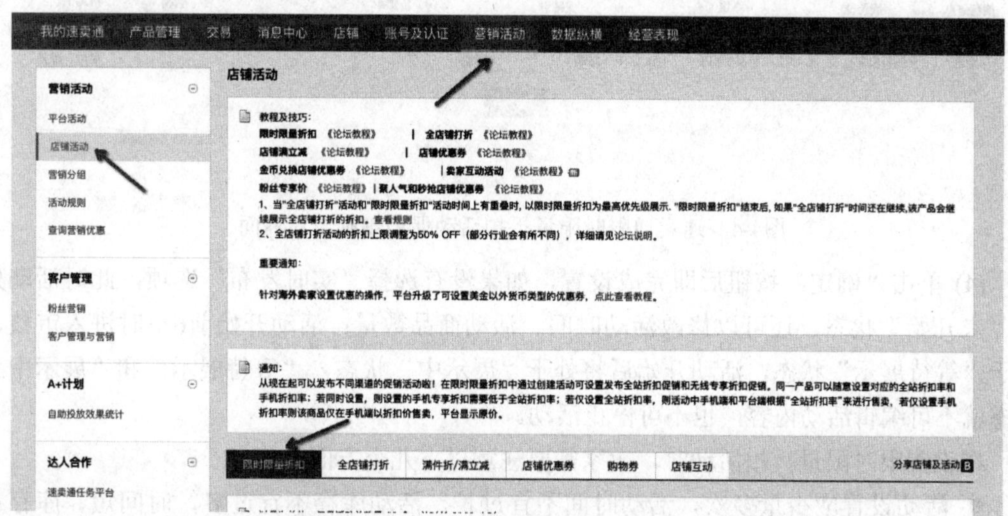

图4-2　速卖通限时限量折扣活动创建界面

(2) 单击“创建活动”按钮后，进入创建店铺活动信息填写界面，如图4-3所示。需要填写的内容有活动名称、活动开始时间、活动结束时间。需要注意的是，这里所有的时间都为美国太平洋时间。如果选择“实时发布”选项，则无须选择活动开始时间，活动创建后添加商品，单击“确定”后5分钟内生效。

店铺活动类型：限时限量折扣

活动基本信息

* 活动名称: 测试

* 活动开始时间: 2019/02/14 08:00 实时发布 无需选择活动开始时间，活动创建后再添加商品，点击发布后5分钟内即可生效。

* 活动结束时间: 2019/02/14 23:59 可跨月设置

时间备注: 活动时间为美国太平洋时间

确定

图4-3　速卖通限时限量折扣活动信息填写界面

(3) 创建好店铺活动后，选择参与活动的商品，每个活动最多只能选择60个商品。确定参与活动商品后，设置商品折扣率和促销数量。卖家可以批量设置折扣库存，也可以单独设置；可以设置全站折扣率，也可以针对粉丝或者新买家设置定向人群折扣率。速卖通限时限量折扣活动促销规则填写界面如图4-4所示。

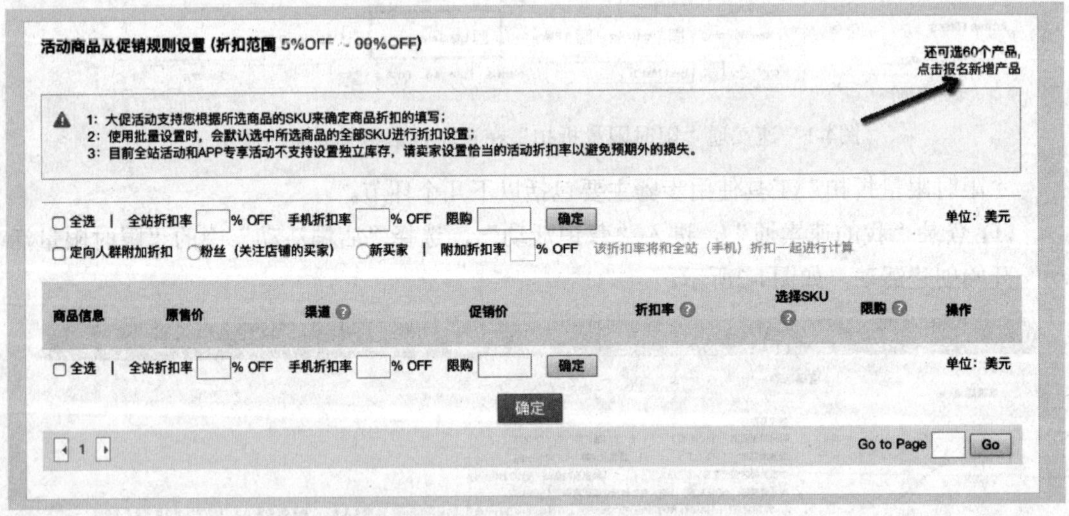

图4-4　速卖通限时限量折扣活动促销规则填写界面

(4) 单击“确定”按钮后即完成设置，如果没有选择“实时发布”选项，此时活动处于“未开始”状态，还可以修改活动时间、活动商品数量；活动开始前6小时进入审核，处于“等待展示”状态，活动开始后将处于“展示中”状态，“等待展示”和“展示中”状态就不可编辑活动内容，也不可停止活动。

在设置限时限量折扣活动时，卖家需要注意以下几个方面。

- 活动设置应少量多次，活动时间不宜过长，活动库存不宜过多，时间短、库存量少，从而营造紧张的促销氛围，促使买家下单。

- 根据店铺的流量规律和主推市场，选择流量高峰作为活动的开始和结束时间。
- 可以将店铺销量较好的商品及时加入限时限量折扣，并做好追踪。
- 可以单独设置无线端专用价，增加无线端的转化率和占比率。
- 限时限量折扣活动一旦创建，商品即被锁定，无法编辑，所以卖家在创建活动前就要编辑好活动商品信息。

2) 全店铺打折

全店铺打折是一款可根据商品分组对全店商品批量设置不同折扣的打折工具，可帮助卖家短时间内快速提升流量和销量，是很多新卖家快速提升销量的利器。

全店铺打折的主要优点是可以根据不同类目商品的利润率，对全店铺的商品按照商品分组设置不同的促销折扣，吸引更多流量，刺激买家下单，累积客户和销量。全店铺打折活动还能在买家购物车和收藏夹显示折扣提醒，让商品更易出单。因此“全店铺打折”特别适用于店铺多款新品上市和换季时节，通过全店铺打折既可以提升新品销量，又可以对过季商品进行清仓。另外，平台大促销期间，店铺也可以通过设置全店铺打折活动，充分利用平台大量引流的力量，提升自身店铺的竞争力。

“全店铺打折”工具使用步骤主要包括以下几个环节。

(1) 登录“我的速卖通”，进入“营销活动”，在“店铺活动”中选择“全店铺打折”后，单击“创建活动”，如图4-5所示。

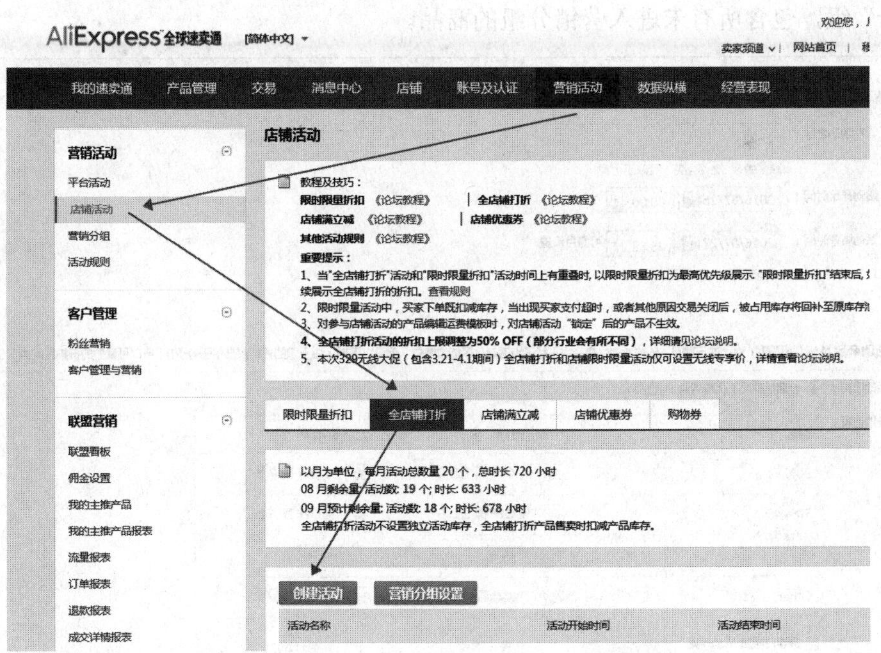

图4-5　速卖通全店铺打折活动创建界面

(2) 单击“营销分组设置”，进入分组设置界面，如图4-6所示。

一般来讲，每个店铺里商品类目不同，利润率往往也不相同，如果使用同一折扣可能就会顾此失彼，影响购买率。因此，在创建活动之前，卖家需要根据商品的利润率对商品进行营销分组设置，给予商品不同的折扣。

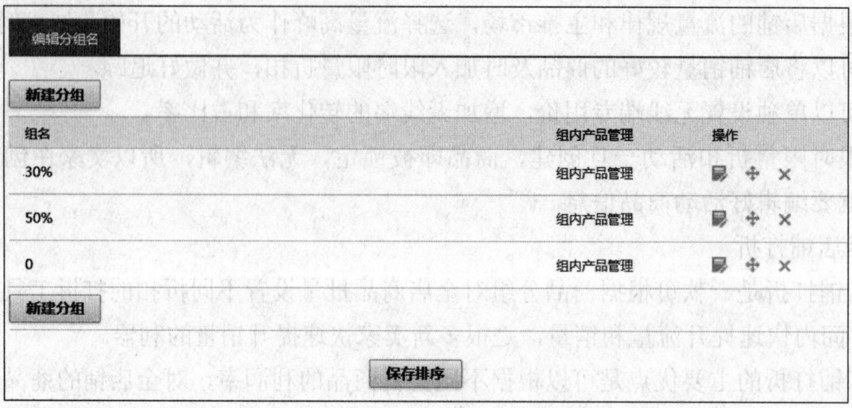

编辑分组名

新建分组

组名	组内产品管理	操作
30%	组内产品管理	
50%	组内产品管理	
0	组内产品管理	

新建分组

保存排序

图4-6　速卖通全店铺打折活动分组设置界面

通过单击“新建分组”可以设置分组名，添加、移除产品，调整产品所需的对应营销分组。一般来说，建议用折扣数值来设立营销分组名，然后在全店铺打折活动设置的时候按照对应的产品名设置对应的折扣。比如30%的分组里面，活动设置的时候就是打30%的折扣。需要注意的是，营销分组最多只能设置10个，所以在定价的时候就要给确定好商品的价格，为营销分组做好准备。

(3) 单击“创建活动”按钮后，进入创建店铺活动信息填写界面，如图4-7所示。需要填写的内容有活动名称、活动开始时间、活动结束时间和各组的折扣。这里出现的“Other”组，包含所有未进入营销分组的商品。

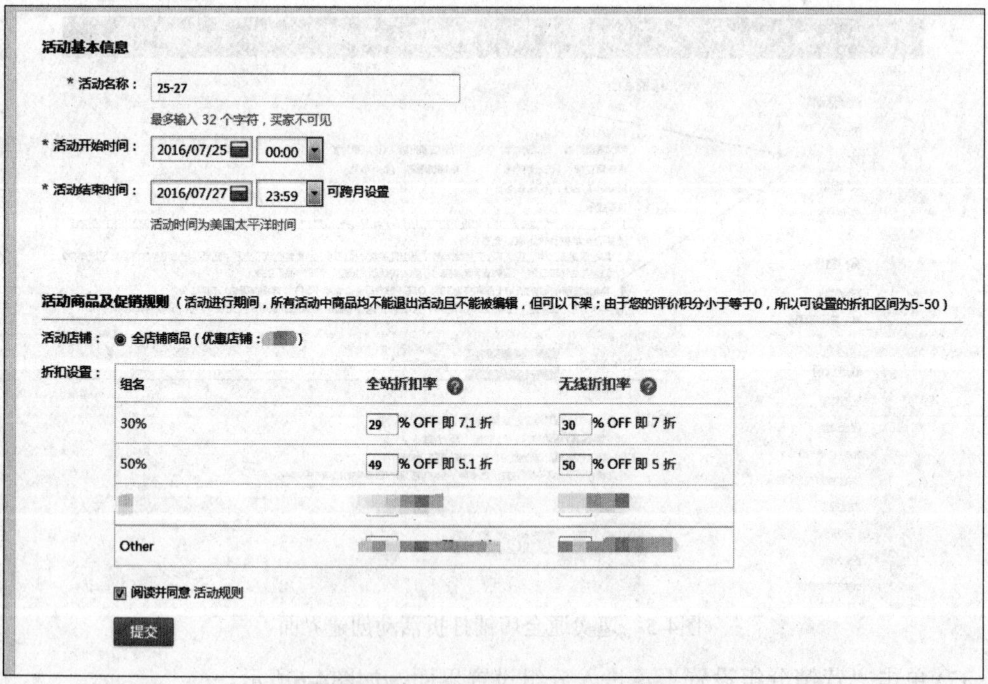

活动基本信息

* 活动名称：25-27

最多输入 32 个字符，买家不可见

* 活动开始时间：2016/07/25 00:00

* 活动结束时间：2016/07/27 23:59 可跨月设置

活动时间为美国太平洋时间

活动商品及促销规则（活动进行期间，所有活动中商品均不能退出活动且不能被编辑，但可以下架；由于您的评价积分小于等于0，所以可设置的折扣区间为5-50）

活动店铺：全店铺商品（优惠店铺：）

折扣设置：

组名	全站折扣率	无线折扣率
30%	29 % OFF 即 7.1 折	30 % OFF 即 7 折
50%	49 % OFF 即 5.1 折	50 % OFF 即 5 折
Other		

阅读并同意 活动规则

提交

图4-7　速卖通全店铺打折活动信息填写界面

(4) 单击“提交”按钮后即完成设置。速卖通平台规定全店铺打折最早可设置距今24小时后的活动。从创建活动到活动开始前12小时，这段时间为“未开始”状态，此时是可以对商品进行编辑、退出和下架；活动开始前12小时进入“等待展示”状态，活动开始后显示为“展示中”状态，“等待展示”和“展示中”状态就不可编辑活动内容，也不可停止活动。

在设置全店铺打折活动时，卖家需要注意以下几个方面。

- 一般来说，商品折扣越大，对顾客的吸引力越大。在活动时间上，一般建议3～5天。优惠力度大，营销时间短，往往使客户的购买心理越急迫，越容易形成转换。
- 限时限量折扣和平台活动优先级高于全店铺打折活动，若有商品同时参加这些活动，则以限时限量折扣或平台活动为准，两者的折扣不会叠加。“限时限量折扣”结束后，如果“全店铺打折”时间还在继续，该产品将处于全店铺打折状态。
- 全店铺打折活动的折扣上限为50%(部分行业会有所不同)，切记一定不可提价打折，否则将影响搜索权限。
- 若设置跨月活动，本月以及下次活动次数都会被减少，比如从11月25日至12月2日设置活动，11、12月分别会减少一个活动次数。
- 新品上架后要及时加入相应的营销分组，如果还没到相应展示时间，可以借助限时限量活动来首推。

3) 满立减

满立减是在卖家在产品本身单价的基础上，设置订单满多少元、系统自动减多少元的促销规则。这种营销工具可刺激买家消费更多的金额，是最好用的提升客单价的店铺营销工具。

满立减的主要特点是可以刺激买家多买商品，让买家对原本可买可不买的商品下单，从而提升客单价。因此，满立减可以作为店铺常规活动而长期存在，刺激买家多买，提升客单价。但是满立减工具使用时必须配合使用“关联商品”工具，方便买家快速找到关联商品。为此卖家可以在每款商品的下面，搭配一些关联产品，这样在买家想凑足满减金额时，可以起到一个推荐作用，进而增加关联商品的购买。另外，买家搜索页面可以显示满立减标志，店铺首页也具有明显标识，吸引和刺激买家下单。

速卖通店铺满立减活动分为“商品满立减”与“全店铺满立减”。商品满立减指的是可以针对部分商品进行设置，卖家只需选择指定商品即可设置好针对部分商品的满立减活动。定向商品的满立减活动可以帮助店铺完成关联销售、搭配减价，达到提升客户订单金额等目的。全店铺满立减，即店铺所有商品都参加满减活动。因为全店铺满立减活动设置非常简单，这里以商品满立减为例来介绍活动设置方法。

“商品满立减”工具使用步骤主要包括以下几个环节。

(1) 登录“我的速卖通”，进入“营销活动”，选择“店铺活动”中的“店铺满立减”，开始创建活动。“创建活动”按钮下方显示的是目前店铺的满立减活动状态。

(2) 单击“创建活动”，进入满立减活动信息填写界面，这部分包括两部分内容，分别是活动基本信息填写和活动商品及促销规则填写。

内容一：活动基本信息填写(见图4-8)。

活动基本信息
* 活动名称：测试活动
最多输入 32 个字符，买家不可见
* 活动开始时间：2015/04/19 00:00
* 活动结束时间：2015/04/23 23:59
活动时长：共 120 小时
活动时间为美国太平洋时间

图4-8　速卖通满立减活动基本信息填写界面

首先，在“活动名称”一栏内填写对应的活动名称，此名称买家端不可见，命名以方便卖家经营活动管理为原则。其次，在“活动开始时间”以及“活动结束时间”内设置活动对应的开始时间以及活动结束时间，这里的时间同样为美国太平洋时间。每月满立减活动总数量不超过10个，总时长不超过720小时。需要注意的是，同一个时间段内(活动开始时间到活动结束时间)只能设置一个满立减活动(含全店铺满立减、商品满立减)。

内容二：活动商品及促销规则填写(见图4-9)。

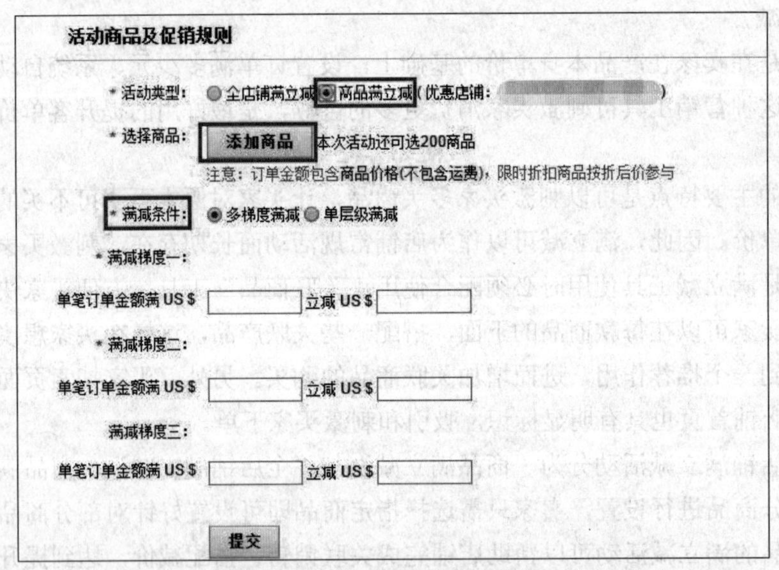

图4-9　速卖通满立减活动商品及促销规则填写界面

第一步，选择“商品满立减”，单击“添加商品”，进入添加产品界面(见图4-10)。目前，平台支持通过产品名称、产品分组、产品负责人、到期时间等方式搜索对应的产品。选择产品后，产品数量会在选择栏的右下角进行展示。添加全部商品最多200个后，单击“确定”返回活动商品及促销规则填写界面。

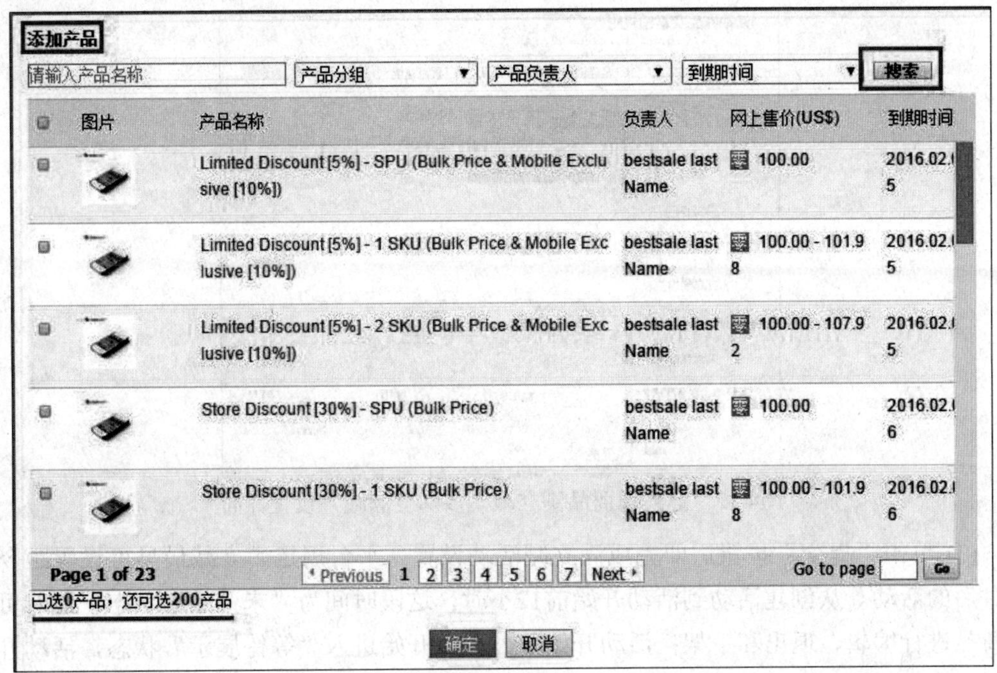

图4-10　速卖通商品满立减活动添加商品界面

第二步，设置商品满减条件。满减条件包括“单层级满减”和“多梯度满减”两种类型。

单层级满减指的是同一优惠比例的满减活动。选择“单层级满减”后，需要设置单笔订单金额条件以及立减条件(见图4-11)。该类型的满减可以支持“优惠可累加”的功能。

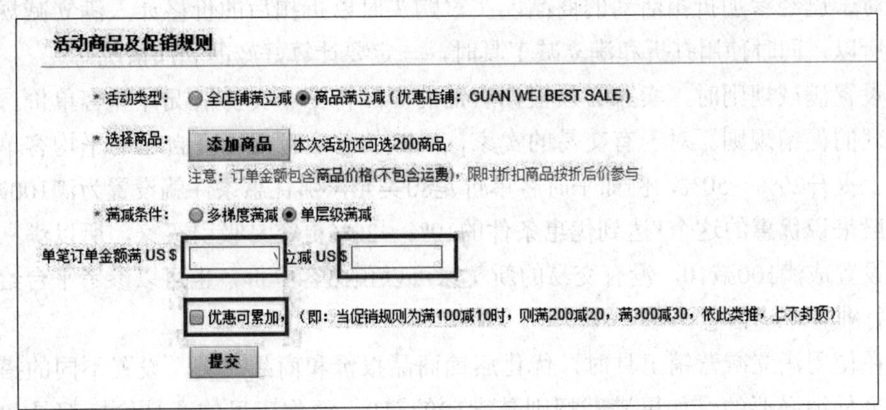

图4-11　速卖通商品满立减“单层次满减”设置界面

多梯度满减指的是不同优惠比例的阶段性满减活动。选择“多梯度满减”后，可设置2个梯度或3个梯度的满立减优惠条件(见图4-12)。多梯度满减设置时需要满足以下两个要求：后一梯度的订单金额必须要大于前一梯度；后一梯度的优惠力度必须要大于前一梯度。例如，满减梯度一设置为满100美金立减10美金(即9折)；则满减梯度二设置的单笔订单金额必须大于100美金，假设设置为200美金时，则设置对应的立减金额必须大于等于21美金(即最大为8.95折)。

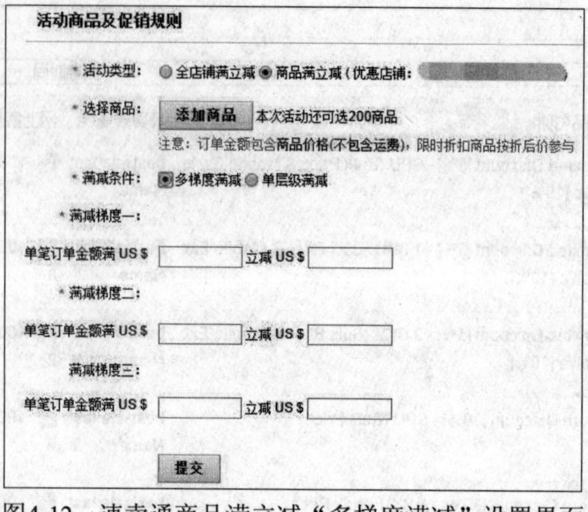

图4-12　速卖通商品满立减“多梯度满减”设置界面

(3) 单击“提交”按钮后即完成满立减活动设置。平台规定满立减最早可设置距今24小时后的活动。从创建活动到活动开始前12小时，这段时间为“未开始”状态，此时可以对商品进行编辑、退出和下架；活动开始前12小时开始进入“等待展示”状态，活动开始后显示为“展示中”状态，“等待展示”和“展示中”状态就不可编辑活动内容，也不可停止活动。

在设置满立减活动时，卖家需要注意以下几个方面。

- 速卖通商品满立减只针对订单金额中的商品价格(不包含运费)，店铺满立减支持订单金额中的商品和运费部分。
- 对于已经参加折扣活动的商品，买家购买时以折扣后的价格计入满立减规则中。所以，同时使用打折和满立减工具时，一定要计算好产品利润情况。
- 设置满减规则时，卖家必须根据店铺的商品特征和交易情况计算客单价，设置合理的促销规则。对于有交易的卖家，满减的总金额可以在自己的平均客单价基础上提升20%～50%，例如平时客单价是80美元，那优惠条件就设置为满100减*Y*，一般来说优惠的这个*Y*达到优惠条件的10%～20%更容易吸引买家，所以满立减可以设置成满100减10。没有交易的新卖家可以预估客单价，也可以参考平台给出的各行业客单价信息。
- 在使用满立减营销工具时，优化店铺商品报价和商品品类，设置不同的搭配组合也是很必要的。如果满减规则是满100减10，而你店里的商品价格都是80美元左右，可以适当增加20～40美元的低价商品，如服装类的配饰、手机类的手机壳等配件。同时，卖家要巧妙插入关联商品，让想要享受优惠的买家快速找到搭配商品，例如手机的详情页面中插入数据线、耳机、手机壳等关联商品。
- 满立减的规则是按照订单来实现的，如果买家购买多个商品，必须使用购物车合并下单，才能享受优惠。虽然满立减会在卖家店铺、详细描述中有明显的提醒，但是如果遇到买家咨询，还需主动引导买家使用购物车下单，为买家创造良好的购物体验。

4) 店铺优惠券

优惠券是卖家自己设置优惠金额和使用条件，买家领取后在有效期内只能在自己店铺使用。优惠券活动可以刺激新买家下单和老买家回头购买，提升购买率及客单价。同一时间段店铺可设置多个店铺优惠券活动，满足不同购买力买家的需求，从而获得更多订单。

(1) 优惠券的作用。

优惠券是店铺活动中一种重要的营销方式，不同类型的优惠券可以达到不同的营销推广目的，有效提升店铺业绩。首先，通过让买家先领优惠券再下单，可以直接刺激买家购买；其次，将店铺优惠券信息以奖励和回馈的方式发给老买家，可以提高回购率，达到巩固老买家黏度的目的；再次，通过发放一些特定使用条件的优惠券，可以增加店铺中商品的曝光率和浏览量，提升出单率。

(2) 优惠券的分类。

① 按照使用条件，优惠券可分为无限定使用条件的优惠券和有限定使用条件的优惠券两种。

无限定使用条件的优惠券是指只要订单金额大于优惠券面值，买家就可以使用该优惠券，例如优惠券面值为$5，则当订单金额大于等于$5.01即可使用。这种优惠券使用门槛低，买家领券后使用率高，特别吸引新买家下单，能显著提升订单转化率和回购率，增加用户黏性。

有限定使用条件的优惠券是指买家订单金额达到一定要求才可使用的优惠券。例如，订单金额满$30才可使用优惠券$5，这样可避免低价商品让利过多的现象发生，也可以提升客单价，刺激买家多买。有限定使用条件的优惠券的设置要根据客单价，即在客单价基础上增加一定金额。例如客单价为$20，可设置优惠券的使用条件为满$30或满$40，如果此时设置满$100才能使用优惠券，营销效果就会大打折扣了。

② 按照发放方式，速卖通平台的优惠券可分为领取型优惠券、定向发放型优惠券、金币兑换型优惠券、秒抢优惠券和聚人气优惠券。

第一种，领取型优惠券。领取型优惠券是公开面向所有买家的，有变相降价促销的作用，可提升转化率和提高客单价。每月可设置10个领取活动，活动开始后，卖家设置的优惠券信息会在店铺内、商品详情页、买家购物车等处展示，买家可通过“领取”按钮获取。可设置的优惠券金额为1～200之间的正整数，有效期的开始时间是距离今天90天内，结束时间最长180天。

第二种，定向发放型优惠券。这种优惠券是非公开的，是通过特定的渠道发放的，也就是说不是所有买家都可以领取的。定向发放型优惠券经常用来刺激新客户转化以及唤醒老客户。活动开始后，卖家需要添加相应的用户到发放列表，只有卖家添加的用户才能收到优惠券。定向发放型优惠券有两种：一种是线上客户发放方式，也就是曾经浏览店铺、收藏产品、加过购物车、下过订单的这些客户才能获取；另一种是二维码发放方式，主要是通过线上或线下渠道传播二维码给特定客户，客户扫描二维码即可领取优惠券，这种方式可用于某些特定的线上线下推广活动。另外，设置优惠券时这里有一个“Store Club”勾选项，这个是手机端的一个新的流量入口，类似于淘宝手机端的微淘。如果勾选后，就会在Store Club的店铺动态这里展示定向型优惠券，因此建议设置的时候勾选。

第三种，金币兑换型优惠券。这是一个较新类型的优惠券，主要针对无线端，用来提升无线端流量和转化率，其流量入口来自手机端的金币频道，适用于客单价较高的商品。设置时可选择金额为1～200美元之间的正整数，优惠券金额越高，买家所要花费的金币越高。一般不限定使用条件的优惠券被领取的最多，引流转化效果最好。因此如果店铺整体客单价较高，可以设置一个2美元的不限定使用条件金币优惠券，也许可以带来不错的转换率。金币兑换型优惠券主要用来引流，当然如果你的产品有足够价格优势，通过这个流量渠道打造一个高性价比的爆款也是可能的。

第四种，秒抢优惠券。通过设置无门槛的大额店铺优惠券吸引买家到店，可有效维持店铺的买家活跃度。秒抢优惠券每次活动只有10分钟的时间，优惠券面额必须在5～200美元之间，发放数量至少50张，而且只有“不限定使用条件优惠券”一种。需要注意的是这种优惠券设置只有在店铺已经报名参加了平台活动时才会在活动中展示，没有参加平台活动单独设置秒抢优惠券是不能曝光的，没有任何意义。

第五种，聚人气优惠券。设置这种优惠券的目的是通过买家人传人的形式快速给店铺带来新流量。该优惠券要求买家只有拉来其他买家帮其领取，才能获得此店铺优惠券。聚人气优惠券面额为2～200美元，发放数量100张以上，必须为“不限定使用条件优惠券”。和秒抢优惠券一样，只有店铺报名参加了平台活动后，系统才会将设置的这个优惠券展示给买家，所以没有参加平台活动单独设置聚人气优惠券没有任何意义。

在设置店铺优惠券活动时，卖家需要注意以下几个方面。

- 平台数据显示，无使用条件和有使用条件的优惠券结合发放，效果更佳。无限定使用条件的优惠券，卖家可根据自身承受范围设置，金额越大越易刺激买家下单；有限定使用条件的优惠券，通常在5美金以上才对买家有吸引力。
- 优惠券有效期不宜过长或过短，一般7～30天比较合适。有效期过长的优惠券，很难刺激买家尽快使用，极有可能被买家遗忘；有效期过短，例如1天有效的优惠券，除非是故意刺激买家当天消费，否则买家极有可能还没浏览商品，优惠券就已过期，优惠券活动就失去提升订单量的目的。
- 可充分利用速卖通平台的优惠券免费推广计划，只要店铺设置了领取型优惠券、金币兑换优惠券、秒抢优惠券和聚人气优惠券，就可以免费加入这个计划，由平台进行统一推广引流。主要包括三种途径：通过平台的优惠券页面推广(https://coupon.aliexpress.com)；通过邮件营销展示；通过海外搜索引擎、社交平台等流量渠道推广。

2. 店铺付费营销工具

店铺付费营销工具是跨境电商平台向平台卖家提供的直接针对买家的宣传营销工具。付费营销工具往往通过关键词搜索、媒体竞价等方法实现精准营销。由于付费营销工具通常是平台专业人员深入研究大量市场数据后提出的具有针对性的营销策略，往往具有较好的营销效果，所以即使需要收取一定的费用，仍然是很多店铺愿意选择的。

目前，速卖通平台的店铺付费营销工具主要有联盟营销和直通车两种。

1) 联盟营销

联盟营销通常是指网络联盟营销，是一种按营销效果付费的网络营销方式，即卖家利用专业联盟营销机构提供的网站联盟服务拓展其线上及线下业务，扩大销售空间和销售渠道，并按照营销实际效果支付费用的新型网络营销模式。联盟营销流量主要来自搜索引擎优化、付费广告、社区论坛、邮件营销等，汇集了互联网上更多站外流量，让更多站长帮助推广，使商家获得更多机会。商家通过联盟营销渠道产生了一定收益后，才需要支付佣金。由于是无收益无支出、有收益才有支出的量化营销，因此联盟营销已被公认为是最有效的低成本、零风险的网络营销模式，在北美、欧洲及亚洲、非洲等地区都深受欢迎。

(1) 联盟营销的付费形式。

根据佣金的支付方式，联盟营销可以分为三种形式。这三种方式都属于按效果付费的营销方式。

第一种，按点击数付费(Cost-Per-Click，CPC)。联属网络营销管理系统记录每个客人在联盟平台点击卖家网站文字或者图片链接(或者Email链接)的次数，卖家按每个点击多少钱的方式支付广告费，即为按点击数付费。

第二种，按引导数付费(Cost-Per-Lead，CPL)。访问者通过联盟平台提供的链接进入卖家网站后，如果填写并提交了某个表单，管理系统就会产生一个对应给联盟平台的引导(Lead)记录，卖家按引导记录数付费，即为按引导数付费。

第三种，按销售额付费(Cost-Per-Sale，CPS)。买家点击联盟平台的链接介绍，在商家网站上产生了实际的购买行为(大多数是在线支付)后，卖家才付费给平台，即按销售额付费。按销售额付费一般是设定一个佣金比例(销售额的10%～50%)。

由于网站的自动化流程越来越完善，在线支付系统也越来越成熟，越来越多的联盟营销系统采用按销售额付费的方法。这种方法对商家来说是一种零风险的广告分销方式，商家也愿意设定比较高的佣金比例，这样就使得按销售额付费的模式被越来越多地采用。

(2) 联盟营销的特点。

加入速卖通联盟之后，商品除了在现有的渠道进行曝光外，还会在速卖通的联盟专属频道得到额外曝光，站外也会得到海量联盟流量。更为重要的是，参与到联盟营销的卖家无须预先支付任何费用，推广过程完全免费，卖家只需为联盟网站带来的成交订单支付联盟佣金。

速卖通的联盟营销具有以下三个特点：第一，联盟营销是一种“按效果付费”的推广模式，推广过程全程免费，只有订单成交才收取佣金；第二，如果店铺参加联盟营销，则全店铺所有产品全部参与，卖家可根据行业要求和自我需求设置默认佣金比，预算灵活可控，推广后效果清晰可见；第三，海量买家精准覆盖，加入联盟的商家可获得在不同国家、不同App、不同社交或导购网站等站外渠道的海量推广资源，提升店铺销量及市场占有率。

(3) 联盟营销的佣金设置。

速卖通联盟营销按全店铺、类目、单个产品(主推品或者爆品)设置佣金比例。按全店铺设置佣金比例是指加入联盟后整个店铺的默认佣金比例，默认值为3%。按类日设置佣金比例是指针对某个类目设置不同的佣金比例，不同行业门槛不一致。比如箱包的类目佣金比例门槛值为5%，消费电子的类目佣金比例门槛值为3%。按主推品或爆品设置佣金比例是针对店铺内某些重点推广的商品设置佣金比例。这里的爆品是指商家想要短期重点提高销量的商品，每个店铺最多可以设置1000个。主推产品是指商家想要长期重点推广的商品，每个店铺最多可设置60个。

在佣金问题上，速卖通联盟营销商品适用于以下原则。

- 如果商品是未做过任何佣金设置的联盟商品，那么按照默认佣金比率计算佣金。
- 如果该商品对应的类目进行了佣金设置，则按照该商品所属的类目联盟佣金比率计算佣金。
- 如果某个商品已设置为主推产品或爆品，则按照主推产品或者爆品的联盟佣金比率计算佣金。
- 联盟佣金的生效优先级为爆品或主推商品佣金比例≥类目佣金比例≥店铺默认佣金比例。
- 一个订单中的多个商品，将单独计算联盟佣金。订单中的运费不算在联盟佣金之内。联盟佣金的扣除在联盟订单交易完成时进行结算。

在速卖通平台开展联盟营销时，卖家需要加入其联盟计划，具体步骤如下所述。

第一步，登录“我的速卖通”，进入“营销活动”，单击“联盟营销”，进入“加入联盟计划”界面，确认阅读服务协议后单击“下一步”即可加入，如图4-13所示。

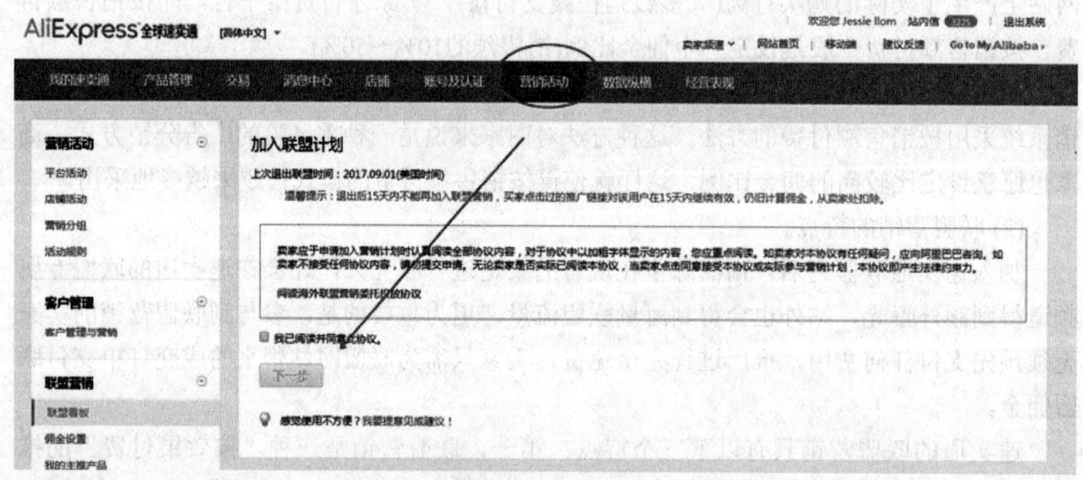

图4-13 速卖通联盟营销活动设置界面

第二步，加入联盟计划后，单击“店铺通用计划”入口，即可进入添加类目佣金设置界面，单击“添加类目设置”，如图4-14所示。

添加类目时，首先选择添加的类目，之后确定佣金比例，最后确定生效的时间，保存即可。卖家在此界面也可修改或移除类目。

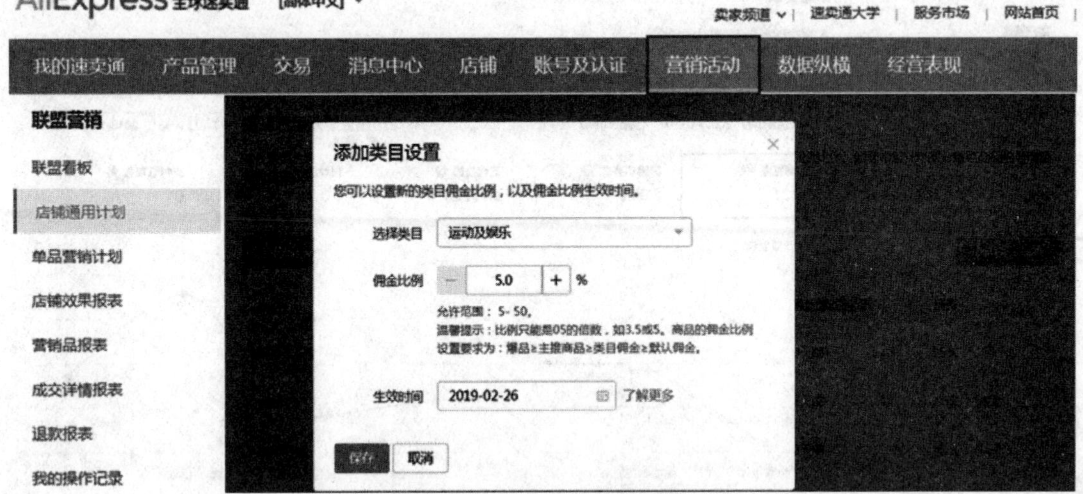

图4-14　速卖通联盟营销类目佣金设置界面

第三步，单击“单品营销计划”入口，即可进入爆品和主推品佣金设置界面，确定佣金比例后，单击“确认添加”即可，如图4-15所示。

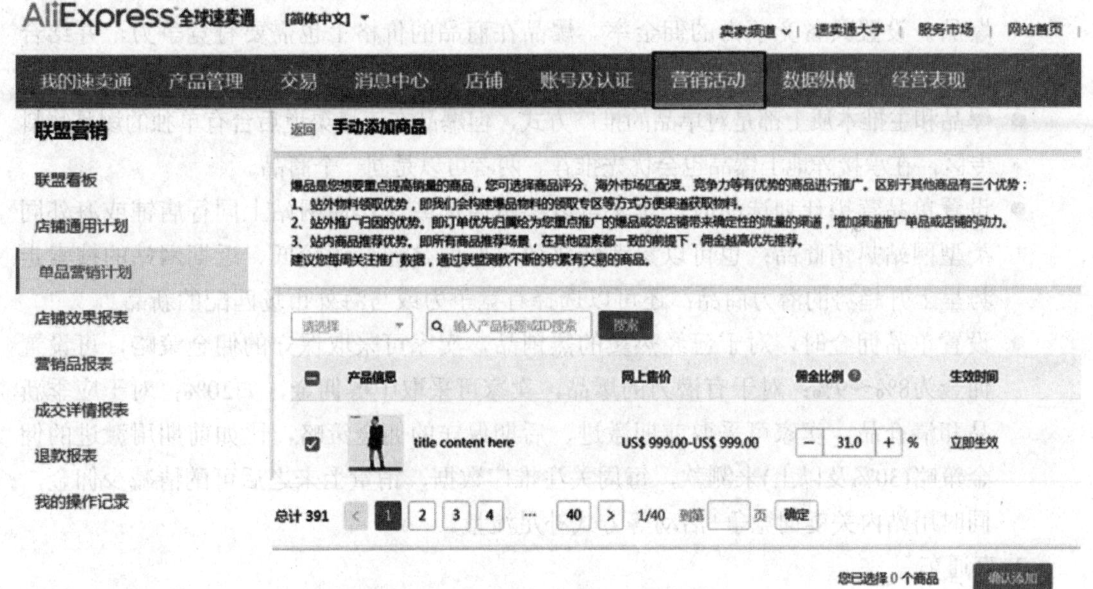

图4-15　速卖通联盟营销爆品或主推品佣金设置界面

第四步，为了解联盟营销效果，可单击“联盟看板”入口，如图4-16所示，此界面将展示联盟推广后为店铺页带来的核心效果，商家可以了解不同时间内联盟为店铺带来多少曝光、访客，买家在店铺产生了多少订单、交易额，商家预计为此要支付多少佣金。卖家可以通过“店铺效果报表”“营销品效果报表”“退款报表”“成交详情报表”等入口对应查看相关数据，并基于该数据与整个店铺在速卖通网站的效果对比，了解联盟带来的效果占店铺的比重，以便调整在联盟的投放策略。

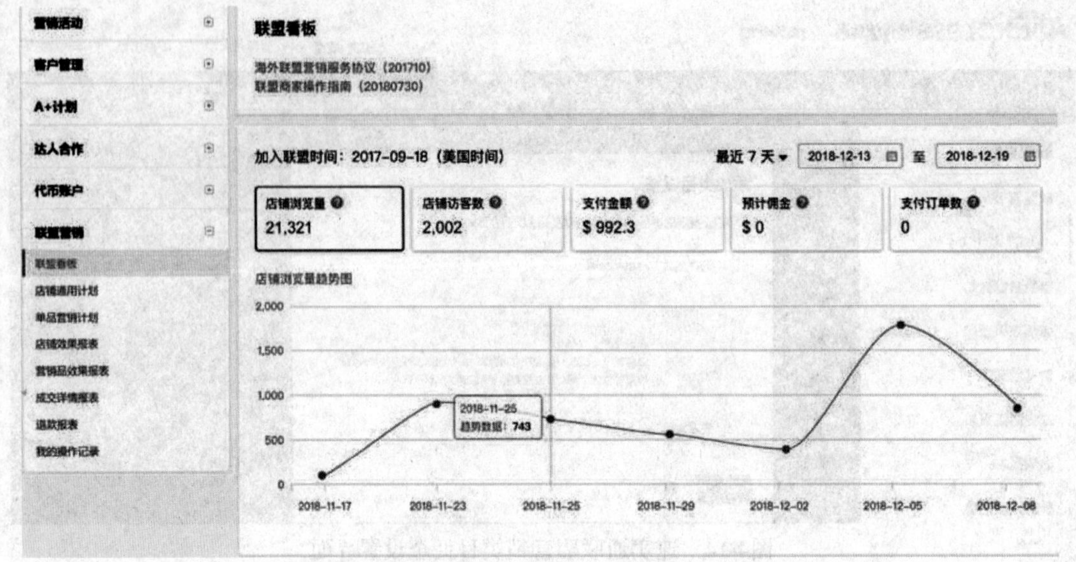

图4-16 速卖通联盟营销联盟看板展示界面

在开展联盟营销时，卖家需要注意以下几个方面。

- 建议添加店铺优质商品(即商品品质好、有销量、好评率高、商品描述质量高等)为爆品，设置具备竞争力的佣金率。爆品在商品的价格上也需要有竞争力，并结合店铺的推广活动以及优惠券等更大力度地吸引买家。
- 爆品和主推本质上都是对单品的推广方式，但爆品在流量渠道后台有单独的爆品物料专区，在承接阵地上爆品也会优先推荐。两者可以是同一个商品。
- 设置单品营销计划选品时，卖家可以参考店铺或速卖通网站上同行店铺或海外同类型网站热销商品；也可以参考转化效果好但是流量还较低、近期网站的搜索走势呈上升趋势的潜力商品；还可以选择有竞争力或与海外市场匹配的新品。
- 设置单品佣金时，对于已经热卖的热销品，卖家可采取保守的佣金策略，可设置佣金为8%～9%；对于有潜力的爆品，卖家可采取中等佣金，如20%；对于应季新品和清仓品，卖家可采取前期激进、后期保守的佣金策略，比如前期用激进的佣金策略(30%及以上)来测款，每周关注推广数据，销量上来之后可酌情减少佣金，同时用站内关键词竞争+活动等方式补足流量。

2) 直通车

速卖通直通车是速卖通平台卖家通过自主设置多维度关键词，免费展示商品信息，通过大量曝光产品来吸引潜在买家，并按照点击付费的全新网络推广方式和快速提升流量的营销工具。直通车的价值在于让店铺得到大量额外的曝光，再合理配合其他运营手段，让店铺快速进入良性循环状态，进而得到长远、持续的收益。

速卖通直通车推广的商品主要展示在右侧推广区和底部推广区。在买家进行搜索或是类目浏览时，每一页结果列表的右侧区域可供同时展示最多5条直通车商品；在买家进行搜索或是类目浏览时，每一页的结果列表的下方区域可供同时展示最多4条直通车商品。右侧推广区是买家重点关注的直通车区域，与底部推广区比较，具有更好的展示位置和曝光印象，具有更好的点击率。为了更好地保证卖家推广效果以及买家搜索体验，只有推广评分为优且出价更有竞争力的推广商品，才会获得展现在搜索结果首页和类目浏览结果首页右侧推广区的机会。

直通车推广计划分为重点推广和快捷推广计划两种。重点推广适用于重点商品的推广管理，卖家最多可以建10个重点计划，每个重点计划最多包含100个单元，每个单元内可以选择1个商品。建议优先推广市场热销或自身有销量、价格有优势的商品(比如参考商品分析中的成交转化率、购物车、搜索点击率等数据)，重点推广独有的创意推广等功能可帮助卖家更好地打造爆款。快捷推广适用于普通商品的批量推广，卖家最多可以建30个快捷推广计划，每个计划最多容纳100个商品、20 000个关键词。快捷推广中的批量选词、出价等功能可帮助卖家快速建立自己的计划，捕捉更多流量。

速卖通平台开通直通车的具体步骤如下所述。

(1) 登录“我的速卖通”，进入“营销活动”，找到左侧“速卖通直通车”，单击“直通车概况”，即可进入速卖通直通车首页。

单击“新建推广”，开始建立新的推广计划。选择其中的“重点推广计划”，并填写推广计划的名称，再单击“开始新建”进入重点计划信息填写界面。

(2) 新建推广信息有选商品、选词、出价三方面内容。

第一步，添加推广商品(见图4-17)。在这个页面中，系统会按照设置的商品分组，列出所有可以推广的商品。选择想要推广的产品(重点推广每个单元只允许添加一个商品)，单击“下一步”即完成添加推广商品。

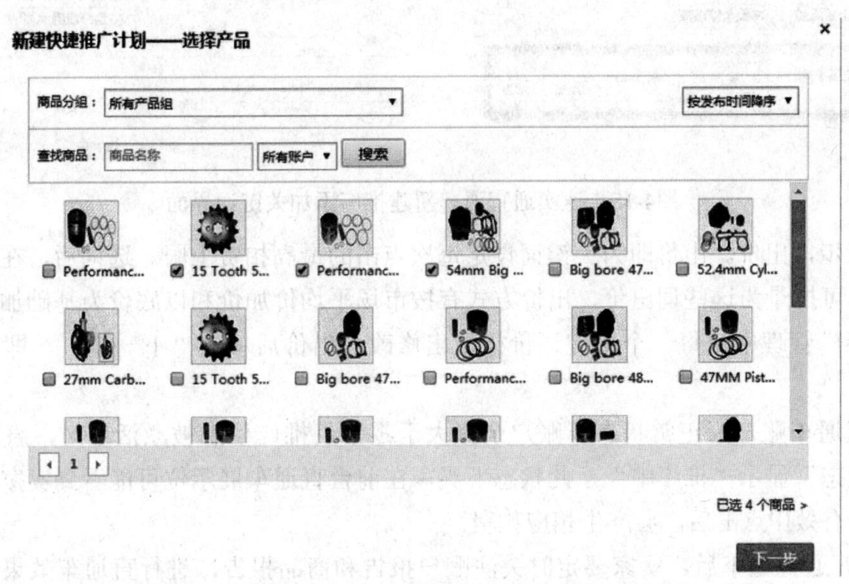

图4-17　速卖通直通车新建推广添加推广商品界面

第二步，添加关键词(见图4-18)。添加的关键词有两种形式，一是系统推荐；二是手动添加。

使用系统推荐的关键词。根据第一步选择商品页面中所添加的商品，系统会在第二步选关键词页面中，自动推荐出一批适合推广的关键词，卖家可按照词语的推广评分、搜索热度、竞争度3个指标挑选关键词。目前，系统主要通过商品信息来判断并推荐关键词，所以卖家要尽量将商品信息写完整，让商品信息更全面、更细致，以便系统推荐更丰富的关键词。

手动添加关键词又分为两种，一种是使用搜索相关词手动添加词：卖家先输入某一关键词并单击“查询”，然后，系统会自动根据输入的关键词列出与之相关的关键词及搜索热度、竞争度等信息，卖家有选择地添加；一种是批量添加关键词：卖家可将已经整理好的关键词快速添加，只需要输入要添加的关键词，关键词之间用回车分隔，单击“添加成功”以后，单击“下一步”即可。

新建推广计划——选择关键词

推荐词　搜索相关词　批量加词

关键词	推广评分	搜索热度	竞争度	市场平均价	操作
428 front sprocket	优	0	0	0.10	添加 >>
428 sprocket	优	1	1	0.10	添加 >>
atv sprockets	优	0	0	0.10	添加 >>
front sprocket	优	0	0	0.10	添加 >>
sprocket	优	4	0	0.10	添加 >>
sprocket 428	优	1	1	0.10	添加 >>
sprocket atv	优	0	0	0.10	添加 >>
sprocket tooth	良	0	0	0.10	添加 >>

已添加关键词(0/200)

本页全部添加　本页全部取消　全部取消添加

按市场平均价+ ¥　底价+ ¥

上一步　下一步

图4-18　速卖通直通车新建推广添加关键词界面

第三步，出价。出价即为关键词设定每次点击的最高扣费上限。选词后，在关键词列表下方，可批量为这些词出价，出价方式有按市场平均价加价和以底价为基础加价两种，也可在推广管理中对每一个关键词价格做出修改。出价后单击“下一步”，即新建推广成功。

当直通车账户为正常状态、账户余额大于零，且推广信息被激活后时，直通车首页“账户状态”显示“推广中”，此状态下买家在前台直通车展示位可能看到卖家推广的产品，海外有效IP点击后，会产生相应扣费。

(3) 开通直通车后，卖家要定时关注账户报告和商品报告，进行直通车效果优化，这是非常必要的，需要充分利用直通车提供的账户报告和商品报告功能。

账户报告是针对速卖通直通车账户的整体营销状况提供的效果统计分析报告(见图4-19)。账户报告是按天统计的，每一天的账户效果还可以展开，即按照推广计划的维度查看每天的数据。账户报告分为图形和报表两部分内容，反映曝光量、点击量、花费等多项数据指标，可由卖家自定义类型、时间段、指标，同时支持报告下载。

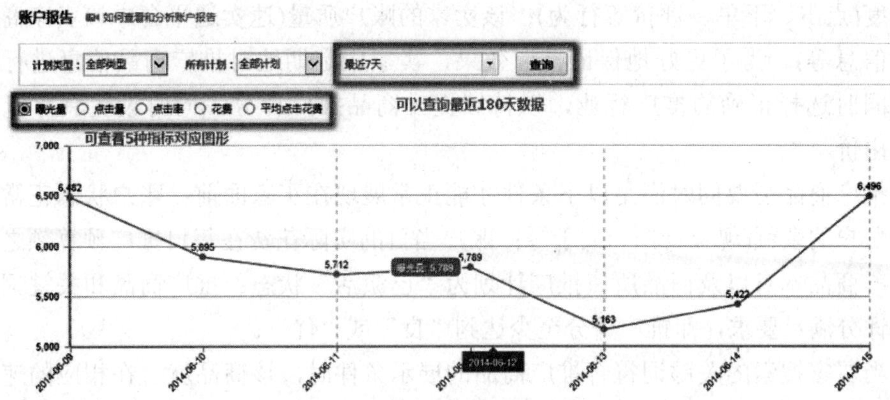

图4-19　速卖通直通车账户报告界面

商品报告是对商品营销效果进行数据统计和分析的报告类型(见图4-20)。通过商品报告，卖家可了解在所有商品或某个推广计划中效果最好、最受买家关注的商品；还能够对单个商品在一段时期内的表现做数据趋势分析。当选择查询所有商品或查询某个推广计划内的商品时，系统会将这多个商品的效果放在一起比较，并从高到低排列出前10名商品。比如可以比较各商品的曝光量、点击量和花费，前10名的商品名称都会显示在报告右方的饼状图中，而排在10名以外的商品将被加总显示为“Other”，饼状图清晰显示出这11项各自的曝光率、点击率或花费占比。这时卖家就需要判断这个结果是否符合预期，再依据该数据对某些商品加大或减小投放力度。

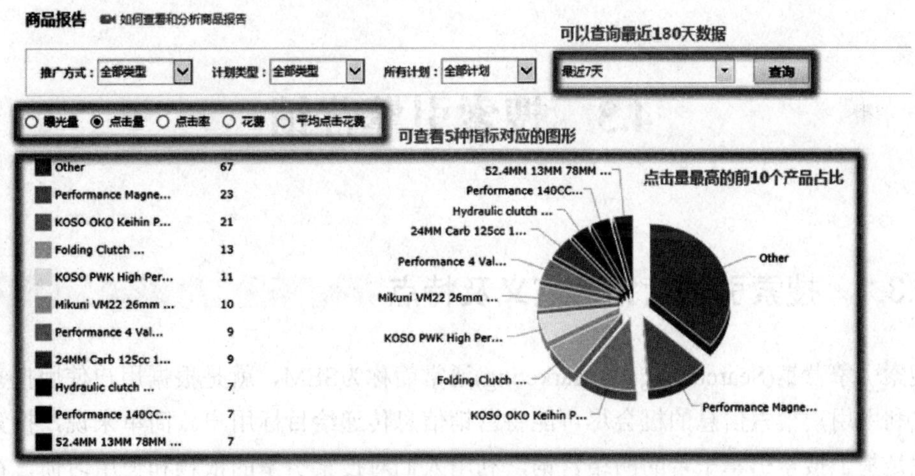

图4-20　速卖通直通车商品报告界面

在开通直通车时，卖家需要注意以下几个方面。

- 速卖通直通车中影响商品排名的主要因素有推广评分、关键词出价，推广评分与关键词出价越高，排名靠前的机会越大。这里的推广评分主要用于衡量卖家推广的商品在该关键词下的推广质量，目前推广评分分为优、良、“—”三档。推广评分的主要影响因素包括关键词与卖家推广商品的相关程度(文本信息、类日、属性等)；推广商品的信息质量(属性填写完整程度、描述的丰富度等)；买家喜好度(点击、下单、评价等行为)；该卖家的账户质量(速卖通平台中该卖家商品处罚信息等)。为了更好地保证推广效果，卖家应定期地对推广商品信息进行优化，同时选择正确的推广行业，以持续提升商品推广评分，同时设置具有竞争力的出价。

- 推广商品需要同时满足以下条件才能正常展现在买家面前：账户状态正常且当前账户的余额(现金+红包)大于零；账户当日的实际花费在每日推广预算额之内；推广商品本身以及商品所属推广计划为“已激活”状态；推广商品和关键词的推广评分满足要求，即推广评分至少达到“良”或“优”。
- 当买家搜索的关键词符合推广商品的展示条件时，该商品就会在相应的速卖通直通车展示位置上出现。买家点击了推广商品，才会产生扣费。点击花费会受推广评分的影响，且不会超过卖家为关键词所设定的出价。推广商品与相关关键词的推广评分越高，卖家所付出的每次点击花费越低，因此实际的点击花费往往要低于出价。
- 速卖通直通车的推广效果主要体现在曝光率和点击率两个方面，所以卖家在做推广效果优化的时候，需要分别优化曝光率和点击率。推广商品获得更多曝光的方法有三种：获得更好的排名、在更多关键词下产生曝光、选择推广评分高的关键词进行出价。为获得更多点击率的方法有三种：优化所选关键词与商品的匹配程度，主要包括商品图片及商品标题与关键词的匹配程度等；增加商品图片及标题的吸引程度；强化买家搜索的认可程度，主要包括商品详细描述及后续服务。

4.3 搜索引擎营销

4.3.1 搜索引擎营销的定义及特点

搜索引擎营销(Search Engine Marketing)通常简称为SEM，就是根据用户使用搜索引擎的方式利用用户检索信息的机会尽可能将营销信息传递给目标用户。简单来说，搜索引擎营销就是基于搜索引擎平台的网络营销，利用人们对搜索引擎的依赖和使用习惯，在人们检索信息的时候将信息传递给目标用户。

搜索引擎营销的基本思想是通过搜索引擎工具让用户发现信息，并通过点击进入网页，向用户传递他所关注对象的营销信息。企业通过搜索引擎付费推广，让用户可以直接与公司客服进行交流，了解详细信息，实现交易。相较于其他网络营销方法，搜索引擎营销具有以下特点。

1. 用户主动创造了被营销的机会

搜索引擎营销和其他网络营销方法最主要的不同点在于，搜索引擎营销是用户主动创造营销机会。以关键字广告为例，它平时在搜索引擎工具上并不存在，只有当用户输入了关键字并结束查找，才在关键字搜索结果旁边出现。虽然广告内容已定，不是用户所能决定的，但给人的感觉就是用户自己创造了被营销的机会。用户主动加入这一过程，这也是为什么搜索引擎营销比其他网络营销方法效果要好的原因。

2. 搜索引擎方法操作简单、方便

搜索引擎操作简单、方便，主要表现在以下几个方面：

(1) 登录简单。如果搜索引擎的形式是分类目录，企业想在此搜索引擎登录，那么只需工作人员按照相应说明填写即可，无须专业技术人员或营销策划人员；如果搜索引擎的形式是纯技术型的全文检索，则不存在登录的问题。

(2) 计费简单。以关键字广告为例，它采用的计费方式是CPC(Cost-Per Click)，这种方式区别于传统广告形式，它根据点击的次数收费，价格便宜，并可以设定最高消费(防止恶意点击)。

(3) 分析统计简单。一旦企业和搜索引擎发生了业务联系，搜索引擎便向企业提供数据，企业通过数据可知道商品每天的点击量、点击率，这样有利于企业分析营销效果，优化营销方式。

4.3.2　搜索引擎营销的目标

一般认为，搜索引擎营销有两个主要目标：首先是网页被搜索引擎收录，其次是网页搜索排名靠前。但从实际情况来看，仅仅做到这两点并不一定能增加用户的点击率，更不能保证将访问者转化为顾客或者潜在顾客，这两点是搜索引擎营销策略的基本目标。搜索引擎营销的目标可以具体表现在以下四个层次。

第一层是搜索引擎的存在层，其目标是网页在主要的搜索引擎或分类目录中获得被收录的机会。这个层次是搜索引擎营销的基础，离开这个层次，搜索引擎营销的其他目标也就不可能实现。搜索引擎登录包括免费登录、付费登录、搜索引擎关键词广告等形式。存在层的含义就是让网站中尽可能多的网页获得被搜索引擎收录(而不仅仅是网站首页)，也就是增加网页的搜索引擎可见性。

第二层的目标则是网页在被搜索引擎收录的基础上尽可能获得好的排名，即在搜索结果中有良好的表现，因而这一层次可称为表现层。因为用户关心的只是搜索结果中靠前的少量内容，如果利用主要的关键词检索时网页在搜索结果中的排名靠后，那么有必要利用关键词广告、竞价广告等方式获得靠前的排名。同样，如果网页在分类目录中的位置不理想，则需要同时考虑在分类目录中利用付费等方式获得靠前的排名。

搜索引擎营销的第三层的目标则直接表现为网站访问量指标方面，也就是通过搜索结果点击率的增加来达到提高网站访问量的目的。由于只有那些受到用户关注，经过用户选择后的信息才可能被点击，因此这一层次可称为关注层。从搜索引擎的实际情况来看，仅仅做到被搜索引擎收录并且在搜索结果中排名靠前是不够的，这样并不一定能增加用户的点击率，更不能保证将访问者转化为顾客，想要实现通过搜索引擎营销增加访问量的目标，则需要从整体上进行网站优化设计，并充分利用关键词广告等有价值的搜索引擎营销专业服务。

搜索引擎营销的第四层的目标是通过访问量的增加实现企业收益的提高，这一层次可称为转化层。转化层是前面三个目标层次的提升，是各种搜索引擎方法实现效果的集中体现，但并不是搜索引擎营销的直接效果。从各种搜索引擎策略到产生收益，期间要经过网站访问量增加的过程，网站的收益是由访问量转化所形成的，从访问量转化为收益则是由网站的功能、服务、产品等多种因素共同作用而决定的。因此，第四层的目标在搜索引擎营销中属于战略层次的目标。其他三个层次的目标则属于策略范畴，具有可操作性和可控制性的特征，实现这些基本目标是搜索引擎营销的主要任务。

搜索引擎营销追求最高的性价比，以最小的投入，获最大的来自搜索引擎的访问量，并产生商业价值。用户在检索信息所使用的关键词反映出用户对该问题(产品)的关注，这种关注是搜索引擎之所以被应用于网络营销的根本原因。

4.3.3 搜索引擎营销的形式

搜索引擎营销的形式基本有三种，即搜索引擎登录和排名、搜索引擎优化和关键词广告。在这三种基本形式之上还演变出很多形式的搜索引擎营销服务。因此，这三种基本形式的研究是应用各种网络营销方法的基础。

1. 搜索引擎登录和排名

常见的搜索引擎技术大概有两类：一类是以百度、Google等纯技术型的全文检索搜索引擎，其原理是通过搜索引擎机器人检索程序，到各个网站收集、存储信息，并建立索引数据库供用户查询，这些信息并不是搜索引擎即时从网络检索到的，而是按照一定规则建立一个收集了大量网站或网页资料的在线数据库，这种方法无须各网站主动登录搜索引擎；另一类称为分类目录，这种方法并不采集网站的任何信息，而是利用各网站向搜索引擎提交网站信息时填写的网站名称、网站地址(url)、关键词、网站的描述和站长联系信息等资料，经过人工审核和编辑从而使各网站或网页登录到索引数据库中。

在早期，由于第一种搜索引擎技术尚未出现，使用的是第二种技术，而且这一阶段其他网络营销工具相对缺乏，当时的网络营销者们认为，无论采用的是付费登录还是免费登录，只要可以将网址登录到搜索引擎并通过搜索引擎优化等方式保持排名靠前，网络营销的任务就基本完成。当然作为搜索引擎营销的最底层目标，搜索引擎营销的基本方法之一就是登录到搜索引擎，这也是实现更上层目标和其他方法的基础。

2. 搜索引擎优化

搜索引擎优化(Search Engine Optimization)，简称为SEO，就是利用搜索引擎的规则提高网站在有关搜索引擎内的自然排名的各种方法。网站信息在搜索结果中的排名非常重要，在一个检索结果中，往往前面几页或者第一页的前几个的点击率最高。搜索引擎优化的目的就是要通过了解各类搜索引擎如何抓取互联网页面、如何进行索引以及如何确定其对某一特定关键词的搜索结果排名等技术对网站关键词、标题、网站结构的修改，使网站更符合搜索引擎的检索规则，提高搜索引擎排名，从而提高网站访问量，最终提升网站的销售能力或宣传能力。

需要注意的是，在网络以机器人抓取为标志的技术性搜索引擎中获得一个好的排名并不是一件很容易的事，网站的收录与排列位置都与网站的质量密切相关，因此做好SEO非常重要。为了从搜索引擎中获得更多的免费流量，要从网站结构、内容建设方案、用户互动传播、页面等角度进行合理规划，使其符合用户浏览习惯，使搜索引擎中显示的网站相关信息对用户更具吸引力，使其在行业内占据领先地位，获得品牌收益。当然，现在很多搜索引擎采用竞价排名的方法，即在同类网页或网站信息之间，用付费竞价的形式确定排名，但这并不能否认搜索引擎优化和网站质量的重要性。

3. 关键词广告

所谓关键词就是用户所关注信息中的核心词汇，用户就是用它通过搜索引擎查找自己期望的网页或网站。现在不少搜索引擎，比如Google、百度等，充分利用用户对这些核心词汇的高度关注，在搜索结果的旁边显示关于它的产品广告，这就是关键词广告。关键词广告通常以形式简单的文字广告为主，而且广告显示形式与搜索结果分离，多采用容易被接受的点击付费计价方式，广告购买者可以通过管理入口随时查看流量及计费情况，也可随时根据统计的关键词情况和竞争对手情况来调整自己的广告策略。

近年来，关键词广告已经成为充分利用搜索引擎开展网络营销活动的一种重要手段，是付费搜索引擎营销的主要形式，是搜索引擎营销中发展最快的一种。事实证明，关键词广告是比其他网络广告成功率高得多的宣传媒体。现在不少网站所使用的网页内容定位的方法实质上也是关键词广告的一种拓展，它的基本做法是在某些与搜索引擎友好的网站页面中显示这个关键词的相应广告链接。

4.3.4 搜索引擎营销的实施策略

1. 竞价排名的实施策略

首先，分析某企业是否适合竞价排名。竞价排名只是为用户发现企业信息提供了一个渠道或者机会，排名本身并不能决定交易的实现。因此，网站建设是网络营销的基础，只有搞好网站建设，再配以较好的网络营销手段，才会取得令人满意的效果。另外，某些行业基本上属于垄断性的行业，比如石油和煤炭行业，这些行业的开发生产型企业就没有必要做竞价排名；而对于跨境电商企业、网络服务企业、IT产品生产和销售企业等通过搜索竞价排名策略可以实现较好的营销效果。

其次，选择适合企业自身的搜索引擎。在同样价格条件下，企业应尽量选择用户数量比较多的搜索引擎，这样被检索和浏览的概率会高一些。但如果某一搜索引擎同一关键词参与竞价的网站数量很多，而本企业的排名又比较靠后，反而会降低营销效果，因此我们还应综合考虑多种因素，选择性价比最高的搜索引擎。当然，在可能的情况下，企业也可以同时在若干个搜索引擎开展竞价排名，这样也方便比较各个搜索引擎的使用效果，为以后选择合适的搜索引擎做准备。

再次，根据企业实际情况购买适量的关键词。选择合适的搜索平台只是实施竞价排名的第一步，关键词的购买对搜索引擎营销的影响也非常重要。实际上，即使在同一行业，用户使用的关键词也是有一定分散性的，仅仅选择一个关键词所能产生的效果非常有限。因此，如果营销预算许可，比较理想的方式是选择3～5个用户使用频率最高的关键词，同时开展竞价排名活动，这样有可能覆盖60%以上的潜在用户，取得收益的机会将大大增加。此外，我们也应认真分析和设计关键词的选择，例如热点的关键词价格较高，如果用几个相关但价格较低的关键词替代，也不失为一种有效的方式。

最后，提高点击率和业务达成率的转换率。通过进行搜索引擎营销只是为用户了解企业网站提供了一种可能，最终能否产生经济效益更多地取决于用户的点击率和转换率。如果想要提高点击率和转换率，达到较好的营销效果，需要从以下几点着手。

第一点，将搜索引擎营销的思想贯穿于网站建设始终。如果在网站策划和设计阶段就结合网络营销思想，这样不仅要比网站发布之后营销效果不佳再来考虑这个问题更加经济，同时在很大程度上增加了网络营销人员的信心。

第二点，网页内容与搜索关键词具有相关性。如果在百度或Google上就某些关键词进行宣传，在用户输入关键词并登录网站后应该能正确地进入与关键词相关的网页。例如，如果用户在百度中输入“陀螺”，显示一条链接，继续点击就可以进入一个涉及并出售“陀螺”的网页而不应是与陀螺无关的网页，然后通过一个新的链接将用户带至其他相关产品的网页。因此，在网站的内容和设计中，企业认真鉴别目标客户，了解他们的确切需要，并且提供给他们真正所想所需的页面，是取得较好营销效果的保证。

第三点，测量和实验是提高转换率的关键。在没有测量的情况下，无法提高转换率。因此，搜索引擎营销需要具备一套好的测量系统，根据测量结果，为网站的更新、购买关键词的调整提供依据。企业可以通过网络营销软件、搜索引擎优化与排名自动检测软件和网站流量分析系统等监控网站报告并找出那些转换率较高的搜索关键词以及删除那些转换率低的搜索关键词，进而提高转换率，取得好的营销效果。当然，点击付费预算百分率在各个搜索引擎之间的分配也是影响转化率的一个重要因素。

第四点，提高网络品牌形象，获得客户的信任。网站可以通过积极地展示企业文化、社会责任、隐私政策、采购程序、用户满意度等方式，建立起用户对企业的信任；通过在网站上发布的科普文章或者用户关心的行业新闻等，帮助用户建立起用户对企业的信任。

2. 搜索引擎优化的实施策略

搜索引擎优化(SEO)是近年来较为流行的网络营销方式，它的主要目的是增加特定关键词的曝光率以增加网站的能见度，进而增加销售的机会。搜索引擎优化通过采用易于被搜索引擎索引的合理手段，使网站更适合搜索引擎的检索原则，使搜索引擎中显示的网站相关信息对用户更具吸引力，进而提高用户体验，提高搜索引擎排名。需要注意的是，SEO不仅针对搜索引擎的排名情况，还是一种搜索引擎营销的指导思想，SEO工作应该贯穿网站策划、建设、维护全过程。搜索引擎优化的内容主要表现在对用户的优化和对网络环境的优化两个方面。

(1) 对用户的优化。网站经过用户优化设计后，用户可以方便地浏览网站的信息、使用网站的服务，使网站充分发挥企业与用户有效沟通的作用。搜索引擎工作中对用户的优化具体表现为以下几点：①以用户需求为导向，使网站导航更方便；②网页下载速度尽可能快；③网页布局合理且适合用户保存、打印、转发；④网站信息丰富、有效，有助于用户产生信任。当然，进行全面的网站运营维护，也是对用户优化的重要部分。网站运营人员应该及时完成日常信息更新、维护、改版升级等服务，这不仅有利于各种网络营销方法的应用，提高客户满意度，还可以积累有价值的网络营销资源(获得和管理注册用户资源等)。

(2) 对网络环境的优化。网站经过网络环境优化设计后，搜索引擎能顺利抓取网站的基本信息。当用户通过搜索引擎检索时，企业期望的网站摘要信息便出现在理想的位置，用户轻易发现其感兴趣的有关信息，点击搜索结果，直达网站并获取进一步信息。目前，数据库的搜索引擎广泛应用机器人抓取网页信息，这就要求网络环境要更适合搜索引擎的检索原则，以达到提高搜索引擎排名的目的。在实际网站设计过程中，我们应当从以下几个方面做好搜索引擎网络环境优化工作：①网页中应避免大量采用图片或者Flash等富媒体(Rich Media)形式，可使用静动结合的网页，但要保证有一定数量的可以检索的文本信息；②网页必须有标题，且标题中一定要包含有效的关键词；③网页正文中的有效关键词密度要合适(一般为2%～8%)，这里的关键词密度是指在一个页面中关键词占所有页面中总的文字比例，该指标对搜索引擎的优化起到关键作用，切记不要把所有的关键词堆积在一起，因为这有可能被搜索引擎认为是一种恶意行为，直接降低网站的排名位置；④增加网站中原创内容所占比例，避免完全照搬硬抄别人的内容，因为对于搜索引擎而言，原创性是最有吸引力的；⑤重视外部网站链接的数量和质量，最好选择具备一定相似度且质量较高的外部链接，数量以10～20个为佳，当然也可以利用“网站地图”为搜索引擎访问网站提供方便。

知识链接

网站地图是一个网站所有链接的容器。很多网站的链接层次比较深，搜索引擎机器人很难抓取到，而网站地图可以方便搜索引擎机器人抓取网站页面。网站地图就是根据网站的结构、框架、内容生成的导航网页文件。大多数人都知道网站地图对于提高用户体验有好处：它们为网站访问者指明方向，并帮助迷失的访问者找到他们想看的页面。对于SEO来说，网站地图的好处就更多了：首先其为搜索引擎机器人提供可以浏览整个网站的链接，简单体现出将网站的整体框架给搜索引擎看；其次为搜索引擎机器人提供一些链接，指向动态页面或者采用其他方法比较难以到达的页面；最后，作为一种潜在的登录页面，可以优化搜索流量：如果访问者试图访问网站所在域内并不存在的URL(网页地址)，那么这个访问者就会被转到“无法找到文件”的错误页面，而网站地图可以作为该页面的“准”内容。

资料来源：https://baike.baidu.com/item/网站地图/393478?fr=aladd.

3. 关键词广告的实施策略

首先，选择合适的平台。采用关键词广告方式进行搜索引擎营销时，选对合适的平台非常重要。一般市场占有率较高的综合型门户网站，通常有较高的排名加分，即同样一个关键词链接，它比其他网站在搜索结果中的排名更靠前。当然有些专业性较强的产品，如IT产品，其关键词可能在综合型门户网站中出现的概率较低，这时可考虑同时在一些专业网站中购买关键词。购买搜索关键词时，一般潜在客户所在地区搜索引擎的使用率是首要考虑因素。如果企业产品主要面向国内或华人聚集区，则要考虑中文搜索引擎。

其次，设定合理的关键词。采用关键词广告方式进行搜索引擎营销的初衷，是希望给企业网站带来极具针对性的访问。这里的关键词是指与公司网站内容相关并被用户经常使用的关键词，例如，一家网上花店除选择"花店"作为关键词外，还可以将网民经常使用的"花、鲜花、卖花店、鲜花网站、鲜花礼品、鲜花礼仪、鲜花速递、鲜花批发、鲜花种子、电子鲜花"等作为关键词。关键词的设定直接影响营销效果，这主要表现为两方面：一方面，如果企业购买的关键词与公司网站内容相关性不高，搜索引擎会将企业的排名靠后，甚至不纳入排名范围；另一方面，当浏览者满怀希望和喜悦点击进入网站，结果网站内容与关键词相差太远，也会影响企业形象和声誉。

最后，选择合适的广告发布时间。关键词广告的发布也要考虑时间，这对广告效果有着非常大的影响。对于跨境电商企业而言，潜在目标客户可能与企业处于不同的时区，这就需要对用户的在网时间和规律进行调查，以确定关键词广告发布的合理时间。比如对于北美地区网民的调查显示，美国东部时间晚上11时是用户每天上网的高峰时间，企业选择在这一时间发布关键词广告可能就是一种不错的选择。

4.4 SNS营销

4.4.1 SNS营销的概念及优势

1. SNS营销的概念

SNS营销指的是利用社交网络进行的营销活动。SNS通常包括三层含义：一是Social Network Service，即社会性网络服务，它旨在帮助拥有共同兴趣的人提供联系和交流的通路；二是Social Network Software，即社会性网络软件，是基于网络基础软件，以认识朋友的朋友为目标，扩展自己的人脉，以方便个人随时得到帮助；三是Social Network Site，指的就是社交网站。我们平常说的SNS，主要是指第三层次，即社交网站。SNS网站主要包括两大类：一是基于熟人的社交网站，例如Facebook等社交平台；二是基于内容的社交网站，例如YouTube视频网站等。

2. SNS营销的优势

近年来，SNS作为新的网络交际模式越来越受到广大用户的欢迎，SNS营销也逐渐成为发展最为迅速的一种网络营销模式。对企业来讲，SNS营销主要具有以下几个方面的优势：

(1) 满足企业不同的营销策略要求。SNS没有特定的用户群体，人员分布非常广泛。SNS网站通过满足用户的参与、分享和互动的需求，将人与人之间的关系紧密连接，广大用户也在使用中逐渐帮助SNS网站积累资源，同时用户本身就是资源。作为一个不断创新和发展的营销模式，越来越多的企业开始尝试SNS营销。无论是线上活动、产品植入，还是市场调研、病毒营销，SNS营销都能取得不错的效果，这是因为SNS可以充分展示人与人之间的互动，而这恰恰是一切营销的基础所在。

(2) 有效降低企业的营销成本。由于SNS网站积累了较多的资源，其“多对多”的信息传递模式又具有很强的互动性，可以得到更多人的关注。SNS网站虽然不是即时通信工具，但是它的即时通信效果也很好。在SNS网站上，人们可以就自己喜欢的、当下热点的话题进行讨论，随着网民网络行为的日益成熟，用户更乐意主动获取信息和分享信息，社区用户显示出高度的参与性、分享性与互动性，而SNS营销传播的主要媒介是用户，主要方式是“众口相传”，因此与传统广告形式相比，SNS营销无须投入大量的广告。相反，具有参与性、分享性与互动性的用户会轻易地认知这个品牌和产品，对品牌和产品产生深刻印象，进而形成好的传播效果。

(3) 对目标用户实现精准营销。SNS社交网络中的用户注册数据相对来说较真实，企业在开展网络营销时可以按照地域、收入状况等情况筛选客户，与客户进行有针对性的宣传和互动。如果企业营销的经费不多，但又希望能够获得一个比较好的效果的时候，那么可以只针对部分区域开展营销，从而实现对目标用户的精准营销。

世界各地的人们可以随时随地访问社交媒体，人们可以沟通、分享照片或视频，还可以做宣传活动、推广产品，进行营销。有研究报告显示：85%以上的企业都有专门的社交媒体平台；使用社交媒体营销超过3年的企业中，有近58%的企业在这段时间里实现了销售额增长。随着社交媒体的发展，平台本身也在相互竞争，以使用户习惯使用自家的社交媒体平台。本章以Facebook和LinkedIn为例，介绍SNS营销。

4.4.2 Facebook平台营销

市场研究公司Statista发布了截至2018年10月全球活跃用户数最多的社交软件排行(见图4-21)，其中，Facebook以22.34亿的月活跃用户数高居榜首。Facebook作为社交平台巨头，不论是在用户上还是在使用习惯上，都具备强大的黏性，除了与朋友聊天，发布图片、视频、文件之外，Facebook更是营销的聚集地。对于很多公司来说，引流的主要渠道来自Facebook，因此Facebook理所当然地成为网络营销的主要渠道。

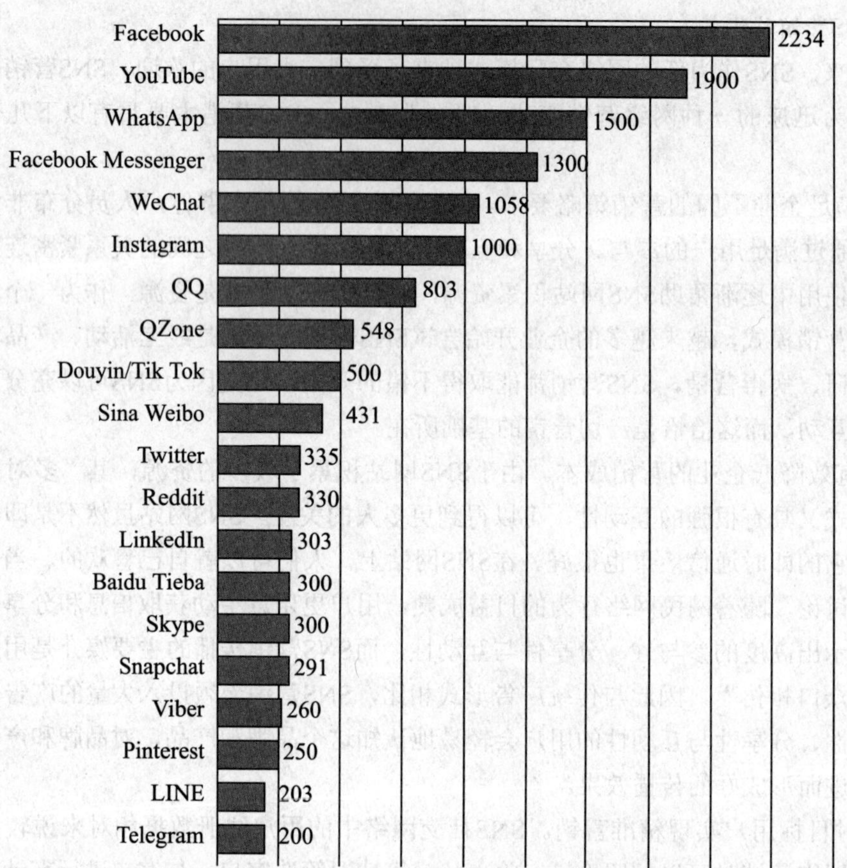

图4-21　截至2018年10月全球活跃用户数最多的社交网络(以百万人为单位)

资料来源：https://www.wusiwei.com/post-2085.html.

企业在Facebook平台的营销主要包括创建平台和发布活动两个步骤。

1. 创建Facebook主页

企业利用Facebook平台进行营销推广时，首先需要为品牌或者企业在平台创建一个Facebook主页，以便公开宣传其业务或产品，同时也可创建一个Facebook群组，以促进群组成员的讨论，并帮助营销人员用轻松的方式推广业务和产品。总之，官方主页始终是开展Facebook营销的第一步。

(1) 选择页面分类。登录Facebook账号，单击右上角的下拉符号，选择创建主页，接下来你会看到6个选择框，选择适合自己的商业模式。

(2) 完善主页信息。主页的类别和名称要妥善选择，因为这些信息一旦填好就不能修改；主页的内容简介要活泼有趣，因为Facebook是交流式社区，人们都喜欢找寻自己感兴趣的人或者事，如果能写出一个让人们眼前一亮的个性化资料，将有助于吸引更多的用户。需要注意的是，在Facebook创建之初，这个主页并没有精致的页面和吸引人的内容，我们大多将主页的可见度设置为不发布状态。

(3) 更新并装饰主页。Facebook的主页装饰主要集中在以下几个方面：更换一张与主题内容配套的封面图片；更新一张专门为主页设置的个人头像；美化主页的Tab标签，集成Facebook的应用程序。封面和头像是新访客进入主页时最先看到的内容，是一个很好的展示机会，可以直接实现受众与企业的交流，并引导他们参与互动。我们还可以在涂鸦墙和照片夹中发一些与自己产品或服务贴近的有意思、有价值的信息，以引导粉丝来关注网站，通过链接提高店铺的流量，但不要在涂鸦墙上全部放置产品广告。

2. 发布活动和大事件

主页是宣传活动的最佳平台，在主页上创建活动也很简单。点击发布栏上方的活动、大事件，然后单击“创建活动”就可以添加活动信息，例如竞赛、折扣、上新之类的内容，这类信息一定要以客户兴趣为中心。在发布过程中我们要选择分享对象按钮，以实现企业的目标群体接收到活动消息。

利用Facebook平台进行营销推广时，我们需要注意以下几个问题。

- 以增加粉丝为目的。粉丝数量是影响营销Facebook平台推广效果的重要因素，但是增加Facebook的粉丝没有捷径可走，我们需要在一切填写资料的地方留下链接，同时附上让别人关注你的理由(比如新品、折扣、活动等)。
- 企业信息描述尽量使用图片。图片要与产品或提供的服务直接相关，且要色彩鲜明，吸引眼球。另外，图片要尽量简单，避免太多的文字描述。
- 明确平台上产品展示大于产品叙述。在Facebook上面不要直接发布产品信息、服务内容这些硬性推销的东西，而是要尝试着讲一下品牌和企业背后的人和故事，这样更容易拉近企业与用户的距离。
- 定期更新主页。比如可以每周发布一条原创的纯文字信息，多关注同行最近在谈论什么话题，并参与讨论，原创文章发布时间最好安排在当地上午10点以后；也可以每周转载两篇好的文章，建议发布时间控制在当地中午12点半到2点之间；当地时间下午3点到6点适合发布一些有趣的、有话题感的内容，这段时间外国女性较轻闲，写评论参与的可能性较大。另外，我们要及时删除一切价值不高的链接。
- 利用Facebook应用程序，提升主页互动性。创建主页后，营销人员还应添加应用程序来增强粉丝的用户体验。添加应用程序不仅可以轻松地管理主页，还可以使页面成为与关注者互动的有趣地方。Facebook有很多应用程序供用户使用，例如创建民意调查(Polls)、添加电子商务(Adding-commerce)、设置博客供稿(Setting Up Blog Feeds)，甚至使用Facebook进行电话会议(Teleconferences)和见面会(Meetings)等。总之，把你最擅长和最需要的程序放在Facebook首页，例如链接的发布和博客。
- 合理制定Facebook广告策略。Facebook上的广告是宣传业务和官方主页的最佳方式之一。Facebook提供了许多工具来帮助广告商有效地执行线上营销。“Facebook广告指南”会引导用户完成整个广告流程，包括规划、制作广告、测试和统计数据。制定广告策略时，我们需要采用有创意的广告受众定位方式，比如可以举办一场活动或者在图片里面体现奖品；选择合适的文字和图片(比如微笑的人)使广告增色，多利用一些搞笑的或者奇特有内涵的照片和文章；要多分享消息增加账号附加值；要保证信息简短易懂，并多点赞保持关注；也可以充分利用Facebook的内部广告联盟，当然此项功能是付费的。

- 创建客户线上网络。除了在企业页面与客户保持互动外，使用Facebook营销的人员也可以使用个人账户与同事和潜在客户建立联系，开展与客户的线上对话，通过明确的目标和联系计划，使企业用Facebook建立线上销售网络，并能保持良好的业务关系。

知识链接

Facebook平台属于强关系平台，因此我们不能随便加一些不认识的人。如果有一天我们的Facebook账户被封了，那有没有办法解救呢？

(1) 注册的时候就要填写好正确的电话号码，以便验证。

(2) Facebook要求做脸部验证，直接跳出人物的脸(最多5张)来让你识别(5个人)。

(3) 如果用VPN登录Facebook，要记住VPN不能换来换去，IP地址不要随便更换，否则会引起Facebook疑心。

(4) 绑定信用卡账号，如果有一天需要验证，只需提供信用卡号码的后三位。

(5) 做到预防为主，尽量避免Facebook出现验证。建议用你的其他Facebook账号一起授权来管理这个页面，如果一个账号被停用，还有其他的账号来辅助管理。

资料来源：百度文库.

4.4.3 LinkedIn平台营销

LinkedIn创建于2003年，总部位于美国加州硅谷。作为全球领先的职场社交平台，LinkedIn能提供分享公司信息、行业新闻和市场活动信息，你可以在平台上接触到目标客户。因此，对于众多跨境电商企业而言，LinkedIn与Facebook一样，也是一个对海外营销推广有很大影响的社交媒体平台，是一个不得不重视的传播品牌和进入国际市场的重要平台。

在利用LinkedIn进行营销推广时，主要步骤如下所述。

1. 完善LinkedIn个人档案资料

我们在使用LinkedIn进行营销时，第一步要做的就是完善LinkedIn个人职业档案。因为别人是从这个档案才开始一步步了解我们的企业和产品。LinkedIn个人职业档案不仅包含基本的个人信息、从业经历、教育背景和个人技能等内容，还包含了你所分享的视频或PPT，朋友对你的评价和技能的认可等，因此人们通过LinkedIn个人档案可以更好地了解企业和产品。

首先，LinkedIn个人职业档案的内容应根据营销目标和受众的不同有所侧重地设置。不能将个人职业档案写成个人简历，这份个人职业档案应该是企业营销内容的一部分，可以推广企业或者品牌，也可以快速拓展商务社交网络，带来更多的询盘和销售。比如个人职业档案的个人照片应该使用专业的职业照，最好是清晰完整的正面照片，以保证放大之后清楚可见；在个人档案的URL地址最好与你的Facebook主页账号名称保持一致，以便商业伙伴更方便联系你；个人联系方式应根据需要设置，比如你的电子邮件、电话、通信地址可以设置为只被你的联系人看见，而Facebook、微信、QQ或者企业网站地址可以被所有人看见。另外，个人工作经历和教育背景的内容也会因利用平台目的不同而有所差异地设置，例如以求职为目的的职场新人会更突出自己的教育背景；以营销为目的的个人则会更注重突出企业和产品品牌。

其次，将自己的人脉网络导入LinkedIn，即将你平时积累的朋友、同学、同事、生意伙伴、商务人士等迁移到LinkedIn进行统一管理。目前，LinkedIn支持330多个邮件服务商来导入电子邮件建立网络联系人，我们可以通过LinkedIn中的“My network”功能进入导入网络联系人的界面，输入E-mail地址，并按照提示操作即可。此外，如果你的营销目标受众涉及不同国家不同语言时，你还可以创建不同语言的个人档案。

最后，我们可以对企业和产品品牌的搜索关键词进行优化。在LinkedIn页面中，在最上面中间的位置就有一个搜索栏，用户可以搜索到各种有价值的信息。我们在优化搜索关键词的时候，要针对LinkedIn的排序规则展开，力求获得好的排名。作为跨境电商营销者，我们首先要考虑的是带来流量的关键词，比如产品或服务的品牌词，或者根据经验总结出来的容易带来营销转化的长尾词。当确定关键词之后，我们就可以把这些关键词放置在个人职业档案中了。另外，在开展关键词优化的时候，我们还要注意不要堆砌关键词，因为这样做会影响企业和产品的品牌形象，对营销没有任何好处。

2. 通过公司主页实现企业推广

几乎所有的企业在LinkedIn中开展营销时，都创建了自己的公司主页，公司主页不仅可以起到宣传产品和企业品牌的作用，还可以帮助企业拓展海外市场，进行产品营销，发掘销售机会。虽然用户使用LinkedIn的频率可能比Facebook偏低，但是LinkedIn上每个访客的价值都很高，与其他社交平台相比，投资回报率更高，因此对于B2B企业而言，在LinkedIn上开展营销活动可能更加适合。另外，不同社交平台的营销都有其特定的投放形式和特点，企业在同时投放时，营销内容要有所针对，而LinkedIn的营销内容更强调商务化。

在LinkedIn创建公司主页很方便快捷，单击LinkedIn界面上面的“work”选项，里面有一个“advertise”按钮，单击其中的“create the company page”，然后输入公司名称即可完成创建。这里需要注意的是，公司名称和URL地址的设置最好与Facebook主页账户名称保持一致，以便你的商业伙伴联系和记住你。公司主页创建好之后，还要一步步完善企业简介、业务领域、地址、网站、公司规模等信息，最好能在公司页面简介前面放一张高质量的营销图，一张好的图往往会带来意想不到的转化效果。

LinkedIn主页与Facebook主页一样，也具有发布动态消息、与粉丝互动等交流功能。与之不同的是，有的公司会在LinkedIn主页发布大量招聘信息。在LinkedIn平台公司主页的页面左上方是企业Logo、名称、关注等相关信息，用户如果关注了这个公司主页，每次登录之后，会在动态信息栏看到这个企业发布的最新资讯，因此定期更新动态信息也是开展LinkedIn营销的重点。由于LinkedIn发布动态信息的方法也与Facebook类似，这里不再阐述。

此外，我们还可以创建展示页，展示页和公司主页非常类似，包含了Logo、页面标题、关注页面简介等内容。目前，LinkedIn对产品和服务的营销活动都是通过展示页来实现的。

利用LinkedIn进行社会化营销需要注意以下几个问题。

- 提高在LinkedIn上的可见性。每天更新状态和博客，如果企业没有时间持续更新状态，可以使用一些社交媒体管理工具，保证LinkedIn页面处于活跃状态，让顾客能感受到企业的存在。
- 获得更多的关注人数。获得更多的关注人数需要团队的努力，不断优化公司的LinkedIn页面。企业鼓励员工积极参加LinkedIn页面的讨论，发起对话，让员工更容易参与到页面活动。员工在电子邮件签名中添加公司的LinkedIn页面链接，也会给公司页面带来更多关注，吸引更多访问者。
- 创建和加入LinkedIn的群组。向客户展示企业的最好办法是创建一个群组，在群组里可以发起讨论，为顾客创造一个开放性论坛，分享他们的意见、建议。当然，企业必须要积极参加这些讨论，处理顾客的意见，消除客户的忧虑。除了创建群组，也可以考虑加入符合企业定位的其他群组和设计区，这样可以了解目标客户在讨论什么，他们面临什么问题，并为他们提供这些问题的解决方案。如果企业与群组里的潜在客户建立起了联系，可以给他们发送信息，不断建立更紧密的联系。

本章结语

网络营销是基于互联网络及社会关系网络连接企业、用户及公众，向用户及公众传递有价值的信息和服务，为实现顾客价值及企业营销目标所进行的规划、实施及运营管理活动。对于跨境电商企业而言，成功运用网络营销是企业经营成功的关键。市场上网络营销的方法主要有搜索引擎营销、E-mail营销、数据库营销、IM营销、无线营销、问答营销、社会化媒体营销、病毒式营销、个性化营销、平台型营销、整合营销等。对于跨境电商企业而言，店铺自主营销是其引流的主要手段。速卖通平台店铺自主营销工具包括免费工具和付费工具两种。免费自主营销工具主要包括限时限量折扣、全店铺打折、全店铺满立减、店铺优惠券；付费营销工具主要有联盟营销和直通车两种。搜索引擎营销方法可以归纳为搜索引擎登录和排名、搜索引擎优化和关键词广告三种形式。SNS营销因为能够满足企业不同的营销策略要求、有效降低企业的营销成本以及可以实现对目标用户的精准营销等特点被广泛应用。比如Facebook和LinkedIn等就成为很多跨境电商企业进行社会化营销的主要平台。

一、思考题

1. 什么是网络营销，其主要特征有哪些？

2. 常见的网络营销方法有哪些？

3. 速卖通平台的店铺自主营销工具有哪些？

4. 搜索引擎营销的主要策略有哪些？

5. 如何在Facebook和LinkedIn平台开展社会化营销？

二、实训题

登录速卖通、Facebook、LinkedIn等平台，熟悉网络营销基本方法。

参考文献

[1] 金毓，陈旭华. 跨境电商实务[M]. 北京：中国商务出版社，2017：246-250.

[2] 陈敏，李沛. 互联网时代跨境电商企业网络营销策略分析[J]. 中外企业家，2018(10)：94.

[3] 韩雪. 文化差异下的跨境电商网络营销策略探讨[J]. 商场现代化，2019(2)：72-73.

[4] 孙佳. 基于跨境电商在网络媒体营销中的策略研究——以“网易考拉”为例[J]. 传播力研究，2018(6)：63.

[5] 速卖通大学. 跨境电商营销[M]. 北京：电子工业出版社，2016：141-172.

[6] https://activity.alibaba.com/admarketing/05258aa1.html.

[7] http://m.cifnews.com/app/postsinfo/8713.

[8] https://sell.aliexpress.com/__pc/terms1.htm.

[9] http://www.sohu.com/a/260526912_421247.

[10] http://www.siilu.com/20140807/106815.shtml.

[11] https://www.chinabrands.cn/dropshipping/article-sumaitongyingxiaogongjuxianshixianliangzhekou-567.html.

第5章 跨境电子商务支付

学习目标

- 了解跨境电子商务支付发展概况
- 掌握跨境电商支付相关概念
- 了解跨境电商支付方式与传统支付方式的区别
- 熟悉跨境电商支付结算方式与流程

能力目标

辨析跨境电商支付方式与传统贸易支付方式的异同，通晓跨境电商支付结算方式与流程，掌握跨境电商支付相关概念。

引导案例

跨境支付平台是推动跨境电子商务持续发展的必要基础。目前，我国跨境支付产业规模日渐扩大，以其“高效、低投入、本土化”的优点得到大批跨境中小企业的认可，不再受制于境外支付企业，市场竞争优势逐步加强，逐渐形成了科学合理的市场竞争结构，众多的公司都在不断探索新的生存发展机遇，以便于让企业获得更多的竞争资源。

根据中国支付协会统计数据，2017年国内支付机构跨境互联网支付12.56亿笔，交易金额3189.46 亿元，同比分别增长114.7% 和 70.97% 。

2013年，国家外汇管理局首次在上海、北京等5个地区设立了支付机构跨境外汇交易试点，参与试点的支付机构集中为电子商务客户办理跨境收付汇和结售汇业务，2015 年又将试点范围扩大到全国，到 2017年年底，全国共有30家支付机构获得了国家外汇管理局核准的跨境外汇支付资格。国内的支付机构通过与国际知名电商平台、航空公司、酒店、软件服务商、留学服务机构等商户合作，积极拓展跨境外汇业务。

资料来源：龚榆桐，李超建. 中国跨境电商支付平台发展现状、问题及应对策略[J]. 对外经贸实务，2018(11)：29-32.

5.1　跨境支付

5.1.1　跨境支付的概念

跨境支付作为跨境电子商务资金流动的主要形式，承担着保障交易资金安全、保护买卖双方合法权益的责任。了解跨境电商支付的相关问题可以从理解跨境支付入手。跨境支付是指两个或两个以上国家或地区之间因国际贸易、国际投资及其他方面所发生的债权债务，借助一定的结算工具和支付系统实现的资金跨国和跨地区转移的行为。

跨境支付主要存在于跨境转账汇款、境外线下消费和跨境网络消费中。其中，跨境转账汇款途径主要有第三方支付平台、商业银行和专业汇款公司等，货物贸易中经常使用的T/T支付，就是通过商业银行跨境转账汇款；境外线下消费途径主要有信用卡刷卡、借记卡刷卡、外币现金和人民币现金等；跨境网络消费的途径就比较多，有第三方支付平台、网银线上支付、信用卡在线支付、电子汇款、移动手机支付和固定电话支付等。

5.1.2　跨境支付方式的分类

1. 传统国际贸易支付——跨境转账汇款

在传统的国际贸易支付中，买卖双方通过商业银行的网络系统来完成资金的跨境支付，根据银行在支付过程中所扮演的角色与承担的责任不同，传统的国际贸易支付可分为汇付、托收和信用证三种主要的支付方式。

(1) 汇付。汇付分为电汇、信汇和票汇，其中电汇是常用的汇款方式。电汇即国外的买方将货款交付于他们所在地的存款银行，由银行通过电报或者银行间金融系统等方式汇入卖方提供的银行账户。其中，到账时间因所属国家和办理业务的银行而有所不同，比如土耳其汇款到中国香港账户，只需要1天时间即可到账，但是意大利汇款到中国香港的话就需要4～6天。汇付的结算方式具有时间短、费用低等优势，但是其完全建立在买卖双方的商业信用之上，具有一定的风险。

(2) 托收。托收是指由出口商委托其所在地的银行，通过其国外的账户行或分支行，向国外的买家进行收款，只有在国外买家满足一定的付款条件之后，银行才会向其交付代表货物所有权的单据。交单与付款的条件均由卖方在托收委托书中对银行提出指示。在托收的结算方式中，虽然银行就是否交单作为要求买方付款或承兑的条件，但其仍属于商业信用，银行对于买方违约而造成的损失不负责任。

(3) 信用证。信用证从本质上讲，就是买卖双方以银行信用作为保证而进行的交易。买方所在地的银行依照开证申请人(买方)的要求开出信用证。信用证是一种独立于合同之外的银行信用，一经开出就与合同相分离。卖方需要按照信用证的要求发货并提交单据给指定银行，只要做到单证一致，单单一致，卖方即可顺利收到银行的付款。在信用证支付中，银行以其自身的信用作为担保，对于卖方来说安全性高，但是这种结算方式也存在周期长、费用高、取得付款难度大等弊端。

2. 境外线下支付

消费者在境外线下消费途径主要有信用卡刷卡、借记卡刷卡、外币现金和人民币现金等。由于消费者在境外消费时携带大量的人民币现金或外币现金既不方便也不安全，因此信用卡逐渐成为境外线下消费的主流。

目前，境外线下支付使用较多的是双币信用卡，即在国内消费时，采用的是人民币结算；出境刷卡时，采用的是外币结算系统，先转换成美元或欧元，再转换成当地(在非美元或欧元区)货币结算，还款时还要转换一次。在此过程中，因发生了货币转换，所以要收取1%～2%的费用。境外每次刷卡消费都会产生一笔货币转换费，每天的货币转换费根据当天的汇率变化来确定。

除了双币信用卡，还有一种银联标准卡，也就是单币种的信用卡。相对于Visa或Master Card双币信用卡能够在200多个国家使用，银联标准卡在61个国家使用稍显不够，而且在出行、住宿方面，可能也没有双币信用卡获得的折扣和优惠多，但银联标准卡由于采用人民币结算，在境外POS机上刷卡消费以及境内还款均不收货币转换费，在降低出境游成本方面，不失为一个好的选择。

信用卡在境外刷卡消费之后，回国后可以直接用人民币还款，使用非常方便。除了信用卡支付，境外线下支付同样可以通过第三方交易平台完成。2018年，支付宝境外线下支付也已经覆盖全球超过40个国家和地区，中国出境游客使用移动支付的交易额占总交易额的32%，首次超过现金支付。

3. 跨境网络支付

跨境网络支付的方式主要有第三方支付平台、网银线上支付、信用卡在线支付、电子汇款、移动手机支付和固定电话支付等。目前，银联互联网跨境支付业务已经全面整合了中国银联、境内发卡银行和境外主流银行卡收单服务机构三方资源，具有商户资源全球覆盖、交易支付安全便捷、业务流程统一规范等明显的优势，持卡人可以通过网银线上支付、信用卡在线支付等方式进行跨境网络支付。同时，中国银联通过与PayPal、日本三井住友、中国香港东亚银行等境外主流收单机构的合作，受理银联卡的境外网上商户覆盖范围也越来越广，数量越来越多。在跨境支付中，支付宝和PayPal是国内电商主要使用的第三方支付平台。据2016年PayPal的年报显示，63%的PayPal用户来自美国和英国，在除英美之外的国家和地区，每个国家都有广泛应用的支付方式，如WebMoney是俄罗斯三大主流的电子钱包支付之一，类似于支付宝，支持绑定俄罗斯各大银行；Sosoft是德国的在线网银转账支付方式，支持德国、奥地利、比利时、西班牙、意大利等国家常用的银行转账付款。

相关资讯

2013年，以腾讯旗下的第三方支付平台财付通为代表的17家国内支付公司首批获得跨境电子支付试点资格，就此拉开各家机构在跨境支付上的深度探索。跨境电子支付作为货币流通的重要环节，强化了人民币的国际支付功能，在人民币国际化进程中有着不可忽视的作用。

跨境支付服务的推出，满足了中国用户在境外或者线上使用人民币购买境外商品的需求。交易中，消费者仅需支付人民币，通过平台转化，国外商家即可收到本国货币。对中国用户来说，此举免除了兑换外币的烦恼。

截至2019年8月，腾讯跨境支付已覆盖49个境外国家和地区，发展了近1000家合作机构，包括日本、新加坡、新西兰、美国、加拿大、法国、德国等；在支持币种方面，包含美元、日元、加拿大元、欧元、新西兰元等在内的16个币种的交易。

2018年腾讯跨境支付交易量同比增长5倍，交易金额增长4倍，服务商数量同比增长了3倍，商户数量同比增长了7倍。

资料来源：http://d.youth.cn/newtech/201908/t20190813_12039768.htm.

5.2　跨境电子商务支付

本章所研究的跨境支付主要指跨境电子商务支付，是指由于跨境网络消费所引起的网上支付行为。

5.2.1　跨境电子商务支付的概念

跨境电子商务支付(Cross-border Payment)，是一种基于互联网的在线支付服务，是支付机构通过银行为小额电子商务(货物贸易或服务贸易)交易双方提供跨境互联网支付所涉及的外汇资金集中收付及相关结售汇服务。

目前，我国跨境电商市场交易规模持续扩大，增长速度远远领先于外汇市场，跨境电商渗透率也不断提升。随着国内多项扶持引导政策的全面落实，跨境电商进入高速发展阶段，我国跨境支付行业整体规模也随之不断扩大。

5.2.2　跨境电子商务支付的分类

跨境电子商务所涉及的第三方跨境支付平台是指具有一定信誉和实力，且独立于商户和银行，为境内外的消费者提供有限服务的支付机构。跨境电子商务支付方式可根据不同的角度分类。

1. 根据货币流向划分

1) 跨境支付购汇方式

购汇支付是指境内持卡人在境外网站等消费进行的支付。购汇支付的典型代表是支付宝公司的境外收单业务。支付宝将这些外币标价的产品根据实时外汇价格转换成人民币价格，境内个人支付给支付宝人民币，支付宝再代理购汇支付。这一支付过程中，支付宝只是起到代理购汇手续的中间人的作用，实际的购汇主体仍是个人买家。

虽然支付宝作为第三方支付平台，其业务的重心主要针对中国支付服务，但是早在2007年，支付宝就已经开始了跨境支付第一层次的境外业务的探索。2007年12月，支付宝与纽约的PSP咨询顾问公司达成合作协议，PSP公司作为支付宝的合作代理机构，在北美商家中推广这项中国支付服务，从而使支付宝的业务日渐全球化。自2007年8月支付宝在中国香港地区正式推出境外业务以来，支付宝的境外签约商户已经覆盖中国、新加坡、美国、澳大利亚等多个国家和地区。

就在支付宝等公司走出去的同时，全球支付性工具PayPal也在积极地走进来。2010年3月，PayPal宣布和中国银联合作开展国际支付业务，以便在中国的银联用户能够进行境外网站的购物结算，这样，中国消费者就能从境外商户购物，并向其支付款项。2011年，PayPal向中国人民银行递交了支付牌照申请。2015年6月，PayPal宣布和建设银行推出建设银行PayPal专属海购平台。PayPal平台已经连接了全球超过15 000家银行，这个全球覆盖面是很难被超越的。

2) 跨境收入结汇方式

跨境收入结汇方式，也称为收汇支付，是指境外持卡人在境内网站支付，其资金流向与第一种类型正好相反。

(1) 依靠境内外第三方支付工具收款流入。国外第三方支付公司都提供直接提现到国内银行结汇成人民币的服务，但这种提现服务可能导致没有真实贸易背景的资金流入，容易造成管理上的漏洞。我国的第三方支付平台如支付宝目前已经开展真实贸易背景下的结汇服务，境外买家直接汇款到支付宝的境内银行账户，然后通过支付宝系统集中统一到银行结汇，付款给国内商家。

(2) 通过汇款到国内银行，以集中结汇或居民个人名义拆分结汇流入。一些在境内外都有公司的实力商家，通过两地公司间的资金转移，实现资金汇入境内银行，再集中结汇后，分别支付给各个生产商。一些规模较小的个体老板则通过在美国、中国香港地区的亲戚朋友把收益汇到境内，再以个人侨汇赡家款的名义结汇，这种收汇的方式比较零散。

3) 境外持卡人的境外网站支付

目前，国内第三方支付机构的跨境支付业务主要集中在前两种类型，第三种类型的境外持卡人的境外网站支付业务则少有企业涉及。目前，从支付规模来看，95%的跨境支付市场由PayPal垄断。

2. 根据支付主体划分

支付主体包括国际支付公司、互联网巨头、非持牌公司、第三方支付平台等。

1) 国际支付公司

(1) 西联汇款。拥有全球最大最先进的电子汇兑金融网络，代理网点遍布全球近200个国家和地区。

(2) PayPal。覆盖202个国家和地区，支持25种货币，服务遍及全球各地。主要涉及汇款业务、全球收单能力，能提供综合的跨境支付服务。

这种类型的公司早已在市场有一定的认可度，很多都已经与跨境电商建立了合作关系，但这种支付费率较高，缺少国内的支付牌照。

2) 互联网巨头

(1) 支付宝。已支持18种外币的支付结算，覆盖27个国家和地区，接入超过12万家海外线下商户门店。港版支付宝用户可通过区块链技术向菲律宾钱包GCash汇款。

(2) 微信支付。通过推出海外版App拓展国际用户，目前已覆盖15个国家或地区，支持12种外币结算。

在全球不同平台移动支付的用户数量调查上，微信支付以6亿用户位居榜首，支付宝以4亿用户排名第二。支付宝和微信目前已积累了大量PC端用户。此外环迅支付、连连支付等机构也在积极拓展海外市场。

3) 非持牌公司

在国家监管日趋严厉的形势下，非持牌企业不能直接从事跨境支付的业务，但这些企业模式灵活，本地化服务响应能力强，尤其一些公司在技术层面上具有优势，也因此涌现出了一批为企业提供跨境支付解决方案的公司。但这种支付方式没有品牌背书，缺少认可度。

知识链接

随着电子商务的发展带动了第三方支付的快速增长，特别近几年跨境电商将快速发展，为了支持跨境业务，国家外管局在2013年9月底批准第一批17家支付企业获得跨境支付牌照，2014年下发第二批5家支付企业，2015年国家外汇管理局正式发布了《国家外汇管理局关于开展支付机构跨境外汇支付业务试点的通知》和《支付机构跨境外汇支付业务试点指导意见》，开始在全国范围内开展部分支付机构跨境外汇支付业务试点，允许支付机构为跨境电商交易双方提供外汇资金收付及结售汇服务，拥有支付牌照并范围包括互联网支付企业都可以申请，截至2015年底，已有23家支付企业获得跨境支付业务牌照。跨境支付业务范围包括货物贸易、留学教育、航空机票、酒店住宿、国际运输、旅游服务、国际会议、国际展览、软件服务等。跨境支付企业名单如表5-1所示。

表5-1　跨境支付企业名单

公司名称		范围	地区
第一批(17家)	汇付天下	货物贸易、留学教育、航空机票及酒店住宿	上海
	通联	货物贸易、留学教育、航空机票及酒店住宿	上海
	银联电子支付	货物贸易、留学教育、航空机票及酒店住宿	上海
	东方电子支付	货物贸易	上海
	快钱	货物贸易、留学教育、航空机票及酒店住宿	上海
	盛付通	货物贸易、留学教育、航空机票及酒店住宿	上海
	环迅支付	货物贸易、留学教育、航空机票及酒店住宿	上海
	富友支付	货物贸易、留学教育、航空机票及酒店住宿	上海

(续表)

公司名称		范围	地区
第一批(17家)	财付通	货物贸易、留学教育、航空机票及酒店住宿	深圳
	易极付	货物贸易、服务贸易、软件服务、旅游服务	重庆
	钱宝科技	货物贸易	深圳
	支付宝	货物贸易、留学教育、航空机票及酒店住宿	杭州
	贝付科技	货物贸易及留学教育	杭州
	通融通(易宝支付)	货物贸易、留学教育、航空机票、酒店住宿、国际运输、旅游服务、国际展览	北京
	钱袋宝	货物贸易、留学教育、航空机票及酒店住宿	北京
	银盈通	货物贸易、航空机票及酒店住宿	北京
	爱农驿站	货物贸易、留学教育、航空机票、酒店住宿、国际运输、旅游服务、国际会议、国际展览、软件服务	北京
第二批(5家)	首信易支付	货物贸易、留学教育、航空机票、酒店住宿、软件服务	北京
	北京银联商务	货物贸易、留学教育、酒店住宿	北京
	网银在线	货物贸易、留学教育、航空机票及酒店住宿	北京
	拉卡拉	货物贸易、留学教育、航空机票、酒店住宿、旅游服务、国际展览、软件服务	北京
	资和信	货物贸易、留学教育、航空机票及酒店住宿	北京
第三批(1家)	联动优势	货物贸易、留学教育、航空机票、酒店住宿、旅游服务、国际展览、通信服务、国际运输及软件服务	北京

备注：货物贸易单笔交易金额不得超过等值1万美元；留学教育、航空机票及酒店住宿单笔交易金额不得超过等值5万美元

资料来源：https://www.cifnews.com/article/17909.

4) 第三方支付平台

第三方支付平台是最晚进入跨境支付行业的，这些支付方式需要有国家颁发的跨境支付牌照，多用在比如留学类的小额跨境支付业务，以手续费的方式盈利。相较于银行的跨境支付，第三方支付的速度更快，方式更灵活，成本更低，支付机构所提供的增值服务也更全面，其在小额、高频的跨境交易中，优势突出。但当前由于竞争激烈，跨境支付付款业务费率已经从2%掉到了现在的0.5%，甚至更低的程度，盈利空间减小。

3. 根据主流支付工具划分

1) 国际信用卡收款

跨境电商平台可通过与Visa、MasterCard等国际信用卡组织合作，或直接与海外银行合作，开通接收海外银行信用卡支付的端口。信用卡收款是欧美比较流行的支付方式，用户群非常庞大，但接入方式麻烦、需预存保证金、收费高昂、付款额度偏小，还存在拒付风险。信用卡收款适用于从事跨境电商零售的平台和独立B2C，目前，国际上五大信用卡品牌Visa，MasterCard，America Express，JCB，Diners Club，其中前两个为大家广泛使用。

2) PayPal

PayPal在国际上知名度较高，是很多国家客户的常用付款方式。它允许在使用电子邮件来标识身份的用户之间转移资金，具有交易完全在线上完成、适用范围广的优点，尤其

受美国用户信赖；因收付双方都是PayPal用户，能形成闭环交易，还具有风控好的优点。但PayPal用户消费者(买家)利益大于PayPal用户卖家(商户)的利益，交易费用主要由商户提供，对买家过度保护；电汇费用高，每笔交易除手续费外还需要支付交易处理费；账户容易被冻结，商家利益易受损失。PayPal适用于跨境电商零售行业，几十到几百美金的小额交易更划算。

3) Cashpay

Cashpay具有如下几个特点：偿付速度快(一般2～3天)，结算快；支持商城购物车通道集成；提供更多支付网关的选择，支持商家喜欢的币种提现；降低退款率，专注客户盈利，资料数据更安全。但Cashpay在中国市场知名度不高。

4) Moneybookers

Moneybookers的优点：安全，因为是以e-mail为支付标识，付款人将不再需要暴露信用卡等个人信息，只需要电子邮箱地址，就可以转账；客户必须激活认证才可以进行交易；可以通过网络进行实时收付费；Moneybookers的缺点：不允许客户多账户，一个客户只能注册一个账户；目前不支持未成年人注册，需年满18岁才可以注册；只支持高的128位加密的行业标准。

5) Payoneer

Payoneer是一家总部位于纽约的在线支付公司，主要业务是帮助其合作伙伴将资金下发到全球，同时也为全球客户提供美国银行和欧洲银行收款账户，用于接收欧美电商平台和企业的贸易款项。Payoneer具有如下几个优点：便捷，中国身份证即可完成Payoneer账户在线注册，并自动绑定美国银行账户和欧洲银行账户；合规，像欧美企业一样接收欧美公司的汇款，并通过Payoneer和中国支付公司的合作完成线上的外汇申报和结汇；便宜，电汇设置单笔封顶价，人民币结汇最多不超过2%；适用于单笔资金额度小但是客户群分布广的跨境电商网站或卖家。

6) ClickandBuy

ClickandBuy是独立的第三方支付公司，一般收到ClickandBuy的汇款确认后，在3～4个工作日内会收到货款。每次交易金额最低$100，每天最高交易金额$10 000。如果客户选择通过ClickandBuy汇款，则可以通过ClickandBuy提款。经纪商保留选择通过ClickandBuy退款的权利。

7) PaysafeCard

PaysafeCard主要是欧洲游戏玩家的网游支付手段，是一种银行汇票，购买手续简单而安全。Paysafecard大多可以用在报摊、加油站等场所。用户开通PaysafeCard支付时，需要有企业营业执照。

此外，第三方支付还包括一些在部分地区很畅通的电子支付方式，WebMoney是俄罗斯最主流的电子支付方式，俄罗斯各大银行均可自主充值取款；CashU是中东和北非地区运用最广泛的电子支付方式之一，被中东和独联体广大网民所使用；Qiwi wallet是俄罗斯最大的第三方支付工具，它能使客户快速、方便地在线支付水电费、手机话费，以及网购费用，还能用来偿付银行贷款。

总之，跨境电商系统支付方式有两大类，即网上支付(包括电子账户支付和国际信用卡支付，适合小额的跨境零售)和银行汇款模式(适合大金额的跨境交易，与传统贸易支付方式相同)。本书后文提及的更多的是适合网上支付的小额跨境零售。

5.3 跨境电子商务支付与传统跨境支付的区别

1. 支付所需的载体不同

跨境电商支付采用先进的技术，通过数字流转来完成信息的传输，各种支付方式都是通过数字化的载体进行款项支付；而传统的跨境支付则以现金或票据为载体，通过现金的流转、票据的转让及银行的汇兑等物理载体来完成款项支付。

2. 支付所运行的环境不同

跨境电商支付的运行环境是基于一个开放的系统平台，即以互联网作为其运行的环境，存在一定的支付风险；而传统的跨境支付则是在商业银行间专门的系统环境中运作，相对来说较为封闭，但环境的安全性也更高。

3. 对支付条件的要求不同

跨境电商支付采用的是先进的通信手段，对支付条件的要求较高，如相关的软硬件设备及其他的一些配套设施；而传统的跨境支付则没有过多的条件要求，主要是通过银行的系统来完成。

4. 支付的便利程度不同

跨境电子商务支付具有方便、快捷、高效而且经济的特点，用户使用个人PC或移动终端均可以随时随地完成支付过程；而传统跨境支付的流程烦琐，需要与商业银行打交道，且支付手续费相对较高。

正是由于跨境电商支付相对于传统支付的各种优势，促进了跨境电商行业的蓬勃发展。然而由于跨境电子商务支付要受到支付环境、条件、技术等各方面因素的制约，也使得这种支付方式存在一定风险性，因此需要辩证看待跨境电子商务支付所带来的一系列变革，相关内容我们会在本章的最后一节进行讨论。

5.4 跨境电商支付的付款流程

跨境电商支付方式有跨境支付购汇方式和跨境收入结汇方式两种。通俗来讲，购汇和结汇都是外汇兑换，购汇是将人民币兑换成外汇，结汇是将外汇兑换成人民币。

5.4.1 跨境支付的资金出入境流程

1. 资金出境流程

资金出境的结算流程(见图5-1)主要适用于境内买家在境外商户购物时的支付业务，境内买家在已取得跨境支付牌照的第三方支付平台以人民币付款，第三方平台通过其合作银行进行购汇，换得外币之后再与境外的卖家以外币进行结算。

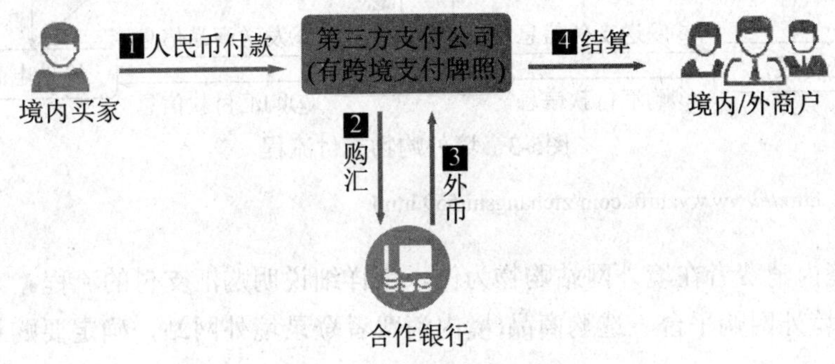

图5-1　资金出境流程

资料来源：http://www.wyzhifu.com/zfchangshi/559.html.

2. 资金入境

资金入境的结算流程(见图5-2)主要适用于境外买家在境内商户购物时的支付业务，境外买家在已取得跨境支付牌照的第三方支付平台以外币付款，第三方平台通过其合作银行进行结汇，换得人民币之后再与境内的卖家以人民币进行结算。

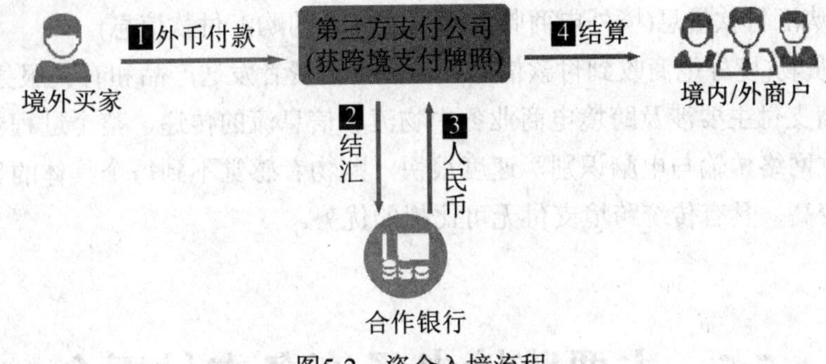

图5-2　资金入境流程

资料来源：http://www.wyzhifu.com/zfchangshi/559.html.

与人民币跨境支付相比，跨境电商支付以外币结算，可以为跨境电商的买家省去币种兑换的麻烦，缩短了支付周期，以前要十几天才能完成整个付款流程，而现在只需要T+3日就可以完成；同时也为消费者避免了货币汇兑的汇差损失。对于第三方支付公司来说，跨境支付牌照是国家外管局签发的，而人民币跨境支付许可则是由央行签发的。

5.4.2 境内消费者在境外购物支付流程

境内消费者在境外购物支付流程如图5-3所示。

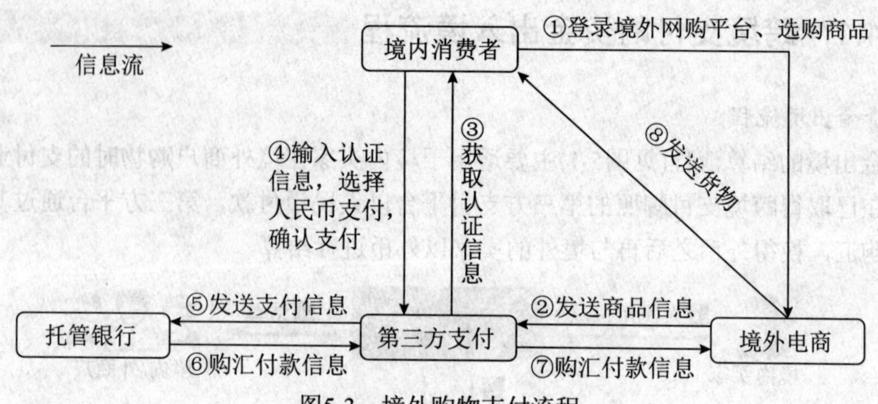

图5-3　境外购物支付流程

资料来源：http://www.wyzhifu.com/zfchangshi/559.html.

下面以境内消费者在境外网站购物为例，来详细说明购汇支付的流程。

(1) 登录境外网购平台、选购商品(境内消费者登录境外网站，确定要购买的商品或服务，并下订单)。

(2) 发送商品信息(境外电商将消费者的订单即商品消息发送给第三方支付)。

(3) 获取认证信息(第三方支付再获取境内消费者认证信息)。

(4) 输入认证信息，选择人民币支付方式，确认支付(境内消费者输入信息并选择支付方式)。

(5) 发送支付信息(第三方支付将支付信息发给托管银行)。

(6) 返回购汇付款信息(接收托管银行向第三方支付返回购汇付款信息)。

(7) 返回购汇付款信息(境外电商收到第三方支付的购汇付款信息)。

(8) 发送货物(境外电商收到付款信息后向境内消费者发送产品和有关服务)。

跨境电商支付主要涉及跨境电商业务中物流和信息流的传递，整个过程看似烦琐，但所有信息通过网络传输与电脑识别，速度很快，购物者感觉不到每个具体的环节，购物体验和便利度较高，具有传统跨境支付无可比拟的优势。

5.5　主要跨境电子商务支付平台

5.5.1　跨境电商支付平台介绍

前面我们讲过，跨境支付是指两个或者两个以上国家或者地区之间因国际贸易、国际投资及其他方面所发生的债权债务，借助一定的结算工具和支付系统实现资金跨国和跨地区转移的行为。例如中国消费者在网上购买国外商家产品或国外消费者购买中国商家产品时，由于币种不一样，就需要通过一定的结算工具和支付系统实现两个国家或地区之间的资金转换，最终完成交易。开展跨境电子商务，就一定会涉及第三方支付平台。国际支付宝、PayPal、国际信用卡、Payssion(全球本地支付)、World First是常用的第三方跨境支付平台。

1. 国际支付宝

阿里巴巴国际支付宝由阿里巴巴与支付宝联合开发，旨在保护国际在线交易中买卖双方的交易安全所设的一种第三方支付服务。支付宝国际账户是支付宝(中国)网络技术有限公司拥有的国际支付产品，主要是为从事跨境交易的国内用户建立的一个资金账户管理系统。与国内支付宝账户的不同之处在于，这个资金账户是多币种账户，包括美元和人民币账户，目前只有AliExpress(速卖通)与阿里巴巴国际站会员才能使用。

2. PayPal

PayPal是跨境电子商务收款中较为常见的支付工具，只要有一个电子邮件地址，都可以使用PayPal在线发送和接受付款。PayPal具有如下几个优点：用户群体大，满足多数消费者的付款请求，是账户与账户之间的交易模式；用户体验好，通过PayPal可以用银行卡或者信用卡在线付款。PayPal具有如下几个缺点：存在拒付风险，一旦发生拒付，维权困难；更倾向于保护买家利益，商户账户容易被冻结，且冻结的钱大多不归还；PayPal难以覆盖没有信用卡的用户群体；使用费用较高。它主要适用于跨境电商零售行业，几十到几百美金的小额交易使用PayPal更划算。

3. 国际信用卡收款

国际信用卡收款是指通过第三方信用卡支付公司集成Visa、MasterCard、JCB、美国运通等国际信用卡支付网关来收款。国际信用卡收款迎合了国外买家的消费习惯，用户群庞大。但这种支付方式是一般需要预留10%保证金，收费高昂，付费额度偏小，安全性低，存在拒付风险，商家利益容易受损失。通常情况下，它的适用范围是从事跨境电商零售的平台和独立B2C。

4. Payssion(全球本地支付)

Payssion是指用各国家当地流行的支付工具进行收款，例如我国最常用的“支付宝”和“微信支付”；俄罗斯最常用的电子钱包WebMoney、Qiwi Wallet；德国的Sofortbanking；荷兰的iDEAL等。Payssion针对有跨境收款需求的企业和个人，可以接入全球300多种本地支付，没有信用卡也能接入使用，支持包括网银转账、电子钱包、预付卡、运营商计费、现金支付等多种支付方式。Payssion具有如下几个优点：支付方式多样化，覆盖当地更多的用户；无年费、无通道费；用户体验佳，一般不支持拒付，能够保障商家利益；支持Web、安卓、iOS等多终端接入。但Payssion具有提现周期较长的缺点。国内一些比较大的电商平台如速卖通、敦煌网、棒谷都已经接入这些本地支付，多样化的支付选择是未来电商发展的大趋势，这是因为这种支付方式一方面可以补充信用卡覆盖不到的那部分人群，提升成交率；另一方面不支持拒付，对商家来说安全性有所保障。

5. World First

作为一家第三方收款服务公司，World First的主要业务分为国际汇款、外汇期权交易、国际电商平台收款及结汇三种。如果卖家做亚马逊平台的话，就要先注册World First

账号。现在World First可以接收英镑、欧元、美元、加元、日元、澳元、新西兰元和新加坡元。

5.5.2 支付宝与PayPal的比较

支付宝与PayPal是跨境网络支付中较为常用、覆盖率最广的平台，也是中国跨境电商买卖双方较为熟悉的第三方支付平台。

1. 收款流程不同

PayPal的收款流程如下：确认订单—买家付款—卖家收款—卖家发货—买家收货，买家要在卖家发货之前先付款。而国际支付宝的收款流程如下：确认订单—买家付款—卖家发货—买家收货—卖家收款，买家虽然在卖家发货前付款，但该款项由平台代为保管，买家收货后卖家才能收款。从中我们可以看出，国际支付宝的收款流程更能够保护买家的权益，体现了第三方支付平台的公平性。

2. 手续费不同

eBay和PayPal隶属于同一个集团，它们的关系就同国内淘宝网和支付宝的关系一样，是同一集团下的平台和支付。所以在eBay开店绑定了PayPal的卖家，支付的手续费率是3.9%+0.3，而对于在其他平台开店的卖家，收取的就是4.4%+0.3的手续费。对于付钱方(买家)，PayPal是不收取任何费用的。而国际支付宝手续费率是3%(中国供应商会员费率)和5%(普通会员费率)。

综上所述，我国每年数百亿美元规模的跨境第三方支付市场主要由美国PayPal等境外第三方支付公司垄断。境外支付公司对中国外贸企业不但收费高，而且管理严苛。因此，扶持我国自有支付公司拓展跨境业务，对于促进我国跨境电子商务和第三方支付市场的健康发展具有重要意义。

知识链接

不同国家的语言和生活习惯不一样，大家的支付习惯也出现差异，因此一些国家和地区出现了迎合当地用户习惯的支付方式。海外本地支付，主要包括电子钱包、信用卡支付、在线银行转账、线下银行转账、预付卡支付、现金支付、手机支付等多种本地支付方式。

1. 美国地区

在美国地区，信用卡和PayPal属于主要的支付工具，而前者份额要大点。建议做美国市场的客户要同时使用信用卡和PayPal收款方式。另外使用PayPal建议使用它的快捷支付收款方式，因为这样不单提高客户支付体验，同时也有更可靠的卖家保障。信用卡和PayPal一般都有交易保证金和循环保证金。

2. 欧洲地区

除了美国市场，第二大电商市场要数欧洲，虽然大部分欧洲国家已经加入欧盟。但各国支付习惯各有不同。比如德国用sofortbanking比较多，sofortbanking没有交易保证金和循环保证金的限制。荷兰使用最多的是iDeal，它跟信用卡和PayPal不一样，买家是不能拒付的(需要卖家关闭拒付功能)。不过欧洲还有一些国家是以现金交易和银行转账为主的，就像波兰。

3. 俄罗斯地区

因为俄罗斯当地生活用品比较贵，而且俄罗斯国内电商不是很发达，所以俄罗斯居民都比较喜欢跨境购物，特别是采购中国商品。俄罗斯本地支付要数Qiwi、WebMoney和Yandex.Money。

4. 东南亚地区

在东南亚地区，信用卡的使用率非常低，普及率只有4%左右。因此选择实体渠道非常必要，例如Kiosk，便利店或者是ATM机。本地支付方式相对单一，有MOL、AsiaSoft、OnePay等，主要用以购买虚拟商品。

5. 中东地区

中东地区比较流行的支付方式是CashU和Onecard。CashU是中东和北非最流行的支付方式(不含信用卡)，主要用于在线购物、游戏支付、电信、IT服务和外汇交易等方面。CashU可以接受来自超过28个国家的付款(账户金额始终以美元“$”显示)。

不同国家或地区的人有不同的支付习惯，针对不同地区客户的电商网站，卖家首先要有该地区的本地支付，这样顾客才能顺利完成下单，再到支付到收货，才能提升独立站的支付体验和转化率。

资料来源：https://www.cifnews.com/article/44936.

5.6　跨境电子商务支付存在的风险与应对措施

跨境电子商务发展的巨大空间以及潜在的获利空间不断推动第三方支付企业推出优质的服务，使其在跨境支付中具备更好的资金管理能力。跨境支付是跨境电商中不可或缺的环节，是占领境内境外消费市场的重要条件。跨境支付企业在资金周转上的安全性和及时性最终带给境内外买卖双方的是一种信誉感和依赖感，这将从技术层面推动跨境电商的发展。然而跨境电商支付本身存在一定的弊端，我们应该从正反两方面正确看待其存在的问题，从而及时规避不必要的风险。

5.6.1　跨境电子商务支付存在的风险

1. 跨境支付欺诈风险

跨境支付欺诈是很多跨境电商遭遇过的问题，它给企业带来了不小的损失，因卖家担心风险损失拒绝潜在客户的案例更是比比皆是。这些都严重影响了企业的发展和客户的体验。

在跨境电商主流消费市场，欧美国家的信用卡普及率非常高，当地消费者也习惯于通过信用卡消费，所以各跨境电商企业通常都会接受国际卡组织Visa或MasterCard发行的信用卡。而目前通行的互联网支付方式大致可以分为凭密支付和无密支付，凭密支付一般需要发卡行、收单行等多方验证及支持，成功授权的失败率比较高，尤其是在美国等传统习惯于无密支付的国家，授权失败率高达50%。为了减少授权失败率，提升用户的支付体验，大多数跨境电商企业倾向于无密支付，用户只需输入卡号、有效期及CVV2码即可完成支付。这样做虽然提高了支付的成功率，但也极大方便了犯罪分子的交易欺诈。而跨境支付交易往往要两到三个月之后才能判定是否属于欺诈，这实际上非常考验跨境支付过程中风险管理的有效性。同时，跨境支付交易的来源方往往遍布全球各地，这笔交易来自秘鲁，另一笔交易可能来自英国，而且跨境支付交易的风险管理还得承受全天24小时来自全球犯罪分子的攻击，这一系列的跨境支付欺诈风险都给跨境支付交易的风险管理提出了巨大的挑战。

2. 跨境支付交易风险

因为跨境支付的整个交易流程涉及各方主体的交互，所以跨境支付的交易风险也一直是跨境支付能否健康发展的一大痛点。跨境支付的交易风险主要分为两类：一类是第三方支付机构本身发生的不合规交易带来的交易风险；另一类是用户遭遇的交易风险。第一类风险源自第三方支付机构本身。目前跨境电商还是跨境贸易的一种新型业态，行业的一系列规则和法规还不成熟，而第三方支付机构在国家还没有出台具体的法律法规之前，可能会以追求利益最大化的原则，省去没有规定但却有一定成本的工作流程，比如放弃成本较高但效果更好的大数据分析来审核相关信息，而采用成本较低的方式来审核客户的身份信息。这在一定程度上会造成主体身份的虚假信息泛滥，增加跨境支付的交易风险，并且境内外个人也可能会趁机以服务贸易或虚假货物贸易的方式来转移外汇资金，逃避外汇管理局的监管，这在严重影响跨境支付交易秩序的同时，还威胁到了国家的资金安全。第二类风险主要源自跨境支付交易过程中的各类网络支付安全问题。境内消费者将面对个人隐私信息被窃取、账号被盗、银行卡被盗用、支付信息丢失等情况，这些都对跨境支付的系统安全提出了更高的要求。

3. 跨境交易资金风险

除了跨境支付交易过程中的安全性、支付成本、放款效率，很多从事跨境电商的中小卖家都非常关心资金安全。但因为很多中小卖家对跨境电商平台的相关条款并没有完全吃透，对国外的法律法规更不了解，所以经常会在这方面吃亏。比如Wish和eBay等跨境电商平台很多时候都以买家的利益为主，在碰到纠纷的时候往往会为买家站台，而让中国卖家遭受损失，近几年发生的eBay和Wish的大规模纠纷事件，卖家的资金往往会很快被跨境电商平台冻结，然而由于这些平台在中国没有合适的法律主体，中国卖家要向平台申诉还要赴海外聘请当地律师。从众多中国中小卖家的角度出发，他们既没有时间也没有精力来承担相应的上诉流程，并且严格上讲这些账户被冻结的跨境电商卖家的知识产权确实是有瑕疵的，当然这也是长期以来中国传统外贸发展下来的诟病。

5.6.2　应对跨境电商支付存在风险的措施

1. 建立风险管控，开展数据监控

一套完整的风险管理架构无论是对跨境电商，还是对支付机构都非常重要。面对不断发生的跨境电商欺诈交易，企业可以通过账户安全、交易安全、卖家安全、信息安全、系统安全五大安全模块的组合来实现风险管理架构的搭建，从而防止账户出现盗用和信息泄露，并最终借助管控交易数据等手段降低交易风险欺诈的可能性。除了搭建风险管理架构，企业还可以通过建立以数据驱动为核心的反欺诈系统来进行风险管控。不同于传统的反欺诈系统通过签名识别、证照校验、设备指纹校验、IP地址确认的审核方式，跨境支付反欺诈系统应拥有强大的实施模型、灵活的风险规则和专业的反欺诈人员判断。第三方支付机构还应该加强行业内部的风险共享和合作机制，因为一般犯罪分子在盗取一批信用卡信息之后会在多个交易平台上反复使用，实现价值的最大化，且往往把风控能力最弱的一方作为突破口，所以建立风险共享及合作机制就非常必要且非常紧急。只有大家齐心协力，才能从根本上有效提升跨境支付交易的整体风险防控能力。

2. 履行相关责任，保证交易真实

在跨境支付交易的过程中，支付机构应严格按照相关法律法规，并遵循有关部门发布的指导意见审核交易信息的真实性及交易双方的身份。支付机构可适当增加交易过程中的信息交互环节，并留存交易双方的信息以备查验，对有异常的交易及账号进行及时预警，按时将自身的相关业务信息上报给国家相关部门。国家相关部门也应定期抽查并审核交易双方的身份信息，并对没有严格执行规定的第三方支付机构进行处罚。同时，有关部门应制定科学的支付机构监管方案，并促进支付机构同海关、工商、税务部门进行合作，建立跨境贸易信息共享平台，使得跨境交易的监测更加准确和高效。

在加强监管的同时，支付机构也应加大技术的研发力度，提升跨境支付过程的安全性，增加跨境支付的交易数据的保密程度，利用大数据以及国内云技术的优势对跨境交易的双方进行身份审核并分级，为境内外客户提供更加安全、更加有保障的购物环境。

3. 遵守知识产权，合法进行申诉

随着跨境电商快速发展，国家的大力推动让跨境电商从原来的粗放模式慢慢向精细模式发展。广大从事跨境电商的卖家要真正解决跨境交易的资金风险，首先要做的就是合规经营，以知识产权为公司核心，同时注重企业产品品质，并且要努力、持续地学习各个跨境电商平台的规则和条款，尤其是涉及资金安全的条款。其次，在遭遇跨境电商交易纠纷时，中小跨境电商卖家一方面应积极了解相关法律法规；另一方面也可以聚拢起来，通过抱团的方式，利用行业协会的优势，积极应诉，取得诉讼的主动权，保证自己的资金安全。

本章结语

本章从介绍跨境支付概念入手，先后介绍了跨境电商支付的含义、类型，以及相关流程；重点介绍了跨境电商支付主流平台，并对部分平台进行辨析，提出跨境电商支付存在的问题和今后改革的方向。本章不仅对跨境电商实操有一定的指导作用，同时为深入研究跨境电商支付的同学提供了研究方向。

章后练习

1. 什么是跨境电子商务支付？跨境电子商务支付可以分为哪些种类？
2. 跨境电子商务支付与传统跨境支付有何区别？
3. 简述跨境电子商务支付的付款流程。
4. 第三方跨境支付存在哪些风险？应如何规避这些风险？
5. 简述注册国际支付宝的流程。

参考文献

[1] http://www.sohu.com/a/313119018_100144064.

[2] https://www.cifnews.com/article/44936.

[3] 郎玲，李子良. 我国跨境电商发展现状及支付问题研究[J]. 合作经济与科技，2019(1)：124-127.

[4] 马巾英，郭文轩. 影响中小跨境电商对第三方支付使用意向的因素研究[J]. 国际商务财会，2019(6)：30-37.

[5] 龚榆桐，李超建. 中国跨境电商支付平台发展现状、问题及应对策略[J]. 对外经贸实务，2018(11)：29-32.

[6] 张宏博. 论第三方支付对于跨境电商B2C回款的适用性——以PayPal等第三方支付机构为例[J]. 国际商务财会，2018(9)：60-64.

[7] 盖静. 支付机构跨境支付业务模式、问题及建议[J]. 征信，2019(1)：74-76.

[8] 梁其钰. 我国跨境电子商务支付面临的风险与防范机制[J]. 对外经贸实务，2018(11)：57-60.

[9] 安瑞超. 跨境电子商务与第三方支付管理的思考[J]. 现代营销(经营版)，2019(02)：116.

[10] 黄远. 跨境支付破冰，本土第三方支付企业暗战PayPal[N]. 新远见，2013-10-15.

[11] 郭景荣. 第三方支付机构跨境支付业务监管探讨[J]. 金融科技时代，2014(06)：68-69.

第6章 跨境物流

学习目标

- 了解跨境物流的具体方式及其具体比较
- 熟悉跨境物流运费模板的设置
- 了解国际物流网络规划的基本知识

能力目标

从跨境物流的具体方式入手，了解相关政策，为实务操作奠定理论基础。

引导案例

宁波某进出口公司快递20个样品塑料衣架，由于外贸业务员填写客户地址不清楚，快递到达后，快速公司找不到客户具体方位，并且联系方式只有客户的办公室电话，赶巧客户又出去度假，快递一直无法送达，最后样品只能被退回国内。这样一来，快递公司只能向发货的进出口公司收取快递费用，退回的快递费用也要由宁波进出口公司来承担。宁波进出口公司没有发货成功，还来回付了两次快递费用。

资料来源：韩琳琳，张剑. 跨境电子商务实务[M]. 上海：上海交通大学，2017.

思考：(1) 如何避免快递运输过程中，寄件不成功的情况？

(2) 查阅相关资料，明确国际快递运单完整填写包含哪些基本内容。

6.1 跨境物流概述

6.1.1 跨境物流的含义

跨境物流(International Logistics)是指利用国际化的物流网络、物流设施和技术，实现货物在国际的运输和交换，以促进区域经济的发展和世界资源的优化配置的一种运输方式。由于受地理、政策等因素影响，跨境物流涉及全球运转、运输时间、运输方式、快速清关、仓储服务、最后一公里配送等核心问题，因此建立全球化的仓储管理、独立化的运输配送以及配套的供应链管理，将是跨境移动电子商务的发展趋势。

跨境物流是各国企业利用各自国家在资源、技术、人力和资本等方面的优势，专业生产某些特定产品、出口销售的同时，交换和进口一些本国短缺的原材料和其他产品。跨境物流不仅使这一国际商务活动得以顺利实现，还为国际企业带来了增值。跨境物流成为连接世界上不同国家消费者和生产者的桥梁，是经济发展中不可缺少的重要环节。

6.1.2 跨境物流的特点

跨境物流除了具有国内物流的基本属性和特点以外，还具有国际性的特点，其涉及的范围更广泛，存在更多的环节，并且跨境物流在国家或地区的运营环境上具有差异性，这就导致跨境物流在仓储、运输、配送等过程中需要面对不同的政治、经济、文化等因素，这无疑增加了跨境物流运作的难度和复杂性。

1. 跨境物流市场广阔，环境复杂

跨境物流是跨国境的物流活动，市场广阔。由于种族、习惯及经济水平的差异，各国消费者的需求层次和数量有较大差别，由此造成了各国物流环境差异，尤其是软环境存在较大的差异。正是由于这种物流环境的差异性，使得一个跨境物流系统要在几个不同的法律、人文、习俗、语言、科技、设施环境下运行。例如，不同国家会有不同的物流适用法律，其复杂性远远高于国内物流，甚至会阻断跨境物流；不同国家的不同经济和科技发展水平会造成跨境物流处于不同的科技支撑条件，有些地区甚至无法应用某些技术，进而造成跨境物流整体系统水平的下降；不同国家的不同标准也会造成国际接轨的困难，从而难以建立起跨境物流体系。

2. 跨境物流系统庞大，风险增大

物流本身的功能要素就比较复杂，而跨境物流涉及多个国家，地域和空间变得更加广阔，内外因素更多，所需时间更长。随着难度和复杂性的增加，跨境物流的风险也在逐步增大，这就需要卖家选择合理的运输路线和运输方式，尽量缩短运输距离，缩短货物在途时间，加速货物周转，并降低物流成本。

3. 国际化的信息系统，支持资源共享

国际化信息系统是跨境物流尤其是国际联运的重要支持手段，但是由于投资巨大及管理困难，再加上国家或地区间的物流信息水平的高低不一，使得国际信息系统的建立更加困难。目前，建立国际物流信息系统较好的办法就是与各国海关的公共信息系统联网，及时掌握各有关港口、机场和联运路线、场站的实际情况，为供应或销售的物流决策提供支持。跨境物流是最早发展电子数据交换(EDI)的领域，以EDI为基础的跨境物流将会对物流的国际化产生重大影响。

4. 跨境物流标准化程度更高

要使跨境物流畅通起来，统一标准显得非常重要，如果没有统一各国的标准，国际物流水平很难提高。

5. *跨境物流以远洋运输为主，方式多样*

跨境物流涉及多个国家，地理范围更广，运输路线更长，因此需要选择合理的运输路线和运输方式，尽量缩短距离和货运时间，加速货物周转，降低物流成本。运输方式选择和组合的多样性是跨境物流的一个显著特征。海运是国际物流运输的普遍方式，而远洋运输更是国际物流的重要手段，与多种运输方式组合使用。在跨境物流活动中，门到门的运输方式越来越受到货主的欢迎，使得能满足这种需要的国际复合运输方式得到迅速发展，成为跨境物流中运输的主流，其目的是追求整个物流系统的效率化和缩短运输时间。

6.1.3　跨境物流的方式

在跨境电商迅猛发展的同时，物流成本过高、配送速度慢、服务水平低等已成为发展电子商务进程中亟待解决的问题。不同于国内物流，跨境物流距离远、时间长、成本高，不仅如此，中间还涉及目的国清关(办理出关手续)等相关问题，跨境物流业务有很多关键节点(见图6-1)，这中间的种种难题令卖家大伤脑筋，面对各式各样的物流方案、物流服务商，选择适合的跨境物流方式就成为关键的环节。通常状况下，跨境物流可以分为国际平邮、商业快递、国际专线和海外仓4种方式。

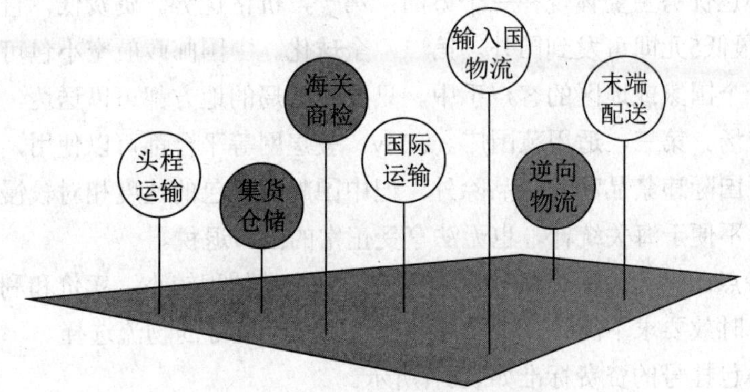

图6-1　跨境物流业务关键节点

资料来源：http://www.sohu.com/a/258121064_100236951.

1. 国际平邮

国际平邮也称为国际小包裹平邮，适用于重量轻(低于2千克)、价格低(无报价)的国际小包裹。国际小包裹运到大部分国家只需7天左右。国际小包裹平邮主要包括中国邮政小包、中国香港邮政小包、新加坡邮政小包。下面我们以中国邮政小包为例，详细介绍一下国际平邮的特点及其计费方式。

中国邮政航空小包，又称中国邮政小包、航空小包，是指包裹重量在2千克以内，外包装长宽高之和小于90厘米，且最长边小于60厘米，通过邮政、空邮服务寄往国外的小邮包。它包含挂号和平邮两种服务，中国邮政平邮小包不可以跟踪包裹信息，丢件率高；而中国邮政挂号小包可以跟踪包裹信息，但需要多交8元挂号费，丢件率非常低。通常情况下，若卖家货物价值5美元以下，可以选择平邮小包，5美元以上可以选择挂号小包。

中国邮政航空小包具体规格限制如下所述。

- 重量不超过2千克。
- 非圆筒货物：长+宽+高≤90厘米，单边长度≤60厘米，长度≥14厘米。宽度≥9厘米。
- 圆筒形货物：直径的两倍+长度≤104厘米，单边长度≤90厘米，直径的两倍+长度≥17厘米，长度≥10厘米。
- 清楚的收件人地址和邮编。
- 按照规定填写报关单及包面，申报物品要中英文对照书写。

中国邮政航空小包具体产品限制如下所述。

- 禁止邮寄国家规定的不能邮寄和出口的物品。
- 禁止邮寄带有危险性、爆炸性、放射性、易燃性的物品。
- 鲜活的动植物以及易腐烂的产品不能邮寄。

中国邮政小包可寄达全球各个邮政网点，出关不会产生关税或清关费用，但在目的地国家进口时有可能产生进口关税，这根据不同国家海关税法的规定而各有不同，航空小包能最大限度地避免关税，是一项经济实惠的国际包裹服务项目。相对于商业快递来讲，中国邮政小包时效慢。

中国邮政小包优势主要体现在三个方面：第一，价格优势。资费低，直接按首重50克续重1克计费，最低5元即可发到国外。第二，全球化。中国邮政航空小包可以将产品送达全球几乎任何一个国家或地区的客户手中。只要有邮局的地方都可以送达，大大扩展了外贸卖家的空间市场。第三，适用范围广。eBay、敦煌网等平台都可以使用，一般无特别的邮寄限制，除了国际违禁品和危险品除外。但中国邮政小包的速度相对较慢，一般以私人包裹方式出境，不便于海关统计，也无法享受正常的出口退税。

综合产品特点、销售价格、服务体验等，如果产品体积较小、卖价和利润空间较小、服务要求不高、时效要求不高等，中国邮政小包是一个很好的物流选择。

中国邮政小包挂号的资费标准如表6-1所示。

表6-1 中国邮政小包挂号的资费标准

区域	国家	资费标准/元/千克	挂号费/元
一区	日本	62	8
二区	新加坡、印度、韩国、泰国、马来西亚、印度尼西亚	71.5	8
三区	奥地利、克罗地亚、保加利亚、斯洛伐克、匈牙利、瑞典、挪威、德国、荷兰、捷克、希腊、芬兰、比利时、爱尔兰、意大利、瑞士、波兰、葡萄牙、丹麦、澳大利亚、以色列	81	8
四区	新西兰、土耳其	85	8
五区	美国、加拿大、英国、西班牙、法国、乌克兰、卢森堡、爱沙尼亚、立陶宛、罗马尼亚、白俄罗斯、斯洛文尼亚、马耳他、拉脱维亚、波黑、越南、菲律宾、巴基斯坦、哈萨克斯坦、塞浦路斯、朝鲜、蒙古、塔吉克斯坦、土库曼斯坦、乌兹别克斯坦、吉尔吉斯斯坦、斯里兰卡、巴勒斯坦、叙利亚、阿塞拜疆、亚美尼亚、阿曼、沙特、卡塔尔	90.5	8

（续表）

区域	国家	资费标准/元/千克	挂号费/元
六区	俄罗斯	96.3	8
七区	南非	105	8
八区	阿根廷、巴西、墨西哥	110	8
九区	老挝、孟加拉国、柬埔寨、缅甸、尼泊尔、文莱、不丹、马尔代夫、东帝汶、阿联酋、约旦、巴林、阿富汗、伊朗、科威特、也门、伊拉克、黎巴嫩、秘鲁、智利	120	8
十区	塞尔维亚、阿尔巴尼亚、冰岛、安道尔、法罗群岛、直布罗陀、列支敦士登、摩纳哥、黑山、马其顿、圣马力诺、梵蒂冈、摩尔多瓦、格鲁吉亚	147.5	8
十一区	斐济、美属萨摩亚、科科斯(基林)群岛、库克群岛、卡奔达、圣诞岛、新喀里多尼亚、密克罗尼西亚、南乔治亚岛和南桑德韦奇岛、赫德岛和麦克唐那岛、英属印度洋领土、基里巴斯、圣基茨和尼维斯联邦、马绍尔群岛、北马里亚纳、诺福克岛、瑙鲁、纽埃、法属波利尼西亚、巴布亚新几内亚、皮特凯恩群岛、所罗门群岛、斯瓦尔巴岛和扬马延岛、特里斯达库尼亚群岛、法属南部领土、托克劳、汤加、图瓦卢、美属太平洋各群岛、瓦努阿图、西萨摩亚、阿森松岛、加纳利群岛、亚速尔群岛和马德拉群岛、约翰斯敦岛、关岛、帕劳、瓦利斯和富图纳、埃及、苏丹、摩洛哥、吉布提、埃塞俄比亚、肯尼亚、突尼斯、布隆迪、乌干达、卢旺达、乍得、尼日利亚、布基纳法索、贝宁、喀麦隆、阿尔及利亚、加蓬、几内亚、马达加斯加、毛里塔尼亚、津巴布韦、安哥拉、中非、佛得角、西撒哈拉、厄立特里亚、冈比亚、赤道几内亚、几内亚比绍、科摩罗、利比里亚、莱索托、马拉维、莫桑比克、纳米比亚、尼日尔、留尼汪、塞舌尔、圣赫勒拿、圣多美和普林西比、斯威士兰、马约特、伊夫尼、赞比亚、利比亚、毛里求斯、马里、索马里、加纳、博茨瓦纳、刚果(金)、刚果(布)、坦桑尼亚、多哥、科特迪瓦、塞拉利昂、塞内加尔、委内瑞拉、古巴、厄瓜多尔、巴拿马、苏里南、哥伦比亚、安提瓜和巴布达、安圭拉、荷属安的列斯、阿鲁巴、巴巴多斯、百慕大、玻利维亚、巴哈马、伯利兹、哥斯达黎加、多米尼加、福克兰群岛(马尔维纳斯)、格林纳达、法属圭亚那、瓜德罗普、危地马拉、圭亚那、洪都拉斯、海地、牙买加、开曼群岛、圣卢西亚、马提尼克、蒙特塞拉特、尼加拉瓜、圣皮埃尔和密克隆、波多黎各、巴拉圭、萨尔瓦多、特克斯和凯科斯群岛、特立尼达和多巴哥、乌拉圭、圣文森特和格林纳丁斯、英属维尔京群岛、美属维尔京群岛、复活岛、扎伊尔、格陵兰岛	176	8

资料来源：http://www.pfcexpress.com/cnpost.

平邮资费总额为标准资费×实际重量×折扣，每个挂号件加收挂号费8元。例如，卖家要快递到韩国200克货物，当前折扣为7折，标准资费为71.5元/千克，则平邮资费=71.5×0.2×7折=10.01元，挂号资费=71.5×0.2×7折+8=18.01元。

一般情况，中国邮政小包具体邮寄时间需根据各国邮政处理速度及海关通关情况而决定，参考时间如下：到亚洲邻国5～10天；到欧美主要国家7～15天；到其他地区和国家7～30天。当日中午12点以前交寄邮局，一般晚8时后可以在中国邮政官网查询包裹状态信息。

在实践中，卖家采用中国邮政小包的方式时还需注意以下几个方面：第一，平邮方式如丢失将不能获得赔偿。如意大利，尼日利亚等国，邮包丢包率极高，最好选用挂号或快递方式。第二，具体根据申报价值来赔偿，最高不超过320港元并退还邮费，但挂号费不予退还。第三，中国邮政航空小包可提供保险服务，具体保费可以咨询中国邮政或者保险公司。

2. 商业快递

商业快递包括国际EMS和国际快递两类。不同的国际快递公司具有不同的渠道，在价格、服务、时效上都有所区别。

1) 国际EMS

国际EMS快递服务是各国邮政开办的一项特殊邮政业务，提供传递国际紧急信函、文件、资料、金融票据、商品货样等各类文件资料和物品服务，同时提供邮件跟踪查询服务，国际EMS网络广泛，价格低，可邮寄食品、药品、私人物品等物件。

国际EMS具体禁寄物品如下所述。

- 爆炸性、易燃性、腐蚀性、毒性、强酸碱性和放射性的各种危险物品，如雷管、火药、爆竹、汽油、酒精、煤油、桐油、生漆、火柴、农药等。
- 麻醉药品和精神药品，如鸦片、吗啡、可卡因(高根)等。
- 国家法令禁止流通或寄递的物品，如军火、武器、本国或外国货币等。
- 容易腐烂的物品，如鲜鱼、鲜肉等。
- 妨碍公共卫生的物品，如尸骨(包括已焚化的骨灰)、未经硝制的兽皮、未经药制的兽骨等。
- 反动报刊书籍、宣传品和淫秽或有伤风化的物品。
- 各种活的动物(但蜜蜂、水蛭、蚕、医药卫生科学研究机构封装严密并出具证明交寄的寄生虫以及供作药物或用以杀灭害虫的虫类，不在此限)。

EMS国际快递包裹重量分为实际重量和体积重量(体积重量为长×宽×高÷5000，这里的长宽高单位是厘米)两种，快递公司将以两种重量中的大的一项为计费依据，货物不足0.5千克的，按0.5千克计费。其中，单件货物的规格必须保证长高宽之和小于330厘米，重量不能超过30千克。EMS国际快递的资费标准，如表6-2所示。

表6-2 EMS国际快递的资费标准

资费区	国际及中国港澳特快专递邮件通达国家、地区	起重500克		续重500克或及其零数/元
		文件/元	物品/元	
一区	中国澳门、中国台湾、中国香港	90	130	30
二区	朝鲜、韩国、日本	115	180	40
三区	菲律宾、柬埔寨、马来西亚、蒙古、泰国、新加坡、印度尼西亚、越南	130	190	45
四区	澳大利亚、巴布亚新几内亚、新西兰	160	210	55
五区	美国	180	240	75
六区	爱尔兰、奥地利、比利时、丹麦、德国、法国、芬兰、加拿大、卢森堡、马耳他、挪威、葡萄牙、瑞典、瑞士、西班牙、希腊、意大利、英国	220	280	75

(续表)

资费区	国际及中国港澳特快专递邮件通达国家、地区	起重500克		续重500克或及其零数/元
		文件/元	物品/元	
七区	巴基斯坦、老挝、孟加拉、尼泊尔、斯里兰卡、土耳其、印度	240	300	80
八区	阿根廷、阿联酋、巴拿马、巴西、白俄罗斯、波兰、俄罗斯、哥伦比亚、古巴、圭亚那、捷克、秘鲁、墨西哥、乌克兰、匈牙利、以色列、约旦	260	335	100
九区	阿曼、埃及、埃塞俄比亚、爱沙尼亚、巴林、保加利亚、博茨瓦纳、布基纳法索、刚果(布)、刚果(金)、哈萨克斯坦、吉布提、几内亚、加纳、加蓬、卡塔尔、开曼群岛、科特迪瓦、科威特、克罗地亚、肯尼亚、拉脱维亚、卢旺达、罗马尼亚、马达加斯加、马里、摩洛哥、莫桑比克、尼日尔、尼日利亚、塞内加尔、塞浦路斯、沙特阿拉伯、突尼斯、乌干达、叙利亚、伊朗、乍得	370	445	120

资料来源：http://www.al8856.com/daludhl.html.

2) 四大国际快递

在跨境电商中，使用国际快递是非常频繁的，目前市场上较为主流的国际快递有DHL、UPS、FedEx和TNT。国际快递对信息的提供、收集与管理有很高的要求，以全球自建网络以及国际化信息系统为支撑。

DHL(敦豪速递)是德国邮政下属的国际快递物流公司，总部位于德国，是目前国际快递市场上实力最强的国际快递公司之一。DHL相对于其他国际快递的优势区域在欧洲、北美洲。在这两个优势区内，相比其他的国际快递，DHL拥有更高的时效；清关速度更快；网点分布更完善，覆盖面更广，偏远地区收费低。

UPS(United Parcel Service，美国联合包裹快递服务公司)总部位于美国，是北美洲地区最强的一家国际快递公司。UPS快递的优势区域位于北美和南美地区，其服务优势主要体现在运输的时效上。UPS在北美洲拥有非常完善的运输网络，运输时效更高，在北美地区基本不存在偏远地区附加费的情况。UPS在南美地区也拥有不错的运输时效与清关速度。

FedEx(联邦快递)是一家国际性速递集团，提供隔夜快递、地面快递、重型货物运送、文件复印及物流服务，总部位于美国。联邦快递的主要优势区域在东南亚和北美洲。在东南亚地区，联邦快递是名副其实的国际快递龙头。联邦快递的优势主要体现在性价比上，21千克以上的大货，联邦快递的价格相当于DHL、UPS的一半，但运输速度却是一样的。因此，卖家在发21千克以上的货物到东南亚时，首选联邦快递。但联邦快递在西欧、美加、南美、非洲、中东国家没有价格和速度上的优势。

TNT快递总部位于荷兰，主要为企业和个人提供快递和邮政服务，主要优势区域在西欧地区。TNT快递在西欧国家的清关能力比DHL、UPS、EMS都要强，但是价格方面比其他公司要贵很多。如果卖家需要发一些比较重要的加急货物，若不考虑价格因素，建议选择TNT快递。但在其他地区，TNT快递的竞争力远远不如其他国际快递公司，其在中国的覆盖率比较低。

3. 国际专线

国际专线是物流行业内用于区分国内专线及全球性的国际快递服务、传统的国际空运代理，以及国际海运散货拼箱服务的一种称谓，跨境专线物流一般是指通过航空包舱方式将货物运输到国外，再通过合作公司进行目的国的国内派送服务，是一种比较受欢迎的物流方式。

目前，业内普遍使用的物流专线包括美国专线、欧洲专线、澳洲专线、俄罗斯专线等，也有不少物流公司推出了中东专线、南美专线、EMS的“国际E邮宝”，中环运的“俄邮宝”和“澳洲宝”、俄速通的Ruston中俄专线都属于跨境专线物流推出的特定产品。

国际专线的优势是能够集中大批量货物发往目的地，通过规模效应降低成本，因此价格比商业快递低，速度快于邮政小包，丢包率也比较低。相比邮政小包来说，国际专线的劣势是运费成本较高，在国内的揽收范围相对有限，覆盖地区有待扩大。

下面将介绍中俄航空Ruston、燕文专线和中东专线三种常见的国际专线物流方式。

1) 中俄航空Ruston

中俄航空Ruston(Russian Air)专线是由黑龙江俄速通国际物流有限公司提供的中俄航空小包专线服务，其具有时效快、价格优惠、交寄便利的特点。由于包机直达俄罗斯，因此80%以上的包裹25天内到达买家目的地邮局。北京、深圳、广州(含番禺)、东莞、佛山、杭州、金华、义乌、宁波、温州(含乐清)、上海、南京、苏州、无锡、郑州、泉州、武汉等地，1件起免费上门揽收，揽收区域或非揽收区域也可自行发货到指定集货仓。中俄航空Ruston专线运费根据包裹重量按克计费，1克起重，每个单件包裹限重在2000克。具体详见表6-3。

表6-3 中俄航空Ruston专线运费标准

国家/地区列表			配送服务费/元/千克 (每1克计重，限重2000克)	挂号服务费/元
			包裹重量为1～2000克	
Russian Federation	RU	俄罗斯	57.4	16.9

注：此价格为速卖通平台补贴价格，价格更新时间为2019年04月10日.

资料来源：速卖通官网公布数据.

中俄航空Ruston支持发往俄罗斯全境邮局可到达区域。正常情况下，16～35天到达目的地；特殊情况下，35～60天到达目的地。特殊情况包括节假日、特殊天气、政策调整、偏远地区等。

知识链接

除中俄航空Ruston专线以外，DS中俄电商出口专线也是中俄跨境贸易中常见的一种物流方式。DS(Dingyang-shopping)中俄电商出口专线，简称DS专线，是珲春市鼎洋贸易有限公司为适应中俄边境贸易迅猛发展形势，与俄罗斯贸易合作伙伴开展的一项重要贸易活动。DS专线专业从事对俄贸易货物出口，具有小包发货、全俄覆盖、清关迅速、不限货品、全程跟踪、到门服务的特点。DS专线货运起点在吉林省珲春市，中转地是俄罗斯滨海边疆区首府弗拉迪沃斯托克市(海参崴市)，经由俄罗斯合作快递公司发往俄罗斯全境。DS专线从2015年开始运营，一站式开展货物仓储、跨境运输、清关办理、境外分拣发包等多项业务。多年来DS专线为广大客户提供了便捷可靠的服务，业务量逐年攀升。该项业务专门针对中俄跨境电子商务而开展。

资料来源：韩琳琳，张剑. 跨境电子商务实务[M]. 上海：上海交通大学出版社，2017.

2) 燕文专线

北京燕文物流有限公司是国内跨境电商物流综合服务商，在全国50个城市提供直营服务，跨境物流线路通达全球两百多个国家和地区，凭借自主研发的作业系统和智能物流设备构建科技物流体系，打造一个适合全球电商发展的全球电商物流服务网。针对出口的物流服务包括燕文专线追踪小包、燕文航空经济小包、燕文航空挂号小包、燕文航空易派小包、燕文全球特快专递、燕文航空专线快递、燕文国际重货快递等。

(1) 燕文专线追踪小包。燕文专线追踪小包是燕文定制的高性价比全追踪妥投类产品，通达英国、法国、德国、俄罗斯、以色列、瑞典、美国、加拿大、西班牙、印度。它根据不同目的国家选择服务最优质和派送时效最好的线路，妥投率高，时效快捷稳定，依托燕文稳定的干线资源和清关系统，口岸直飞各目的国，且全程追踪，揽收处理即上网。

(2) 燕文航空经济小包。燕文航空经济小包通达40个主要国家，该服务在线上平台表现稳定并被高度认可，性价比突出。北京、上海和深圳三个口岸直飞各目的国，避免了国内转运时间的延误，并且和口岸仓航空公司签订协议保证稳定的仓位，全程追踪，揽收处理即上网。

(3) 燕文航空挂号小包。燕文航空挂号小包通达40国，揽收处理即上网，时效稳定，可全程追踪投递，时效6～25个工作日。与速卖通合作，表现稳定并被高度认可，性价比突出。

(4) 燕文航空易派小包。燕文航空易派小包通达53国，整合优势国际e邮宝资源产品，揽收处理即上网，时效稳定，5～17天全程跟踪投递。

(5) 燕文全球特快专递。燕文全球特快专递通达24个国家，按100克计费，速度快，限重大，优选特快专递清关及派送通道，可接收内置电池产品、可接收口红、唇彩、睫毛膏、眼影、腮红这5种化妆品。

(6) 燕文航空专线快递。燕文航空专线快递通达中东18个国家，具有时效更快、追踪更全的特点，通关能力强，全程时效4～5个工作日。

(7) 燕文国际重货快递。燕文国际重货快递是为满足客户寄递大重量段货物至海外而推出的国际重货服务，具有时效稳定、较高性价比的服务优势。同时，燕文国际重货快递可帮助使用FBA(Fulfilment by Amazon)服务的卖家，提供将货物运到美国、加拿大，欧洲、日本各亚马逊仓库的服务，包括FBA快递专线(UPS，FedEx，TNT)、FBA空运专线(空运+卡车派送；空运+国际快递派送)、FBA海运专线(海运+卡车派送)。

3) 中东专线

中东专线与中外运于2012年成立了中外运安迈世(上海)国际航空快递有限公司，提供一站式的跨境电商服务以及进出口中国的清关和派送服务。目前，中东专线服务支持中东、印度次大陆、东南亚、欧洲及非洲航线。

目前，该平台上发货目的国有22个，包括阿联酋、印度、巴林、塞浦路斯、埃及、加纳、约旦、科威特、黎巴嫩、阿曼、卡塔尔、沙特阿拉伯、叙利亚、土耳其、也门、孟加拉、巴基斯坦、斯里兰卡、新加坡、马来西亚、印度尼西亚和泰国，且均为全境服务。在目的国家无异常情况下，一般3～6天完成派送。中东专线对接仓库有杭州仓库、义乌仓库、深圳宝安仓库、温州仓库、青岛仓库、许昌仓库、广州仓库、东莞仓库、汕头仓库和江门仓库等。

卖家在接到交易订单后，可以使用中东专线，线上发货服务。在线填写发货预报，将货物发至阿里巴巴合作物流仓库，并在线支付运费，仓库就能将货物递交给中东专线，由中东专线送达买家手中。

4. 海外仓

海外仓是指建立在海外的仓储设施。在跨境贸易电子商务中，海外仓是指国内企业将商品通过大宗运输的形式运往目标市场国家，在当地建立仓库、储存商品，然后再根据当地的销售订单，第一时间做出响应，及时从当地仓库直接进行分拣、包装和配送。在实际操作中，买家通过网上下单购买所需物品，卖家只需在网上操作，即可对海外的仓库下达指令，完成订单履行。货物从买家所在国发出，大大缩短了从本国发货所需要的物流时间。

海外仓由头程运输、仓储管理和本地配送三部分构成。其中，头程运输是指卖家通过海运、空运、陆运或联合运输的方式将商品运到海外仓库，产生的费用为头程运费。仓储管理是指卖家通过物流信息系统，远程操作海外仓储货物，实时管理库存，产生的费用包括仓储费和出入库费。本地配送是指海外仓储中心，根据订单信息，通过当地邮政或快递将商品送给买家，产生的费用为当地尾程派送费。

海外仓的优势主要体现在以下5个方面。

(1) 降低物流成本。从海外仓发货，特别是在当地发货，物流成本远远低于从中国境内发货。例如在中国发DHL到美国，一千克货物要124元人民币，在美国发货只需5.05美元。

(2) 加快物流时效。从海外仓发货，可以节省报关清关所用的时间，若在当地发货，客户1～3天就可以收到货，大大缩短了运输时间，加快了物流的时效性。

(3) 提高产品曝光率。如果平台或者店铺，在海外有自己的仓库，那么当地的客户在选择购物时，一般会优先选择当地发货，因为这样对买家而言可以大大缩短收货时间，海外仓能够让卖家拥有自己特有的优势，从而提高产品的曝光率，提升店铺的销量。

(4) 提升客户满意度。并不是所有收到的产品都能让客户满意，这中间可能会出现货物破损、短装、发错货物等情况，这时客户可能会要求退货、换货、重发等，这些情况在海外仓内便于调整，大大增强了物流的时效性，能重新得到买家的信任，也为卖家节省运输成本，减少损失。

(5) 有利于开拓市场。海外仓更能得到国外买家的认可，也有利于卖家积累更多的资源去拓展市场，扩大产品销售领域与销售范围。

卖家在选择海外仓的时候一定要计算好仓储成本费用，与自己目前发货方式所需要的成本进行比较。但是，并不是任何产品都适合使用海外仓，最好是库存周转快的热销单品，否则容易压货。同时，海外仓对卖家在供应链管理、库存管控、动销管理等方面提出了更高的要求。

相关资讯

2019年7月29日，Shopee官方公众号发布了一个新政策，海外仓面向所有卖家开放申请，即往后无论大小卖家，通过申请即可运营和发货海外仓。这说明原来在Shopee的海外仓是少数资源之一，是需要卖家达到一定单量或者平台想要扶持培养的大卖家才有的，是定向邀请的，而从今天开始谁都可以使用了。

Shopee已开设印尼、泰国、马来西亚、菲律宾等五大海外仓，覆盖东南亚和中国台湾六大市场，构建东南亚最大的仓库交付网络。目前Shopee海外仓正在持续扩建中，将逐步开设更多仓库，不断提升物流时效，让跨境商品以最低的价格最快送达消费者手中。

海外仓使用海运或陆运，针对体积或质量较大的产品可大幅节省运输成本，卖家运输成本可降低90%以上。同时，Shopee海外仓提供限时秒杀位资源，强力吸引买家；首页曝光资源为店铺强势引流，打造爆款；免运促销减免运费降低卖家成本；店中店多元发展让买家买得更多，卖家卖得更多；跨店合卖服务让跨店铺商品可进行合并发货派送等优惠政策。如果说之前的大卖家的优势主要在于供应链、资金、运营、资源(海外仓也是资源之一)，那么今天打破了这个优势，竞争格局发生了变化，所以今后除了资金，选品和精细化运营将成为Shopee卖家的主要竞争点。

资料来源：https://www.cifnews.com/article/47596.

6.2　运费模板设置

跨境电商平台物流运费模板的设置是针对交易成交后，卖家需要频繁修改运费而推出的一种运费工具。通过运费模板，卖家可以解决不同地区的买家购买商品时运费差异化的问题，还可以解决同一买家在店内购买多件商品时的运费合并问题。

下面我们以敦煌网为例，介绍如何设置运费模板。

运费模板的设置要求有两点：①EMS：1～8区按照标准运费8折收取运费，9区不发货；②ASDHL：1～9区按照标准运费5.5折收取运费。按照以上要求设置产品重量为200克的运费模板。

首先，登录“我的DHgate—产品—运费模板管理—运费模板”，进入运费模板管理页面。

对于新卖家而言，由于未设置过运费模板，将看到首页的引导内容，如图6-2所示。

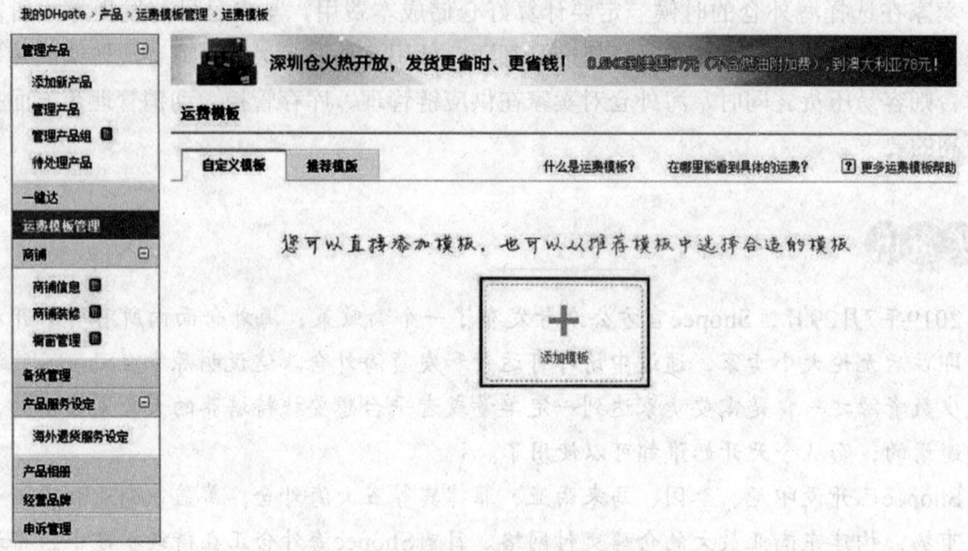

图6-2　新卖家敦煌网运费模板设置界面

对于老卖家而言，由于之前设置过运费模板，将看到运费设置模板界面，如图6-3所示，该卖家已经设置了服装产品和综合产品两个运费模板。

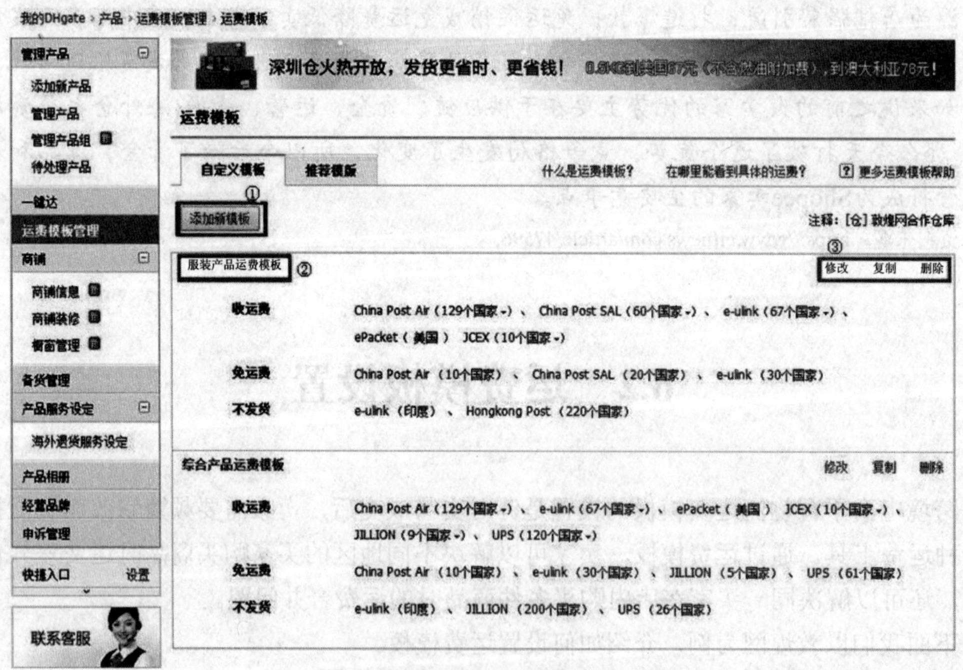

图6-3　老卖家敦煌网运费模板设置界面

单击图6-3中②可以查看该运费模板详情信息；单击图6-3中的③进入修改、复制和删除该运费模板页，编辑后生成一个新的运费模板。

根据运费模板的设置要求，若需要添加新运费模板。首先，单击①进入新增运费模板页面(见图6-4)，设置运费模板名称。

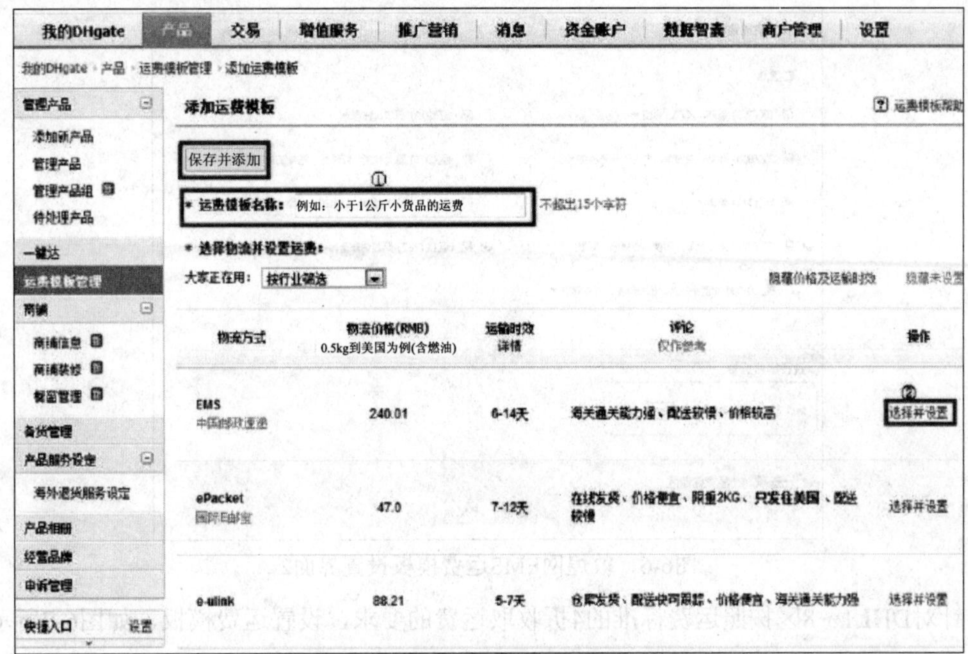

图6-4　敦煌网添加新运费模板界面

然后，单击②“选择并设置”按钮，进入设置运费界面。如果设置的物流是含有标准运费的，则显示运费设置内容，如图6-5所示。

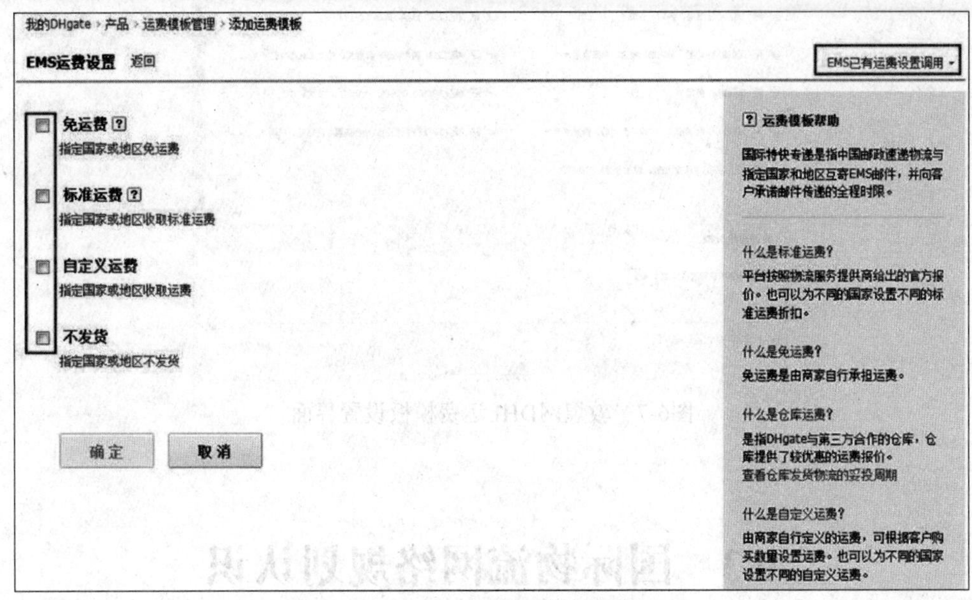

图6-5　敦煌网EMS运费模板设置界面1

针对EMS1～8区物流运费8折，9区不送货的要求，单击“标准运费”后，按照要求设置运费模板，如图6-6所示。

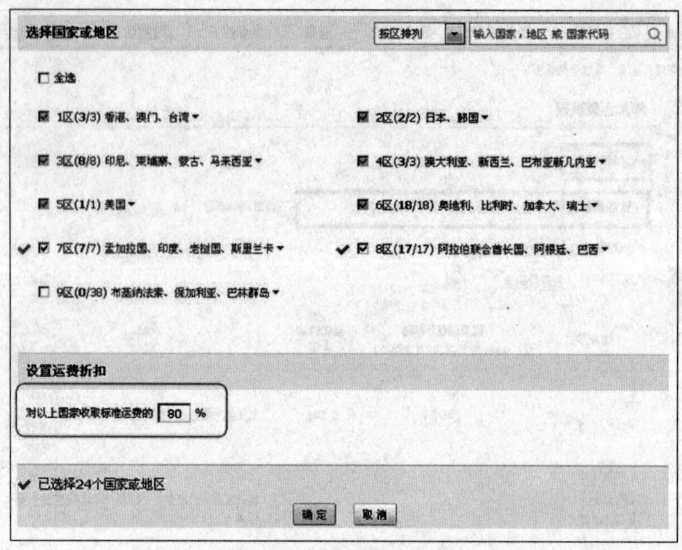

图6-6　敦煌网EMS运费模板设置界面2

针对DHL1～8区按照运费标准的4折收取运费的要求，设置运费模板，如图6-7所示。

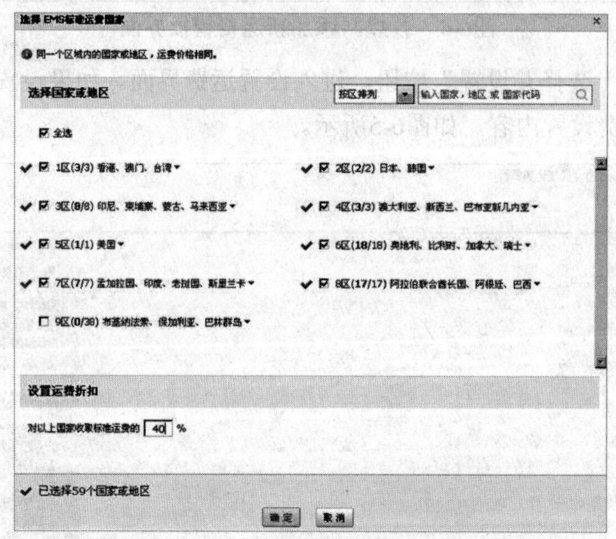

图6-7　敦煌网DHL运费模板设置界面

6.3　国际物流网络规划认识

6.3.1　国际物流网络规划的含义

物流网络是物流过程中相互联系的组织与设施的集合，一个完整的物流网络是由各种不同运输方式的运输路线和物流节点共同组成的。物流网络定义为：“在网络经济和网络信息技术条件下，适应物流系统化和社会化的要求发展起来的，由物流组织网络、物流基础设施网络和物流信息网络三者有机结合而形成的物流服务网络体系的总称。”

具体来说，物流网络是由多个节点和联系节点的连接(线路)共同构成的网络配置系统，网络成分之间是相互补充的。在线路上进行的活动主要是运输，包括集货运输、干线运输、配送运输等。物流功能要素中的其他所有功能要素，如包装、装卸搬运、保管分获、配货、流通加工等，都是在节点上完成的，信息处理则贯穿于整个物流网络中。所以从这个意义上讲，物流节点是物流网络中非常重要的部分，需要认真的规划设计。实际上，物流线路上的活动也是靠节点组织和联系的，如果离开了节点，物流线路上的运动必将陷入瘫痪。

物流网络规划就是用系统、科学的思想将物流网络规划设计“网络化”，把物流从一种“混沌”状态转变为有序的网络化状态，用系统思维统领物流网络的规划设计。物流网络规划可以从微观和宏观两个层面来考虑。在微观层面，主要通过一般企业和物流企业的物流规划设计，推动物流网络化；在宏观层面，则通过政府的物流产业政策，营造良好的物流产业运作环境，推动国家宏观经济物流的网络化。

物流网络规划是分三步来进行的。首先是运输手段网络化。许多物流企业只有某种运输方式，而单一运输方式难以满足客户需求，需要将不同运输手段加以有机结合，以满足客户要求，方便客户运作，同时也可以降低物流成本，如提供多式联运、集装箱运输等。其次是物流企业间的网络化，即通过物流企业间的合作，实现共同配送中心、各项信息网络化。最后是物流需求信息整合，即通过对物流需求信息的集中、组合、优化配置等实现物理网络化，如小批量货物的配载运输等。

知识链接

近年来，Amazon logistics(亚马逊物流)的发展惊人，以运输包裹量来衡量，亚马逊已经占据了英国超过7%的物流市场份额，仅次于英国皇家邮政(Royal Mail)、Yodel和爱马仕公司(Hermes)——这对一个零售商来说已经是一个了不起的成绩了。

拥有自营的配送网络是亚马逊独特的优势，这使其能够根据自己的需求选择调整送货服务。例如Amazon Now服务——承诺在1小时内送货到家。亚马逊自营物流服务和数量猛增的物流中心也使亚马逊能够提供当日或次日的配送服务。当然，亚马逊FBA卖家也由Amazon Logisitics提供配送服务。

资料来源：https://www.cifnews.com/article/35146.

6.3.2　国际物流网络规划的原则

国际物流网络规划基于国际贸易环境和跨国经营服务，其规划的起点高、难度大，网络复杂，环境差异大，企业在规划时必须把握以下几点原则。

1. 国际化原则

国际物流涉及多个国家或地区，企业需要按照国际惯例和国际标准以及国际潮流进行规划，需要了解各国的政治、经济、文化和法律。

2. 标准化原则

物流标准化是国际物流业发展的基础，是物流高效运行的基础，是按照国际通行的标准和我国目前正在制定的物流标准对物流通用基础、物流技术、物流信息、物流管理、物流服务、物流法律法规等方面制定标准化体系，尤其是按照国际标准来规划国际物流网络。

3. 港区一体化原则

港区一体化就是港口和保税区合二为一，这样做不仅在地理位置上做到港区衔接，还在物流功能上做到物流园区海关监管，使仓储、分拨、转口贸易、进出口加工等物流业务享受保税区政策，有利于建立现代国际物流运作体系，有利于向国际自由港和自由贸易区的方向发展。

6.3.3 跨境物流体系的优化

跨境物流的配送模式不仅直接关系到外贸企业的交易成本，还关系到海外买家对外贸企业的满意度和信任度，关系到客户的购物体验，进而关系到卖家的销售和最后收益。因此，每个企业要根据自身的资金实力、产品性质选择最合适的物流模式。在一定的约束条件下，配送跨境物流体系要有最优的解决方案。

1. 物流配送方式的优化

物流配送方式的优化主要表现为规模经济的跨境物流运输。由于现行的运输成本—费率结构的运输体系当中隐含大量的规模经济，在跨境物流运作中，将较小批量合并转化成大运输批量，会产生明显的经济效益。跨境物流企业可以使用类似跨境物流配送中心这样的枢纽设施，作为货物运输的中转站。配送中心作为跨境物流节点能够将零散的配送订单合并成大批量、低频次的运输，从而形成规模经济运输，降低运输成本。

跨境物流企业通常有多个种类的产品，由于不同产品的客户服务要求产品特征和销售水平各异，因此企业可以采取多样化分拨策略，从而实现对不同产品和客户的多种分拨。一方面，根据订单集中度和网络流量区分城市间的消费密集度差异，对于网上购物集中或跨境移动电子商务普及的大中城市可以参考有形店铺销售的方法送货，这样不仅可以提升物流企业形象，还可以提高跨境物流的配送效率；对于订单集中度低的地区则参考规模经济运输策略，适当延长配送周期，在货物到达一定规模后再进行配送。另一方面，将仓库供货的产品按照存储地点进行分组，按照产品的销售周期由快到慢依次存放在一线基层仓库或地区性仓库中心存储点。

2. 物流配送中心选址的优化

首先，物流配送中心的选址要尽可能位于交通枢纽中心地带，以使物流配送中心网络适应于运输枢纽网络，同时要结合考虑配送中心的经济性，包括地价、劳动力价格等因素。其次，物流配送中心的选址要考虑服务水平。能否保证配送准时是配送中心服务水平高低的重要指标，因此，配送中心地址应靠近客户最集中的区域。最后，物流配送中心的选址要依据线性规划运输法，先确定各配送中心的市场占有率，再求出配送分组地区的中心，然后用混合整数规划法确定配送中心的建设位置。

3. 配送路径的优化

合理的配送路径能够缩短物流配送周期，从而提高物流配送效率，节省物流配送成本。因此，配送路径的优化是建立配送模型时必须考虑的重要因素。配送路径既包括配送时的配送路线，也包括多个配送中心下不同配送中心的路径。企业确定配送路径时可以运用运筹学的有关知识，通过统筹规划和合理安排达到多快好省的目的。

4. 物流配仓的优化

物流配仓问题是指在一个封闭的运输空间里，质量和体积都有限的情况下，怎样最佳地配置货物。也就是说，对于一个体积固定的环境，配仓要考虑到商品的重量、体积、价值、运送目的地等多种因素。

6.3.4 国际物流网络规划方法

随着市场竞争的加剧，技术的快速变化，物流环境的变化，物流网络的设计需要采用科学的方法和遵从合理的逻辑，以保证物流网络规划达到预定目标。

物流网络规划的主要任务是确定产品从原材料起点到市场需求终点的整个流通渠道的结构具体包括决定物流网络设施的类型、数量与位置、设施所服务的客户群体与产品类别，以及产品在设施之间的运输方式。物流网络既涉及空间因素，又涉及时间因素。物理空间或地理规划设计问题要解决各种设施的平面地理布局；物流时间问题要解决为满足客户服务目标而保持产品可得率的问题，即客户所得产品的时间问题。

物流网络规划是一门科学和艺术并重的学科，其理论与实务均不易完全以数学或定量模式来涵盖，在物流网络规划过程中，常需加入设计者的主观判断或经验积累。即使如此，物流网络规划设计者仍然应该坚持使用有组织和有系统的科学方法进行研究，避免完全依照主观经验的设计行为。物流网络规划一般按照“明确所要研究的问题—分析该问题—设计解决方案—评价解决方案—选择解决方案—实施解决方案—实施后评价”来进行。

1. 明确问题

在物流网络规划过程中，无论是要规划新的物流网络，还是改进现有的物流网络，都需要明确项目的范围，将物流网络所服务的对象和要达到的服务水平予以量化描述，并针对节点和线路以及作业层次或数量予以定义。

2. 分析问题

(1) 收集资料。分析问题的基础是掌握相关资料，这些资料包括社会经济发展情况、物流设施现状、物流流动情况、交通线路情况、劳动力现状、科学技术发展水平等。

(2) 建立节点之间的联系。确定所研究问题内节点的数目和位置，以及它们之间的相互关系。

(3) 建立节点内部的空间结构。确定每一节点的内部空间布局，包括功能、设施的类型和数量、物料与人员的需求、作业流程、作业之间的相互关系。

(4) 分析规划的难点和关键点。在任何一个具体规划中，总存在一个或几个难题需要解决。另外，还要分析出规划的关键点是什么，是投资问题、设施先进问题、物流需求预测问题、选址问题，还是物料成本问题、规模效益问题等。

3. 设计方案

物流规划包括发展规划、布局规划、工程规划和信息规划。发展规划是确定未来的发展方向、目标、发展速度和规模，要具有前瞻性。布局规划是确定节点的分布与数量、节点的用地、基础设施与物流设施、运作模式和管理模式。工程规划是对具体节点的建筑、设施类型、数量、作业和工艺流程进行设计。信息规划是保证物流网络信息存储数字化、信息处理电子化和计算机化、信息处理标准化和实时化。

4. 评价方案

(1) 设定评价标准。对多个设计方案进行评价的关键是建立统一的评价标准。

(2) 确定评价权重。确定了评价标准，还要确定评价标准的权重及评价标准在评价中的影响因子。

(3) 将设计方案排序。评价标准和权重确定后，就可以对设计方案进行排序，具体说明各设计方案的优劣，为管理部门决策提供依据。

5. 选择方案

考虑设计方案的战略目标，以最能满足这一战略目标的设计方案为最佳备选方案，兼顾其他的评价标准。

6. 实施方案

确定方案后，首先要在实施前将设计方案细化，提出具体设计要求；然后招标，招标的关键是选择一家系统集成商，所有相关建筑、设施、设备的功能等，由系统集成商在业主监督下综合考虑解决方案。

7. 实施后评价

评价一方面是总结设计方案，肯定成绩，积累经验，找出存在的问题和不足；另一方面也是对未来的改善提供方向，明确下一个目标，知道未来应该如何做，以便进行下一轮的规划设计。同时，实施后评价可以为其他正在进行类似项目的企业提供借鉴经验。

本章结语

本章介绍了跨境物流的4种主要方式，以及每种方式的特点和资费情况，并且以敦煌网为例，介绍了运费模板的基本设置情况，以及国际物流网络规划的相关知识。通过本章内容的学习，希望卖家可以根据自身店铺的特点，选择合适的跨境物流方式，并设置运费模板，了解国际物流网规的基本知识。

章后习题

1. 跨境电子商务有哪些物流方式？

2. 跨境物流的特点有哪些？

3. 比较四大跨境物流方式的异同点。

4. 当前，各大跨境电商平台纷纷开展“海外仓”业务，我国跨境电子商务企业在选择“海外仓”服务时应考虑哪些因素？

5. 以速卖通平台为例，分析其所采用的物流方式。

6. 简述国际物流网规的含义、原则和方法。

参考文献

[1] 韩琳琳，张剑. 跨境电子商务实务[M]. 上海：上海交通大学出版社，2017.

[2] https://www.cifnews.com/article/35146.

[3] 陈幸吉. 跨境电商背景下海外仓运营模式及影响因素分析[J]. 攀枝花学院学报，2019(5)：43-48.

[4] 刘大成. 海外仓转型更需智慧供应链支撑[N]. 经济参考报，2019-05-07.

[5] 瞿亚森. 我国海外仓的建设思路[J]. 物流工程与管理，2019(4)：21-23.

[6] 车小英. 共享物流理念下跨境电商物流海外仓联盟的探讨[J]. 对外经贸实务，2019(3)：81-84.

第7章 跨境电商订单处理、客户服务与纠纷处理

学习目标

- 掌握跨境电商平台店铺的订单处理流程
- 熟悉跨境电子商务客户服务的特点及工作内容
- 正确处理跨境电商纠纷

能力目标

了解速卖通平台订单的处理以及相关售后问题的应对，并能正确与客户沟通，处理纠纷。

章前导读

全球速卖通平台一直致力于建立一个安全、健康的网上交易环境。随着平台发展日益壮大，来自全球的买家在平台享受购物乐趣的同时，也出现了极少部分存在恶意纠纷等行为的买家，速卖通为此进行了处罚与整治。恶意纠纷买家的出现不但损害了卖家的正当利益，也会对平台造成恶劣的影响。截至2016年底，平台已对超过7000个买家执行了处罚。

速卖通平台对于恶意纠纷买家的行为定义是“买家通过滥用买家保护条例的手段，谋取不正当获利，扰乱速卖通平台正常交易秩序的行为”。一旦被定性为恶意纠纷买家，其账号将执行永久关闭处理。并且，对于情节严重、屡教不改的买家，将采取更加严厉的处理措施，包括且不限于限制其通过任何其他方式再在平台购物的行为。当卖家发现恶意纠纷的买家时，应及时反馈给平台，避免自身利益受到损害。

资料来源：https://www.cifnews.com/article/18335.

7.1　跨境电商订单处理

7.1.1　订单处理流程

当买家下订单后，卖家后台就进入订单处理环节，具体流程如图7-1所示。

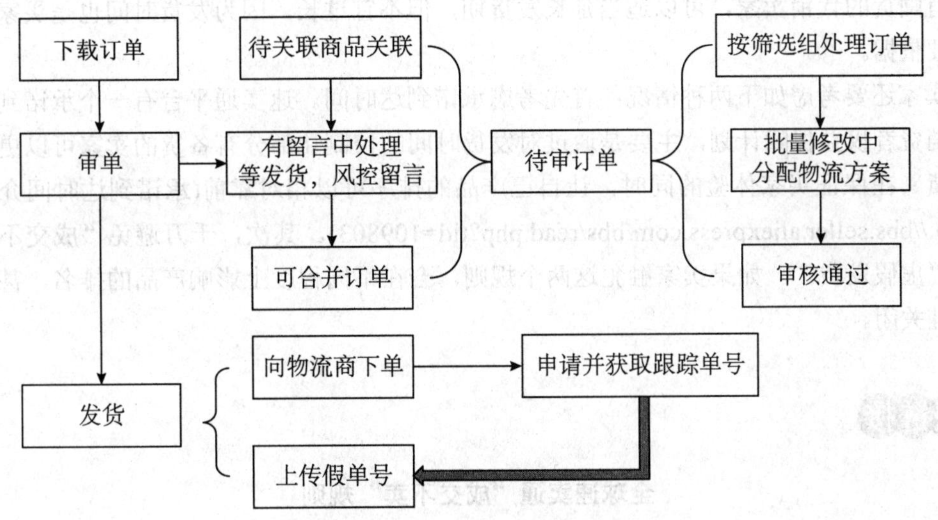

图7-1　跨境电商平台订单处理具体流程

资料来源：https://wenku.baidu.com/view/d6bd7113ad02de80d5d8403e.html.

但对于卖家而言，整个订单处理流程可以划分为六大操作步骤，如图7-2所示。

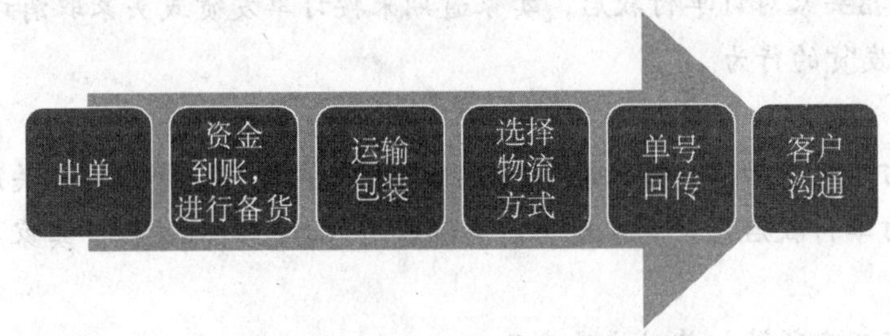

图7-2　卖家处理订单六大操作步骤

资料来源：https://wenku.baidu.com/view/d6bd7113ad02de80d5d8403e.html.

1. 出单

出单后，卖家可以在操作后台看到该笔订单，这个时候的订单状态为“等待发货”，但无法进行下一步操作。卖家可以单击“订单详情”了解买家及付款的一些具体信息，而资金状态显示为等待资金到账，有24小时的倒计时。这个时候卖家可以给客户发一封感谢邮件，内容包含感谢客户光临并购买产品，目前正在为其配货，包裹预计在多长时间内发出，这个时间可以参照24小时资金确认到账时间以及自己调货时间。若订单为低价值货物，卖家可考虑开始备货，很多卖家会针对常规流通的货物进行囤货。

2. 确认资金到账，进行备货

24小时后，若资金已到账，订单状态便进入发货状态。卖家要进行备货，具体包括两方面内容。

1) 设置、调整剩余发货时间

其实，设置剩余发货时间在发布产品时就已完成，也就是我们俗称的发货期。速卖通平台建议发货期为3～7天，卖家需要根据自己的备货及发货的特殊性进行考量，尤其是本身没有囤货的代销卖家，可以适当延长发货期，但不宜过长，因为发货时间也是买家下单的重要依据。

卖家还要考虑如下两种情况：首先考虑承诺到达时间。速卖通平台有一个承诺到达时间的消费者权益保障计划，主要是通过对发货时间的控制让部分有备货的卖家可以更快速地发货，在保证买家体验的同时，让自己产品的排序可以相对靠前(承诺到达时间介绍详见http://bbs.seller.aliexpress.com/bbs/read.php?tid=109803)。其次，千万避免“成交不卖”以及“虚假发货”。如果卖家触犯这两个规则，会在不同程度上影响产品的排名，甚至导致店铺关闭。

知识链接

全球速卖通“成交不卖”规则

1. 适用范围

为了维护平台健康有序的市场秩序，制止成交不卖的行为，提升会员的用户体验，特制定本规则。

2. 定义

成交不卖是指买家对订单付款后，卖家逾期未按订单发货或买家取消订单却选择卖家原因导致付款未发货的行为。

3. 类型

(1) 买家对订单付款后，卖家未在其设置的发货期内发货，导致订单关闭。

(2) 买家对订单付款后，在卖家发货前申请取消订单，同时选择“卖家原因”。

4. 处罚

(1) 下架成交不卖所涉订单对应的产品。

(2) 在一定时间内成交不卖的次数和比率累计达到一定量后，将给予整个店铺不同程度的搜索排名靠后处理；情节严重的，将屏蔽店铺；情节特别严重的，将冻结账户或直接关闭账户。

资料来源：http://seller.aliexpress.com/rule/rulecate/trade01.html.

全球速卖通“虚假发货”规则

1. 适用范围

为了维护平台健康有序的市场秩序，制止虚假发货的行为，提升会员的用户体验，特制定本规则。

2. 定义

(1) 在规定的发货期内，卖家填写的货运单号无效或虽然有效但与订单交易明显无关，误导买家或全球速卖通平台的行为。例如，为了规避成交不卖处罚填写无效货运单号或填写明显与订单交易无关的货运单号等。

(2) 卖家申明发货(即完成“填写发货通知”)5个工作日后运单无物流上网信息。

(3) 卖家未按照平台物流政策规定选择物流发货方式。例如，违规使用线下经济类物流发货或使用经济类物流冒充标准、快速类物流的行为。

这里，“货运单号无效”是指货运单号本身不存在的情况(包括使用小包未挂号导致无法追踪物流信息的情况)。“虽然有效但与订单交易明显无关”是指货运单号虽然存在，但与订单下单时间不符(如物流的收件时间明显早于订单下单时间)，或寄递的地址明显与买家提供的地址不同(如寄递地址与收件人地址不在一个国家)。“物流上网信息”是指以物流商提供的首条信息为准，线上发货一般是仓库揽收或签收成功；线下发货一般为收寄成功信息或物流商揽收成功信息。

资料来源：http://seller.aliexpress.com/rule/rulecate/trade02.html.

2) 备货

备货问题对经营了一段时间的店铺来说不是一个大问题，但是对于做淘代销的卖家，由于其货源来自淘宝网站，可能存在产品下架或者缺货的情况，所以适当延长备货时间尤为重要，这样卖家可以在淘宝网站或者1688网站寻找同样的货，如果实在找不到同样的货，则应尽可能与买家保持沟通，有些买家可能愿意换货换款或者取消订单。

3. 运输包装

由于国际交易路途较远，途中会经过太多的分装、运输，所以对包装的要求也相对更加严格。为了避免货物在运输途中破损或者丢失，在国际运输过程中，卖家需注意以下两点。

1) 国际运输安全性

外包装需要有专门的纸板箱，如果货物没有填充满需要增加填充物，保证货物不会在运输途中被挤压或者摔碎。尤其是通过国际小包运输的物品或贵重品、易碎品，特别需要注意。另外部分产品需要考虑防潮问题，比如电子类产品。(国际快递的包装要求详见http://bbs.seller.aliexpress.com/bbs/read.php?tid=57207，产品包装优化介绍详见http://bbs.seller.aliexpress.com/bbs/read.php?tid=88435，选择物流包装材料的重要性详见http://bbs.seller.aliexpress.com/bbs/read.php?tid=45174，货物外包装注意事项详见http://bbs.seller.aliexpress.com/bbs/read.php?tid=27413，快递件包装5要点详见http://bbs.seller.aliexpress.com/bbs/read.php?tid=20359)

2) 国际运输轻便性

由于国际物流的资费除了参照产品重量之外，大多数商业物流也会同时考量体积，在超过一定体积后按照体积直接收费，所以包装的时候也同样需要对体积、重量做出考量。(物流费用的计算方法详见http://seller.aliexpress.com/education/store/freight/charge.html，资费计算器详见http://freight.aliexpress.com/logistics/freight_calculator.htm1.)

4. 选择物流方式

国际物流中非常重要的一个环节就是选对物流方式，即选对货代。第6章中已经对跨境电商物流方式做了详细介绍，这里仅对实操环节中的物流方式进行简要比较。

1) 国际物流各种方式比较

国际物流主要方式有EMS、UPS、DHL、FedEx、TNT、中国香港邮政包裹、中国邮政包裹、顺丰。根据货物种类、运输时间、送达国家、费用的不同，卖家可选择不同的物流方式。国际物流方式概况比较如表7-1所示。

表7-1 国际物流方式概况比较

国际物流方式	简介	运费	货运时间	货运查询	适用产品	运费计算	燃油附加费
EMS	只能直接到达全球60多个国家，主要强项地区在东南亚和欧洲，出关能力较强	一般	5～8天	可查询	适用于对货运时间要求不高、体积较大、注重运费成本的产品	只计算产品包装后的实重	无
UPS	世界最大的快递公司，强项地区在美洲线路、日本线路	贵	2～5天	可查询	适用于价格较高，对货运时间有要求，追求质量和服务的产品	实重和体积重取较大者	每月更新
DHL	欧洲最大的快递公司，在欧洲和西亚、中东有绝对优势						
FedEx	在东南亚地区具有价格、速度优势，在美国、加拿大也比较有优势						
TNT	荷兰最大的快递公司，在西欧国家具有较强的清关能力						
HongKong Post(中国香港邮政包裹)	通过中国香港或中国邮政将货物发往国外，到达买家所在国家之后，通过当地的邮政系统送到买家手里	便宜	7～14天	需挂号	适用于对运费成本较敏感、对货运时间要求不高、货值较低、体积较大的产品。建议货值在100美元以下的产品使用	只计算产品包装后的实重	无
China Post(中国邮政航空包裹)							
顺丰	成立于1993年，总部在深圳，主要经营国内、国际快递及相关业务的服务性企业	一般	2～3天	可查询	适用于发往韩国、新加坡的产品	特别说明：快件算出来的体积重量大于实际重量，将会按体积重量计算运费	新加坡、韩国无燃油附加费

资料来源：http://bbs.fobshanghai.com/thread-4648749-1-1.html.

2) 寻找国际物流运输合作伙伴方式

寻找合作货代是目前大多数卖家国际物流运输时选用的方式。国际物流运输服务商详见http://freight.aliexpress.com/logistics/home.html.

3) 平台在线发货

在线发货是由速卖通、菜鸟网络联合多家优质第三方物流商打造的物流服务体系，是目前速卖通直接对接的一些物流方式，只需要将货物寄到速卖通的仓库，仓库会完成发货操作，卖家可在线支付运费并在线发起物流维权。阿里巴巴作为第三方将全程监督物流商服务质量，保障卖家权益。在线发货提供三家物流公司的方案，分别是国际小包、国际快递物流方案和e邮宝三种方案，这三种方案具有不同的服务优势，并可在速卖通平台上查询报价。

5. 单号回传

当完成了物流发货以后，卖家需要将物流运单号及时填写在操作页面上，如果有大量的订单需要操作的时候，可以通过导出表格进行管理，订单批量导出界面如图7-3所示。

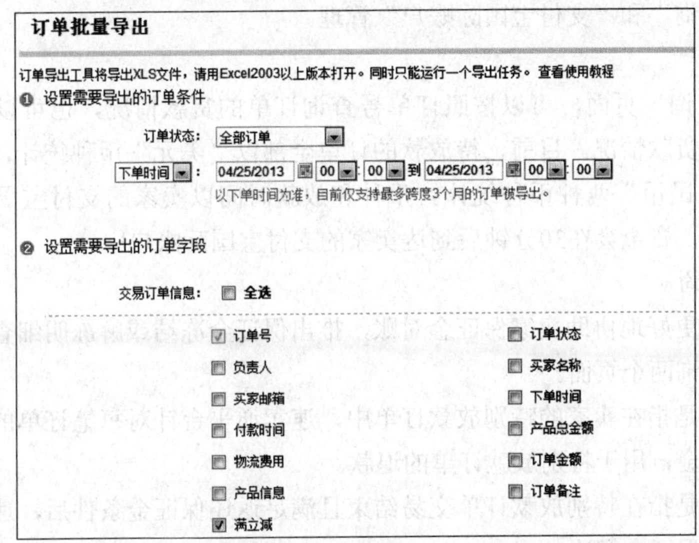

图7-3　速卖通订单批量导出界面

资料来源：http://seller.aliexpress.com/edu.orderexporting.html.

需要注意的是，如果最终发货的物流方式与买家下单信息不符，请事先与买家确认；如果最终发出的物流运单号在系统中填写有误，可以直接在备注中修改，但是只有两次修改机会；如果产品是通过多个包裹发送的，建议选择部分发货，并将所有的物流运单号填写在系统中。

6. 客户沟通

在线国际交易由于地域大，时间长，所以与买家保持沟通是尤为重要的事情。当买家下单时，卖家可以发邮件给买家，感谢他的选购，告知其已在备货，预计在什么时候发货；当货物发出时，卖家需要通知买家，货物已发出，物流方式和单号是什么，大概什么时候可以到，重点让买家有任何疑问先与卖家联系；当货物运输途中有任何情况，比如已出关，速度慢，到达买家国家等，都需要邮件跟进，除了告知货物状态外，也可以在一些问题上做一些沟通，让买家随时可以找到卖家并通过卖家解决问题，而不是平台。后文将详细介绍与买家沟通的模板细节。

7.1.2 资金账户管理

与订单管理有关的还有资金账户管理。速卖通平台规定，只有同时满足交易成功和货物妥投两个条件，平台才会放款给卖家。交易成功是指买家确认放款之后系统会自动查询订单中货运跟踪号的状态，如状态正常，订单款项将会自动支付给卖家，订单结束。货物妥投是指运单号物流信息显示货物已被签收，且签收信息与订单信息吻合，以平台系统核实到的物流妥投记录为准。速卖通会根据卖家的综合经营情况(例如好评率、拒付率、退款率等)评估订单放款时间；若速卖通依据合理情况判断订单或卖家存在纠纷、拒付、欺诈等风险的，速卖通有权视具体情况延迟放款周期，并对订单款项进行处理。

登录速卖通平台，单击“交易”进入“资金账户管理”页面，可以进行“放款查询”“保证金查询”和“支付宝国际账户”管理。

1. 放款查询

在“放款查询”页面，可以按照订单号查询订单的货款情况，也可以查询某一时期内的所有订单的货款情况。目前，待放款的订单全部以“美元”币种统计，已放款订单以“美元”和“人民币”两种币种统计。币种和放款时间以卖家的支付宝国际账户记录为准。放款成功后，资金会在30分钟后到达卖家的支付宝国际账户中。

2. 保证金查询

速卖通为了更好地协助卖家保证金对账，推出保证金冻结或解冻明细查询、保证金使用和追缴明细查询两个页面。

保证金冻结是指在卖家的特别放款订单中，速卖通平台针对每笔订单的每个商品冻结一定比例的保证金，用于特别放款订单的退款。

保证金解冻是指在特别放款订单交易结束且满足返还保证金条件后，速卖通平台会将这笔订单冻结的保证金解冻。

保证金使用是指如果卖家的余额户不足以退款，速卖通平台会第一时间使用冻结的保证金进行退款。若保证金不足以退款，速卖通将为卖家垫付订单退款资金。

保证金追缴是指如果卖家还有需要补缴的保证金，冻结的保证金将不会再解冻，制动需要补缴的保证金全部还清。平台会使用新放款来偿还保证金。偿还顺序如下：优先偿还平台垫资直至垫资还清，然后偿还保证金直至还清。

保证金的冻结及解冻是由卖家经营数据指标决定的，每个卖家都不一样。平台冻结的保证金比例在3%～30%。卖家可以在保证金使用和追缴页面查询，点击“查看详情”可以看到关联交易单号，查询保证金使用情况。

3. 支付宝国际账户

卖家如果已在资金账户里设置过支付宝账号，或者已经有支付宝账号，可直接在支付宝国际账号页面登录；如果没有支付宝账户，就要先申请一个。

7.1.3　交易评价管理

全球速卖通平台的交易评价分为信用评价及卖家分项评分两类。信用评价是指交易的买卖双方在订单交易结束后对对方信用状况的评价，包括五分制评分和评论两部分。卖家分项评分是在每笔订单结束后，买家以匿名方式对商品描述的准确性、双方沟通质量及回应速度、物品运送时间和合理性三方面对卖家进行单向评分。

在买家完成订单收货之后，可以进行交易评价。在“交易评价管理”页面上，卖家可以查看自己的评价档案，包括好评率、评价等级等。买家只有在确认收货付款后和交易结束30天内才可以对卖家进行评价。评价生效的30天内，卖家如果收到差评，可以同买家进行沟通，了解问题，解决问题，待问题解决后，买家可以对差评进行修改，卖家可以对差评进行回复解释，也可以向平台投诉恶意差评。如果只有一方做了评价，收到的评价在订单交易结束后30天之内生效。如果买家给的是中差评，则可以在30天之内修改为好评。评价得分与订单的金额无关，好评+1，中评0，差评-1。

卖家要有效应用评价系统，及时回复买家评价或修改差评。

(1) 及时回复买家评价。卖家对买家的评价做出积极及时回复是保持与买家有效沟通的重要方法，这样有利于拉近与买家之间的心理距离，与买家形成良性联系。

(2) 修改差评。卖家如果收到了差评，认为买家给自己的评价不公平，那么在评价生效后 1 个月内，可以自主引导买家修改评价，买家可对同一生效评价 1 个月内修改 1 次。

差评的原因

对于差评，卖家还应该了解导致差评产生的原因，以及应对方法。一般来说，可能引起差评的原因有 3 种，详见表7-2。

表7-2　跨境电商出现差评的原因及应对

导致差评的原因	具体表现	应对策略
商品图片与实物不符	为了使图片更加美观，在商品图片中添加一些商品本身没有的效果，导致商品实物与图片在颜色、形状上存在差别	主动向买家解释原因，并提供商品原图。此外，卖家在上传商品图片的时候可以多展示一些不同角度的细节图，尽量让买家对商品有一个全面的视觉印象
标题上有“Free shipping”，实际上买家却需要付费	卖家的标题上写着“Free shipping”，但由于一些国家的进口政策，仍然需要买家支付关税，由此导致买家的不满	在发商业快递时，要注意填写申报价值，弄清楚是否还会产生关税，且要提前与买家沟通好关于关税的问题
信用卡账户出现额外扣款	买家在全球速卖通上购物无须支付费用，但是买家在使用信用卡支付的时候可能由于各家银行对付款手续费有不同的规定，有的需要支付手续费	提前与买家解释清楚，此额外收费是其他部门如银行收取的，买家通过 T/T付款，买家的银行端需要收取一定的费用

资料来源：于立新. 跨境电子商务理论与实务[M]. 北京：首都经济贸易大学出版社，2017：300-301.

7.2 跨境电商客户服务

7.2.1 跨境电商客户服务含义

客户服务(Customer Service)，简称客服，是指以客户为导向，为其提供服务并使之满意。广义而言，任何能提高客户满意度的内容都属于客户服务的范围之内，一般国内客服的沟通方式是电话或者即时沟通工具。电子商务客户服务是指承接客户咨询、订单业务处理、投诉，并通过各种沟通方式了解客户需求，与客户直接联系解决问题。

跨境电商客户服务是指通过跨境电商平台承接境外客户相关业务诉求的服务范畴，其沟通方式是电子邮件、在线聊天工具以及电话等，职能范围包括售前客服和售后客服。说到在线客户服务，人们想到最多的可能是淘宝的客服小二，而跨境电商平台的在线客户服务，更多类似于传统外贸业务中的外贸销售员，除了会接触在线的C类客户，也经常会接触到包括小B类甚至是在线B类客户，跨境电商本质上还是传统外贸的一个升级版，做好跨境电商很多的原理本质上跟传统外贸是相通的。

知识链接

跨境电商“在线客户服务”与淘系、传统外贸的区别

淘系的在线客户服务，服务的对象更多是以中国“70后”到“90后”为主的中青年网购群体，只要客服经过规范培训，就可以很好地服务具有类似思维模式的淘系买家。

传统外贸模式下的客户服务，更多还是发生在线下，以见面为主。因为传统外贸的大额定单周期长，环境多，除了必要的业务员沟通服务素质，其实更多靠工厂和产品的价格品质的传统竞争力。

而跨境电商服务的对象是全球的客户，碎片化和在线化又让客户的需求层次和标准层次更加多样，海外客户服务的在线模式更多是通过页面描述、站内信等不交流的方式。因为价值观、宗教信仰的区别，万一产生客户售后问题，无论退货成本、沟通精力、运营风险都会受到很大考验。

资料来源：http://www.u-fun.net/post/[实战]跨境电商客户服务全攻略.

7.2.2 跨境电商客户服务能力

1. 具备传统外贸人的专业技能

跨境电商客服需要具备传统外贸人的专业技能，例如具备外语能力，对外贸行业的理解能力，有丰富的外贸专业知识，熟知支付、物流、关税、退税等流程和技巧等。

2. 具备对产品供应链的理解能力

无论是做传统外贸还是跨境电商，要把生意做好，就应该经营优质特色的产品，同时作为一个在线客服，应该对自己经营的产品非常熟悉，对产品有充分理解，这样才可以履行一个在线客服基础职能，即跟客户有效沟通，引导客户下单交易。

3. 熟悉跨境电商平台和操作流程

对于很多小型的跨境电商创业团队，“在线客服”通常是一人兼多职，不仅仅负责在线客户沟通，也兼顾平台运营。所以一个合格的跨境电商在线客服，首先应该对跨境电商平台的规章制度熟悉运用，比如平台招商门槛政策、促销手段等，只有熟悉平台才可以顺应平台发展；其次，跨境电商的客服应该熟悉跨境电商的整套流程，比如物流、支付、税收以及各国的海关清关手续等。

4. 具备语言及跨文化交流能力

有人会有这样的误解，认为跨境电商对于英文的要求不高，比如速卖通等交易平台，卖家后台操作界面是中文，而且很多跨境电商卖家可以使用翻译软件，但是如果要做好跨境电商运营，英文能力是非常重要的，这不仅仅体现在详细的页面描述、与客户沟通等方面，还体现在消费纠纷的处理上，因为具有语言优势的客户服务，更能解决客户的问题。与此同时，要做好生意，在线客服还应了解目的消费国的风土人情，比如一些速卖通卖家，应该熟悉俄罗斯人和巴西人的性格，与俄罗斯客户避免谈及政治问题等；巴西人比较爽快，幽默，性格直爽。一个在线客服若具备了跨文化交流能力，就可以更好地跟客户沟通，最终促进销售业绩的提升。

5. 具备销售能力

跨境电商客服实质上还是一个升级版的外贸销售员，评价一个跨境电商“在线客服”的主要指标还是他的销售业绩，所以说一个称职的跨境电商客服应该具备一流的销售能力。这种销售能力主要体现在分析客户和诱导客户下单两方面。

(1) 善于分析客户的能力。有些客户是单纯零售买家，有些客户是小额批发商，有些客户甚至是潜力无限的大V客户，跨境电商的在线客服应该通过站内信、留言等及时判断发现客户需求，并进行差异化对待。

(2) 诱导客户下单的能力。在线客服通过自己的专业度，以及对于跨境流程的理解，与客户真诚交流，最终真正成交。如果客户不下单，在线客服还应该通过订单跟进能力，持之以恒，最终让订单成交，其实这类原理与传统外贸是相通的。

6. 引导客户重复下单的能力

一个在线跨境电商平台成功运营的核心是用户具有“黏合度”，老客户多次重复下单是一个店铺成功的关键。客户会二次或多次下单的前提是对第一次订单的高度满意，这与跨境电商在线客服专业度和耐心都是分不开的。专业的跨境电商卖家会在第一次销售过程中真正解决客户的疑惑，比如解决产品、跨境物流、售后等方面问题。客户的二次开发还包括复购优惠幅度、打折、建立客户关怀档案等措施。

7.2.3 跨境电商客服职责分类

1. 按跨境电商服务流程划分

按照跨境电商的服务流程，客服职责可分为售前客服、售后客服。

1) 售前客服

售前客服是指在订单成交前，为买家购物提供相关指导，包括购物流程、产品介绍，以及支付方式等。售前客服主要处理以下四大相关问题。

(1) 产品相关：与产品的功能和兼容性、细节明细、包裹内件详情等相关问题的咨询；

(2) 交易相关：有关付款方式和付款时间等交易流程方面的咨询；

(3) 物流相关：有关运送地区和运送时间、能否提供快递、是否挂号等物流方面的咨询；

(4) 费用相关：有关合并邮费、批发购买、关税，是否能优惠等费用方面的咨询。

2) 售后客服

售后客服是指在产品销售之后，为客人提供订单查询跟踪指导、包裹预期到货时间咨询，以及产品售后服务对接等工作。

售后客服主要处理以下几个问题，如表7-3所示。

表7-3 售后客服常见问题

常见问题	原因
物品没有收到	物流因素导致延迟
	下单漏下
	仓库漏发
	货运丢失
	客人地址不对
	相关信息缺失，如联系电话等
	海关清关导致延迟
	其他原因：安防严检、极端天气因素、当地邮局处理能力等
物品描述不符	货不对——贴错标签、入错库、配错货、发错地址、下单错误
	货物细节不符合——质检不到位、参数不对、材质不对、缺斤少两、有色差、尺寸有出入、货运损坏
	货物与客户预期不符——图片或者描述浮夸，客户期望值过高
主动售后联系	联系客户告知付款状态、订单确认和处理的相关信息；分阶段联系客户提供包裹物流状态信息；不可抗力因素导致包裹延误、物流滞后等相关通知；问题产品同类订单主动沟通联系；新品、热卖产品推荐及店铺营销活动邮件推送

资料来源：百度文库.

2. 按服务对象划分

按服务对象划分，客服职责可分为老客户维护、新客户开发。

1) 老客户维护

老客户维护主要通过速卖通的营销邮件来进行，也可采用Whats、Skype等聊天工具和VK分享。但在速卖通平台，卖家每月能发的营销邮件并不多，如图7-4所示。

您当前的卖家等级	每月可发邮件数
0-1级	0封
2级	5封
3级	10封
4级	20封
5级	30封
6级	50封

图7-4　卖家每月能发的营销邮件数

资料来源：https://wenku.baidu.com/view/c064a648905f804d2b160b4e767f5acfa0c78356.

营销邮件中首先要写明主题，同时也要注意写明促销的原因，给客户营造“千年一遇”的感觉，然后还要表达对支持店铺的客户的感谢，最后提供个性化的客服信息。值得注意的是，如果是速卖通内部的营销邮件，还可以添加8个相关推荐产品。邮件内容示例如下所述。

Dear friend，

Great Sales! Thanks for your continuous support to our store. Hope you are happy everyday. There are big sales in our store to celebrate our shop’s 3 anniversary. Hundreds of products are waiting for you. Don’t miss it. Look forward to your visit.

Attach the address of our store：http://www.aliexpress.com/store/1223690833.

If you want to know more about the products or our store，you could contact me. My e-mail address is elainepan0358@outlook.com. My Whats Account is 8615260891021.

Have a lovely day.

Best regards !

××××××× Shop

2) 新客户开发

新客户开发可利用表7-4所示的SNS社交媒体。

表7-4　SNS社交媒体

SNS社交媒体	特点	特有市场
Facebook	通过兴趣标签等手段加目标粉丝	—
Twitter	微博粉丝互动(推文限制280个字符)	—
Instagram	图片营销	—
Pinterest	图片分享营销	—
Youtube	视频分享营销	—
VK	加目标粉丝群	俄罗斯
Modait	购物信息流分享平台	巴西
Tumblr	轻博客网站、品牌内容营销	—
Linkedin	商务社交网	—

资料来源：https://wenku.baidu.com/view/c064a648905f804d2b160b4e767f5acfa0c78356.

客户服务对于跨境电商来说是一个必不可少的环节，它既可以创造产品或服务的差异化，提高企业的核心竞争力，也可以延长产品的生命周期，使其产生附加价值。客服不仅应该具有丰富的行业知识，还要有友好的态度，根据客户的文化背景、语言习惯等与客户通过电话、邮件、在线聊天等多渠道联系沟通，让客户有宾至如归的感受，这种高品质的客户服务会带来良好的口碑宣传，产生蝴蝶效应，从而给商家赢得更多的业绩。

7.2.4 跨境电商客服沟通

好的沟通能减少很多与买家之间不必要的纠纷，客服需要有效利用沟通方式，结合客观的优质产品和服务，大力提升交易量以及买家的回头率。

1. 客服沟通技巧

客服沟通的技巧主要围绕如下几个方面：向客户提供专业服务；控制客户对事件的认知与情绪；卖家积极提供有选择的解决方案；坚持主动承担责任，第三方承担错误；注重回复邮件的技巧等。卖家应该善于总结工作中出现的问题，并根据问题找出解决方案。

2. 客服沟通过程中易出现的问题

1) 不理解客户的英文表达，导致客户产生焦躁心态

由于跨境电商多是“静默下单”，所以跨境电商的客服人员处理的问题都是有关售后的。不同于淘宝在售前联系较多，跨境电商平台(尤其是Wish平台)多以图片展示，几乎没有语言文字，一旦客户联系客服大多就是购买的产品出现了问题，或是物流过程出现障碍。如产品瑕疵、货品差距较大、物流没送到等，而且由于语言不通，客户等待时间较长，沟通过程中买家容易出现缺乏耐心，不愿听卖家解释的现象，这对客服新手来说是很大的挑战。客服人员经常不理解客户的英文表达，例如客户客服这样表示：“Survived for 20 days. to the Moscow region. Seed lot of garbage. exactly half garbage instead of seeds.”(种子存活了20天，莫斯科地区。种子很多垃圾，一半的垃圾而不是种子。)遇到这样的情况，如果客服人员没有处理好，不仅损失邮寄费，还会使差评率、纠纷率上升。还有一种情况就是，有时客户对待解决问题的处理方法很满意，给店家留言了，客服人员可能看到了，却没有及时回复，这会让客户产生不被重视的感觉，使购物舒适度降低。

2) 对明显来自卖方错误，随意承认会给客户留下态度轻佻的印象

当客户收到货后发现产品有明显的缺陷，或者有漏发商品等情形时，客户就会感觉卖家不专业，基本不会产生二次购买。例如客户在等待了15～30天后，所购品竟然漏发或者错发(如购买玫瑰花种子却收到芍药的种子)，这时客户必定带着气愤的心情与卖家沟通，而此时如果客服不以为意地承认错误或是愿意免收运费补发货物，客户都会认为不被尊重，不会再耐心等待30天，最后很可能会导致退款，给卖家留下不良记录。

3) 解决方案由客户提出或者方案单一，造成被动处理结果

在遇到问题时，有的客服工作应对被动，没有提出好的方案，而是随口在即时通信上回复“You consider how to deal with this problem”。这是非常不专业的表现，给客户留下不是大专业店铺的惯常处理方式的印象。这时客户只能按照自己的理解提出修改意见，而

由于对海关和检验检疫不了解，客户提出的方案往往是高成本的。有的客服处理问题没有从客户方着想，方法简单，不是退货就是退款，这样只会造成客户选择退款，最终导致差评。有的顾客对处理不满意要求经理负责，这样不仅会给新的接手人员增加工作难度，也增加了人员分配难度。

4) 无证据的敷衍回答加剧客户的烦躁情绪和后期跟进服务的难度

例如，一个售卖植物种子的商铺收到“I ordered mulberry... and now it’s blackberry... which is wrong?”(我要的是桑葚种子，收到的是黑莓的种子，谁的错)的评价，这种情况一定是没有处理好针对客户的售后服务，导致了一星的评价和差评留言。如果在同客户交涉时能够提出有力的购买记录截图，或者即使客户不联系我们直接评论，我们也可以在直接回复中提交证据，这样不会给其他客户造成店铺不专业的印象。再如这样的评论：“The seeds for a month did not germinate. Seeds are not high quality.”(这个种子一个月都没有发芽，种子质量有问题)，会使销量遭受致命的打击。由于跨境买卖距离远，环境差异大，植物会发生多样性变化，针对这种情况，如果客服能提供检测报告或者相似地区的成功案例，并加以操作指导，就可以很好地解决问题，会得到客户的满意答复。

5) 行文沟通技巧欠缺，惹怒客户导致一星差评

有的客服可能有做营销的行业背景，喜欢在回复中使用POP广告的方式强调重点，把大段的文字染成红色并且大写，希望让客户能够一眼看到卖家的关键内容，但不会想到这会产生反作用。有客户这样投诉“Why you always shout out to me ”(你为什么总对我嚷嚷呢)。通过同顾客沟通了解到，在英文书信里成段的大写表示愤怒、激动的喊叫，显得非常没礼貌。很多客服人员在同客户沟通时喜欢用长句或者复杂句式表达，这不利于与客户有效沟通，应该多用口语化的表达方式，更适合与客户的沟通交流。

因此，掌握客服沟通技巧，尽量避免由于不畅沟通带来的麻烦，对跨境电商客服工作的有序进行非常有帮助。

2. 重要问题沟通模板

客服沟通包括售前沟通、售中沟通和售后沟通。售前沟通主要是为客户解答关于产品信息(如价格、数量、库存、规格型号、用途)、运费、运输等方面的问题，促使客户尽快下单。售中沟通主要是发货确认、物流问题，告知客户产品的物流信息，以便让客户掌握产品动向。售后沟通主要是客户收到产品之后的一系列问题，包括退换货问题、买家确认收货以及买卖双方互评。下文介绍客服工作中针对经常出现的问题进行沟通的模板，以下模板仅供参考，实践中请结合具体订单和具体问题进行修改使用。

(1) 未付款订单的催款模板(请根据产品自身特点对描述内容进行修改)。

Dear ×××,

We have got your order of ×××.But it seems that the order is still unpaid.If there’ s anything I can help with the price, size, etc., please feel free to contact me. After the payment is confirmed, I will process the order and ship it out as soon as possible.thanks!

(2) 查看到买家付款完成的订单后，给买家发送订单确认邮件并且告知预计发货时间。

Hi，×××，

Thank you for your payment for orders ×××.We will be dispatching these items within the next 3 days. If you have any questions or problems, contact us directly for help.

(3) 填写了发货通知后告知买家当前状况(订单号、发货单号、运输方式和发货日期)。

Hello, ×××，

We are happy to tell you we have dispatched your order! You can tracking number:×××.

You can also track the delivery of your order yourself here: www.×××.com.

It usually takes about 30 days for your order to arrive, but as this is the shopping season, the logistics companies are very busy and some orders may take slightly longer to arrive.

If you have any questions or problems, contact us directly for help.

(4) 超过5 天还未更新物流信息，让买家再等待。

Dear ×××，

As we all know, it's the busiest part of the shopping season and the logistics companies are running at maximum capacity.

Your delivery information has not been updated yet，but don't worry，we will let you know as soon as an update is available.

Thank you for your patience!

(5) 货物退回，更换物流方式重新给买家发货，并延长收货时间。

Hello，×××，

Due to the overwhelming demand for logistics this shopping season, the original dispatch has failed.

Don't worry! We have already dispatched your order with a different logistics company. You can track the new delivery of your order here: ×××.

We have also extended the time period for you to confirm delivery.

If you have any questions or problems，contact us directly for help.

(6) 长时间在途，确认是否收到货物，减少买家未收到的担忧。

Hello，×××

If you haven't received your order yet, please don't worry. We just checked the tracking information and it's on its way!

Don't worry about your money or your purchase either – if you do not receive your package, we will resend your order, or you can apply for a full refund.

If you have any questions or problems，contact us directly for help.

(7) 距离确认收货超时还有1周，依然未妥投，告知买家物流的大致情况，并且告知买家会给他延长收货时间，请买家不要提交纠纷。

Hello，×××，

We have checked the tracking information and found your package is still in transit. This is due to the overwhelming demand for logistics this shopping season.

We have also extended the time period for you to confirm delivery.

If you have any questions or problems, please contact us directly for assistance, rather than submitting a refund request.

We aim to solve all problems as quickly as possible!

Thanks!

(8) 客户投诉产品质量有问题(表示歉意，并愿意配合解决问题，承诺下次购买能给予折扣)，请根据订单实际情况进行更改。

Dear ×××，

I am very sorry to hear about that. Since I did carefully check the order and the package to make sure everything was in good condition before shipping it out. I suppose that the damage might have happened during the transportation. But I'm still very sorry for the inconvenience this has brought you. I guarantee that I will give you more discounts to make this up next time you buy from us.

Thanks for your understanding.

(9) 货物断货，推荐类似产品。(建议大家及时把断货的商品进行下架)

Dear ×××，

We are very sorry that item you ordered is out of stock at the moment. I will contact the factory to see when it will be available again. I would like to recommend some other items of similar styles. Hope you like them too. You can click on the following link to check them out: ×××. If there's anything I can help with, please feel free to contact us.

Thanks!

(10) 折扣产品推荐。

Dear ×××，

Thanks for your message. Well，if you buy both of the ××× items，we can offer you a ×% discount.

Once we confirm your payment，we will ship out the items for you in time.

Please feel free to contact us if you have any further questions.

Thanks & Best regards!

(11) 买家议价(填写希望买家购买的件数和您所能提供的折扣)。

Dear ×××，

Thank you for taking interests in our item. I'm afraid we can't offer you that low price you bargained as the price we offer has been carefully calculated and our profit margin is already very limited. However, we can offer you a × % discount if you purchase more than ×× pieces in one order. If you have any further questions, please let me know.

Thanks!

(12) 向买家推荐新品(圣诞节/新年等节日畅销产品推荐)。

Dear ×××,

As Christmas/New year/ … is coming, we found ××× has a large potential market. Many customers are buying them for resale on eBay or in their retail stores because of its high profit margin. We have a large stock of ×××.Please click the following link to check them out ×××. If you order more than 10 pieces in one order, you can enjoy a wholesale price of ×××.

Thanks.

(13) 货物在海关。

Hello，×××,

We have checked the tracking information and found your package has now arrived at your country's customs agency.

Please let us know as soon as your order arrives at your delivery address.

If your package experiences any delays at customs，please contact them to resolve any problems.

Thanks!

(14) 货物已经处于签收状态，提醒买家确认收货并且给予好评。

Hello，×××,

The tracking information shows that you have received your order! Please make sure your items have arrived in good condition and then confirm satisfactory delivery.

If you are satisfied with your purchase and our service, we will greatly appreciate it if you give us a five-star feedback and leave positive comments on your experience with us!

If you have any questions or problems，please contact us directly for assistance，rather than submitting a refund request.

We aim to solve all problems as quickly as possible!

Thanks!

7.2.5 跨境电商客服工作思路

在客服工作中，对怒气未消的客户提出质疑时，卖家应该运用技巧，引导客户情绪，为顺利解决问题打下基础。

首先，卖家应积极主动地解决问题，让买家安心。客服一定要做到换位思考，试想，当买家从异国满心期待买回心仪产品，经过数周的等待以及无数次的关注物流动态后，却发现物流没有妥投或者货不对版时，他的心情会是十分沮丧的，非常想同卖家倾诉和投诉。即使产生这种后果的原因不是卖家错误，卖家此时也要让买家把话说完，让买家把怒气释放出来。因为在国际买卖中，买家不熟悉物流各个环节，不了解海关的查验过程，所以出现20多天未到货等情况他一定很焦躁，况且作为英语非母语的买家没有办法理解中国卖家写出的说明书，对于这些情况卖家都要给予理解，要做到第一时间向买家保证能够帮助其顺利解决问题。例如回复“We are really sorry to hear that and surely to help you solve this problem”(我很抱歉了解到您的问题，并且会尽快解决)。

其次，卖家要在回复的第一句表达感谢。有些卖家认为一件货品也不是大批货物不用重视，但是在速卖通或Wish等跨境电商平台的评论都是真实的，卖家必须重视每一个买家，每一个评价。在欧美文化中，感恩是一种美德，速卖通把东欧和印度等地区国家作为主推地区，客服更要把这种社会共识贯穿在顾客回复中。例如，打完招呼后的第一句话是“Thanks for shopping with us”(谢谢您向我方买货)。客服要在字里行间渗透出感恩之心，能够贴心地为客户着想，说服客户接受为其准备的最佳解决方案。相比较退货，这样的解决态度是可以降低成本的。例如，再次表示歉意地回复“Sincerely apologize for taking to you any trouble，and thanks for your kindness and tolerance for this problem”(真诚地对给您造成的困扰表示歉意，并感谢您的理解和宽容)。

再次，保持专业态度解决问题。跨境电商具有碎片化采购、专业客户少的特点，客服在帮助客户解决问题过程中需要从专业角度来解决，一方面详细询问了解真实原因，另一方面也要尽量简化或通俗解释物流或报关查验过程的专业术语。客服人员要提出负责而有效的解决方案，不能敷衍搪塞，这样会惹怒客户。客服人员要有良好的心态，这是发挥客服专业能力的好时机，也是以后工作改进的契机。完美解决问题不仅有助于提升自己，也有助于增加客户的信任感，形成消费惯性，使客户多次重复购买。

最后，客户的每一次反馈一定要回复。无论是采用电邮、站内信还是采用即时通等沟通方式，卖家一定要保证最后一次的回复是卖方做出的，这是对客户的尊重与重视。很多平台对商铺评级都会考量平均回复时间，所以我们不要因为一次未回复而拉低整体评分，进而影响购买率。在客服一人应付多人(比如大促)的情况下，客服人员可回复表情包，以提高时效。

7.3　跨境电商纠纷处理

7.3.1　跨境电商业务纠纷类型

所谓纠纷，即社会活动中的相关利益方的意见不一致。我们生活中有各种各样的纠纷，如医疗纠纷、民事纠纷、经济纠纷、交易纠纷等，全球速卖通平台交易过程中所产生的纠纷就属于交易纠纷。

相关案例

案例1：西班牙买家订购了10件产品，卖家通过两个包裹发货。其中一个包裹已经妥投，另一个包裹显示在途，而买家以未收到货提起纠纷并要求部分退款，卖家在平台做出反应，拒绝退货，强调另一个包裹在运输途中，并再次给出运单号，请买家延长收货时间等待包裹。然而因为物流原因，包裹并没有在商议的延长时间到达，买家继续提出纠纷，速卖通裁定卖家部分退款，卖家不仅要服从，还得先承担包裹退回的运费，再向物流公司索赔，能否索赔成功又取决于很多不确定的因素。

案例2：俄罗斯买家订购的产品到达进口国海关，但产品因涉嫌侵权被海关扣留，买家因卖家不能在规定的时间提供证明材料协助清关，产品被海关没收，买家提起纠纷要求全额退款，速卖通裁定全额退款。

案例3：一个乌克兰买家购买了一个2万毫安的充电宝，以实测只有17 655毫安提起纠纷，要求部分退款，速卖通裁定退款60%，尽管卖家觉得难以接受，但是不得不服从。

资料来源：百度文库.

以上类似案例在全球速卖通卖家平台还有很多，这些纠纷不仅给平台的买家非常不好的客户体验，同时也给卖家带来严重影响，如产品的曝光机会减少，客源流失，降低卖家评级。所以速卖通平台卖家要了解相关业务纠纷，认真分析并总结出应对策略，这是非常必要的。

《阿里速卖通网上交易纠纷规则》将网上交易纠纷分为有两类14项：买家未收到货物而产生的纠纷以及买家收到货物但货物与约定不符导致的纠纷。第一类未收到货纠纷原因具体包括海关扣关、物流显示货物在运输途中、包裹原件退回、包裹被寄往或妥投在非买家地址、物流显示货物已经妥投、物流信息查不到或者异常、买家收到货物后退货和买家拒签。第二类买家收到货物与约定不符类纠纷(即货不对版类纠纷)原因具体包括货物与描述不符、质量问题、销售假货、虚拟产品、货物短装和货物破损。其中，海关扣关纠纷和货物与描述不符纠纷发生频率最高。

为了维护卖家权益，进一步提升买卖家的纠纷体验，速卖通平台从2016年1月4日(美国时间)开始，在买家提交纠纷的类别中新增非卖家原因的纠纷选项“Personal Reasons”(见图7-5)。

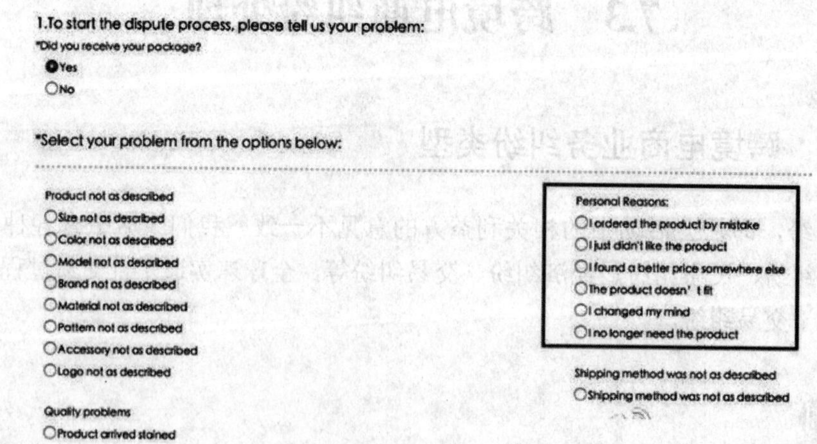

图7-5　买家提交纠纷申请

资料来源：http://www.sohu.com/a/52447158_361503.

若买家提交的纠纷类别 “Personal Reasons” “Easy return” 和 “Shipping method was not as described” 这3类，将不计入卖家的纠纷提起率。若纠纷案件上升到平台处理，且最终的判责类别也是这3类纠纷原因，将不计入卖家的裁决提起率。

只有正确分类，才能对症下药，处理纠纷也是如此。速卖通平台衡量纠纷考核主要是看裁决提起率和卖家责任裁决率。卖家责任考核率已经纳入分级考核指标，它是影响店铺表现的关键指标，是值得重视的项目。另外，如果卖家提交至平台裁决的纠纷比率过高，处罚将会更严重。

7.3.2 跨境电商纠纷提交和协商流程

在跨境电商交易过程中，买家提起退款申请即交易进入纠纷阶段，需要与卖家协商解决。具体的处理流程如图7-6所示。

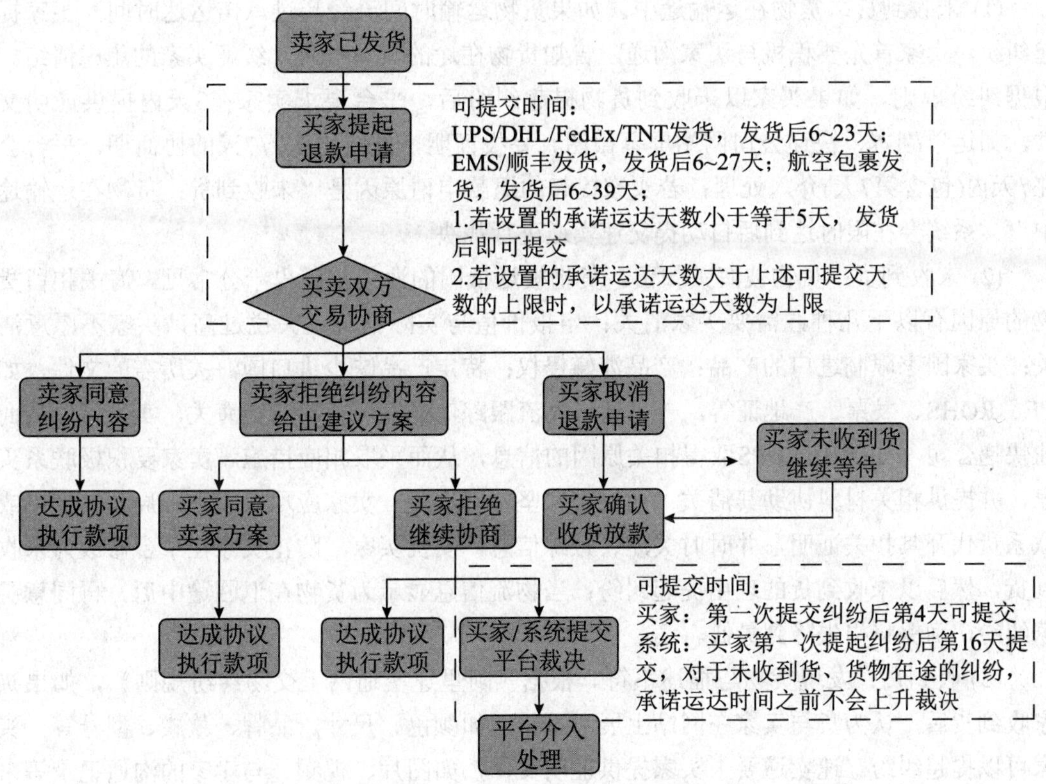

图7-6　买家提起退款申请流程

资料来源：https://wenku.baidu.com/view/f855d57a59fb770bf78a6529647d27284b733728.html.

自买家第一次提起退款申请开始第4～15天，若买卖双方无法协商一致，买家均可以提交至平台进行裁决；自买家第一次提起退款申请开始后第16天，卖家未能与买家达成退款协议，买家未取消退款申请也未提交至平台进行裁决，系统会自动提交至平台；纠纷裁决产生的2个工作日内速卖通会介入处理，判责第一步需要卖家在三个自然日内提供邮局妥投证明，如果卖家不能提供，将启动第二个判责期，平台将给予3天时间。这些时间节点是非常重要的。

速卖通买、卖双方的平台都分别列有与纠纷或索赔相关的栏目，详细列出了纠纷处理的流程及指南。作为卖家应该熟悉了解速卖通卖家规则，同时也需要掌握速卖通对买方的保护措施，只有这样才能够最大限度地预防纠纷的产生，并妥善地处理好纠纷问题。《阿里速卖通网上交易纠纷规则》鼓励买卖双方协商解决纠纷。在速卖通交易过程中遇到纠纷，如果希望避免纠纷产生，卖家应积极联系买家协商解决。在买家向卖家反馈交易疑惑时，卖家应该及时给予回应，主动友好协商，了解买家反馈的具体问题，并有效地给予帮助和解决。若买卖双方无法沟通协商，买家会在平台提出索赔(Make a File Claim)，纠纷会升级到平台，平台介入处理。从相关调研来看，卖家经常遇到的纠纷问题中，常见的分别是买家在卖家承诺时间内未收到货、包裹滞留在海关，或买家虽已收到货但发现与描述不符、产品破损、产品短装、质量问题等。下面针对这几种常见纠纷，介绍网上交易纠纷的处理流程。

(1) 未收到货：货物在运输途中。如果货物运输时间已经超过承诺运达时间，买家提起纠纷，卖家首先要积极与买家沟通，告知货物在途的具体信息，缓解买家的焦虑情绪。根据纠纷规则，如果买家以未收到货物提起纠纷后，平台要求卖家在3天内提供证明文件，如运单副本、快递公司网站屏幕截图、妥投证明，同时给双方7天的协商期，平台会在7天内(包含第7天)介入处理；若买家提起的退款申请原因是“未收到货：货物在运输途中”，系统会在限时达到后自动提交速卖通进行裁决。

(2) 未收到货：货物被海关扣留。货物被送抵国的海关扣留也十分常见。海关扣留货物的原因有以下几种：需要买家清关；申报价值与实际不符；关税过高，买家不愿意清关；买家国家限制进口的产品；产品涉嫌侵权；特定产品缺少进口国海关所需的文件，如CE、ROHS、发票、产地证等。一旦通过物流跟踪信息发现货物滞留海关，卖家可以从商业快递公司，如DHL、UPS取得扣关原因的信息，从而采取相应措施。卖家要积极联系买家，并提供相关材料协助其清关；如果买家坚持不清关，卖家应尽快联系邮局开具查单或联系货代开具扣关证明，并时时关注、跟踪信息，安抚买家，防止买家在平台修改为未收到货，然后以未收到货的理由提起纠纷；当物流信息显示为货物在退回途中后，再同意买家纠纷，确保将损失降到最低。

(3) 收到货：发现货物与描述不符。根据《阿里速卖通网上交易纠纷规则》，如果买家收到货后，认为货与卖家在网站上展示不符，如颜色、尺寸、品牌、款式、型号等，买家可以提起纠纷。速卖通要求买家提供证明文件，如图片、视频、与卖家的沟通记录等来证明收到的货物与描述不符；如果买家提供证据不足，速卖通将要求买家3日内提供补充资料。速卖通将基于合理的证据告知买卖双方一个合理的退款范围，买卖双方据此协商。如果买卖双方无法达成全额退款，速卖通将执行纠纷部分退款。速卖通有权依据所有证据事实进行判定，裁定一个合理的退款额度。

(4) 收到货：发现货物有破损。根据《阿里速卖通网上交易纠纷规则》，货物破损是指买家收到的货物本身的包装或货物有不同程度的破损。包装限指货物本身的包装，比如手机的包装盒，不包括邮局或者卖家使用的外箱包装；同时也规定买家有责任在签收包裹时检查货物。如果包裹在买家签收前已经破损，买家需在收到货物起3日内提起纠纷，同时买家需要联系物流公司取得破损证明，并提交给速卖通平台。如果买家没有在3日内提供纠纷，速卖通将驳回买家索赔，买家负全责，并全额放款给卖家。如果买家在收到货物起3日内提起纠纷，速卖通将会依据有效证据告知买卖双方一个合理的退款范围，如买卖双方达成协议，速卖通将会按照买卖双方达成协议来处理。如果买卖双方无法达成退货退全款的协议，速卖通将会按部分退款来处理纠纷。速卖通将全权依据事实裁定合理退款金额，如产品种类、产品破损程度等。

(5) 收到货：货物数量短缺。货物数量短缺的定义很简单明了，就是买家收到货的数量少于订单的数量(The quantity of the products that Buyer has received is less than the quantity ordered by Buyer in the Order.)，这也是一项经常出现的纠纷类型。出现这类纠纷时，买家需在收货10日内提供收到产品重量的实证，比如签收文件上有明确的显示数量及重量信息，或者买家称重产品的拍照图片；卖家也需要在3日内提供寄送货物重量的证据，这个主要是指运单上显示的数量和重量。速卖通将按照买卖双方所提供的证据，建议双方自行商议，就收到的货物进行部分或者全额退款退货。如果买卖双方无法在3日内达成一致，速卖通将会按照以下列明原则进行处理：如果卖家提供证据表明寄送货物的数量与订单一致，且买家或买家代表在包裹派送时当场签收，买家负全责，速卖通会全额放款给卖家。

(6) 收到货：发现质量有问题。买家以质量有问题提起纠纷也是速卖通常见的一种纠纷类型，尤其是对没有公认质量标准的产品，很容易发生对质量认定的纠纷。根据《阿里速卖通网上交易纠纷规则》，如果买家收到货物后，发现货物质量或者功能有问题，如电子产品不能正常使用或者质量低劣，买家都可以提出退款。买家向平台提起纠纷时，速卖通建议买卖双方协商是部分退款或者全额退款退货，买卖双方可以通过站内信或者邮件协商。如果买卖双方无法协商一致，平台要求买家提供照片视频或者与卖家的沟通记录来证明收到的货物质量有问题，速卖通将根据证据事实，决定退款金额；如果买家提供的证据不足，速卖通会要求买家在3天内提供补充证明，速卖通做出裁定部分退款或全额退款退货。

7.3.3　跨境电商纠纷的应对策略

针对不同类别的纠纷，卖家应在事前采取有效措施，主动避免纠纷产生；如果纠纷不可避免，卖家则应积极应对，挽回或减少损失。

1. 卖家避免纠纷

1) 真实准确地描述产品

买家是根据产品的描述而产生购买行为的，买家对产品知道得越多越准确，其预期也会越接近实物，因此真实准确地描述是避免货不对版类纠纷的关键。卖家在编辑产品信息时，首先务必基于事实，全面而细致地描述产品。例如，对于电子类产品，卖家需将产品功能及使用方法给予全面说明，避免买家收到货后因无法合理使用而提起纠纷；对于服饰、鞋类产品，卖家应提供尺码表，以便买家选择，避免买家收到货后因尺寸不合适而提起纠纷等。其次，确保产品页面数量、重量单位的描述清楚，不产生歧义，例如明示价格标准，是一件(one piece)还是一打(a dozen)或是一小包3个(three pieces in a packet)的，避免买家收到货后因货物短装提起纠纷。最后，在产品描述中建议注明货运方式、可送达地区、预期所需的运输时间。同时也建议向买家解释海关清关缴税、产品退回责任和承担方等内容。

2) 严把进货与发货质量关

做好进货与发货质量检验能防患于未然，最大限度地降低买家因质量问题提起纠纷的风险。卖家应该遵守速卖通平台卖家规则，不销售假冒伪劣产品；做好进货检验，确保进货产品质量；做好发货前检查和检测，例如检查货物的外观是否完好、产品的功能是否都正常可用、产品邮寄时的包装是否抗压抗摔适合长途运输等。卖家若发现产品质量问题应及时联系厂家或上游供应商进行更换，从而避免因产生纠纷而造成退换货或者退款退货的损失。跨境电子交易中退换货物的运输成本是极高的，一般全部由卖家承担。

3) 做好物流规划

因物流引起的纠纷是常见而又最令卖家们无可奈何的一种情况，因为货物交付物流承运之后基本处于不可控状态。为了降低物流风险，速卖通平台鼓励卖家选择正规的、风险可控的物流渠道，同时要做好物流规划。因此，卖家首先应该遵守速卖通平台关于物流和物流跟踪信息的规定，选择平台认可的物流渠道，首选速卖通平台线上发货，这样时间有保障，出现问题取证也容易；其次，卖家要合理设置承诺运达时间，如平台规定俄罗斯、巴西和阿根廷3个国家承诺运达上限为90天，对这些国家的买家最好设置成90天；再次，卖家不要私自更改商业物流，如需更改应与买家达成一致，并保留沟通记录；最后，卖家要及时跟踪物流信息，出现延迟及时与客户沟通并做出适当安排。

4) 注重及时、有效沟通

无论在哪个平台做外贸，都不难发现一个规律，那就是出单好、信誉好的商家往往都是那些能与买家及时有效沟通的卖家。网上销售人员既要懂外贸业务，也要善于用英文沟通。及时有效的沟通具体体现在以下几个方面：发货前与买家在线确认订单所涉商品的数量、颜色、型号，以及收货地址和联系电话；买家有不满意时，马上做出回应，与买家进行友好协商，避免纠纷升级；若是买家迟迟未收到货物，在承受范围内可以给买家重新发送货物或提供其他替代方案；应用一定的沟通技巧，注意买家沟通时的心理变化，当发现买家有不满意时，尽量引导买家朝着能保留订单的方向发展；当出现退款时，尽量引导买家达成部分退款，避免全额退款退货。整个交易过程卖家努力做到“尽管货物不能让买家满意，态度也要让买家无可挑剔”。

5) 妥善保留记录和凭证

对于交易过程中的有效信息，卖家都要保留下来，以备在出现交易纠纷时积极举证。为此，卖家要做好以下几点：一是要保留与买家的沟通信息，包括站内信和邮件，如与买家就接受色差问题的沟通记录；二是发货前要对高价值产品进行拍照或拍视频，留作凭证；三是保存发货底单、物流跟踪记录截图等；三是保留好纠纷出现后双方协商过程中有关文件或者通话记录等。这样做既可以为速卖通裁决提供方便，又可最大限度地保护卖家的利益，减少因纠纷遭受的损失。

2. 及时应对纠纷

跨境电商最大的痛点就是客户体验差，这主要是因为跨境物流的售后难、沟通成本大等，而跨境电商发生争议后往往对于卖家的压力和损失非常大，并不像淘宝退货那样简单，所以在线客服解决订单争议的能力尤为重要，下列几种解决客户争议方案可以参考。

1) 让客户体会到卖家解决争议的诚意

西方消费者非常看重卖家的态度，因为西方消费理念非常成熟，买家认为卖家感恩买家的购买是顺理成章的事情，这也是为什么西方的消费者更强调购物主张。遇到客户对于产品不满意、物流体验差、客户要求退款等情况时，卖家首先要体现出解决问题的态度，先要感恩客户，对于客户的遭遇表示理解，再承诺会积极解决问题。

2) 真正了解争议订单的来龙去脉

跨境电商的争议性最容易集中在物流环节，当遇到丢件、产品破损等问题时，卖家应冷静分析事情的来龙去脉，注意保留证据，比如聊天记录、物流记录等。若争议订单源于客户误会，则卖家需要通过真实的电子证据跟客户真诚沟通，祈求客户理解。重视电子数据证据应该是解决定单争议的核心工具。

3) 疏解客户负面情绪的能力

客户对订单有争议时，肯定会有很多负面情绪，表现形式包括给以差评、社交媒体曝光等，这时候最考验在线客户服务的业务能力。好的客户服务会通过自己的专业度、语言能力，通过站内信、App软件、电话等与客户充分沟通，先是理解认同客户，最终让客户再次信任卖家，让客户负面情绪化解，为争议的解决打下基础。

本章结语

本章首先介绍订单处理的一般流程和相关要素，对跨境电商卖家尤其是速卖通店铺的交易管理进行梳理，其次介绍客户服务的能力、工作职责以及沟通技巧等方面，最后以速卖通平台为例提出跨境电商平台纠纷类型和解决流程及手段。本章内容与客服工作密切相关，与前面章节中的运营工作一同构成跨境电商企业的工作核心，以期为未来有意从事跨境电商工作的人士提供就业指导。

章后练习

1. 完成催促客户付款函电操作。
2. 完成处理退换货函电操作。
3. 简述买家给差评的原因以及卖家应如何应对。

参考文献

[1] 刘红燕. 跨境电商营销实务[M]. 北京：中国商务出版社，2017：243-254.

[2] https://wenku.baidu.com/view/f855d57a59fb770bf78a6529647d27284b733728.html?from=search.

[3] 余桂兰. 跨境电商B2C模式下：交易纠纷的处理规则及相关流程[J]. 对外经贸实务，2016(9)：56-59.

[4] https://wenku.baidu.com/view/f6ac747e941ea76e58fa04de.html?from=search.

[5] https://wenku.baidu.com/view/e048e92fce84b9d528ea81c758f5f61fb73628e5.html.

[6] https://wenku.baidu.com/view/52437671b6360b4c2e3f5727a5e9856a57122675.html?from=search.

第8章 跨境电子商务进口

学习目标

- 掌握跨境电商进口的相关问题
- 熟悉进口跨境电商的准备工作
- 熟悉跨境进口电商的流程

能力目标

熟悉不同跨境进口电商模式的清关流程，正确理解跨境进口税收政策的相关影响。

引导案例

为做好跨境电商监管过渡期后政策衔接，商务部、海关总署、税务总局等6部门联合发布《关于完善跨境电子商务零售进口监管有关工作的通知》(简称《通知》)，自 2019年1月1日起调整跨境电商零售进口政策。最新的《通知》核心信息大概包括以下几点，从2019年1月1日起，延续实施跨境电商零售进口现行监管政策，对跨境电商零售进口商品不执行首次进口许可批件、注册或备案要求，而按个人自用进境物品监管。将政策适用范围从之前的杭州等15个城市，再扩大到北京、沈阳、南京、武汉、西安、厦门等22个新设跨境电商综合试验区的城市。在对跨境电商零售进口清单内商品实行限额内零关税、进口环节增值税和消费税按法定应纳税额70%征收基础上，进一步扩大享受优惠政策的商品范围，新增群众需求量大的63个税目商品。提高享受税收优惠政策的商品限额上限，将单次交易限值由目前的2000元提高至5000元，将年度交易限值由目前的每人每年2万元提高至2.6万元，今后随居民收入提高相机调增。

新政表明，延续实施跨境电商零售进口现行监管政策，对跨境电商零售进口商品不执行首次进口许可批件、注册或备案要求，而按个人自用进境物品监管。这是两年半以来，第三次延长过渡期政策。在洋码头创始人兼CEO曾碧波看来，延续实施跨境电商零售进口商品按个人自用物品监管的政策，进一步明确了交易属性为个人自用购买，以物品的监管降低了传统进口贸易一些环节上的行政壁垒。今后将有更多的海外优质商品通过跨境电商进入消费者手中。新政还规定，政策适用范围再扩大到22个新设跨境电商综合试验区试点城市，释放出一个明确的信号，是国务院对2014年开始，长达四年的跨境进口试点方案的充分肯定。4年来，通过税制、海关、质检等多方面的试点实践，进一步确定了跨境进口电商产业地位。

资料来源：http://www.gov.cn/xinwen/2018-12/01/content_5345041.htm.

8.1 跨境电子商务进口概述

8.1.1 跨境进口电商种类

目前我国开展跨境电商业务的国内企业超过了20万家，大大小小的跨境电商平台超过5000家，其中跨境电商进口平台达600多家。进口跨境电商种类众多，有不同的分类口径，例如根据不同的交易主体，可分为B2B、B2C、C2C；根据不同的运营方式，可分为第三方开放平台、自营型平台、自营+第三方平台；根据平台独立性分类，可分为独立网站和从属主站型等。总体而言其运营模式有B2C、M2C、C2C、特卖会和社交导购转电商5种。

1. B2C

跨境进口B2C模式的代表是京东全球购、顺丰全球购等，其特点是由各种传统行业转型做跨境电商。这种模式是所有进口电商模式中比重最大的，平台自己备货，资金、团队、货源、物流各大环节缺一不可。其优势是采购价格低，容易以便宜的价格吸引消费者，符合跨境电商进口"物美价廉"的特点，同时，商品的质量易于把控，物流统一带来时效上的优势，商品能够快速送达。在资金有保证的前提下，垂直型B2C进口电商是最适合传统企业转型跨境进口电商的模式。然而这种模式门槛高，仅适用于成熟电商平台和实力强的传统企业。其次，前期利润薄，物流、资金等方面的成本高。

2. M2C

跨境进口M2C模式的代表是天猫国际、洋码头等，其模式都是商家入驻平台，交易在入驻商家与消费者之间进行，平台只负责提供信息沟通和支付工具。优点是平台经营者的投入较少，而且由于买卖双方跨境交易存在空间距离，现金周转期长，大量资金会沉淀在平台。缺点是平台商盈利少，商品质量问题难以彻底解决，同时售后服务差，跨境退换货非常麻烦。

3. C2C

跨境进口C2C就是买手模式，代表有淘宝全球购、洋码头扫货App、街蜜等，平台方通过资质审核在海外招募买手，由买手筛选商品放到平台上向境外消费者售卖。这种模式的同质化竞争非常激烈。其优点是买手的数量可以很大，既可以解决SKU的问题，又可以利用买手将其客户引入平台。C2C模式的缺点是管理成本高，售后客诉量大，假货问题突出。另外就是商品重复过多，同质化竞争过于激烈。

4. 特卖会模式

特卖会模式以唯品会、网易考拉海购等为代表，唯品会和考拉海购的区别：考拉是自营，唯品会是供应商压货。特卖会模式类似海淘，货源采购通常都是不确定的，什么海外产品流行就卖什么，数量也有限，一般卖完就结束。其优点是，境外卖家如遇国外节假日促销，有时可以拿到很低折扣，多囤点货，利润空间会很大。而特卖会的产品只要货真价实，容易促使买家二次购买，只要每天有新品，流量就有保障。同时，特卖会类似海淘，基本上都是先收取现金然后再采购的，能够最大化利用现金流。特卖会模式最突出的缺点是门槛低，导致竞争无比激烈，小玩家会被巨头挤死，所以，还是需要有强背景或者强货源渠道的企业操盘。

5. 社交导购转型

社交导购转型跨境电商模式的代表有小红书、小桃酱、什么值得买等。这种模式的优点是，团队小，模式轻，投入少，品牌效应高，用户忠诚度高，有利于打造爆款商品。但是，这种模式的缺点也正是模式太轻，极度依赖于外部供应商，供应链都需要外包，很难把控质量及时效性。这种模式即使找到合适的供应商和供应链外包公司，但因其特色鲜明，商业模式可复制性也不强。

8.1.2　中国跨境进口发展现状

1. 中国跨境进口概况

近年来，随着国内消费者收入水平的不断提高，越来越多的消费者开始尝试跨境消费。我国跨境进口零售电商行业兴起于2012年，由个人代购和海淘向跨境电商演化，2014 年跨境进口零售行业迎来发展的爆发期并保持高速增长，据PayPal和Ipsos联合发布的《2015年全球跨境贸易报告》显示，26%的中国网购消费者在 2014 年进行过跨境网购，2015年这一比例上升到35%。未来几年，在政策基本面保持利好的情况下，进口电商零售市场仍将保持平稳增长。由图8-1可知，每年第4季度都是跨境进口零售市场规模快速扩张期，“双11”“黑五”“双12”等各个大型购物节接踵而至，在不停刺激用户消费神经的同时也不断刷新着行业记录。巨大的消费市场为我国跨境电商的发展带来了前所未有的契机，跨境进口电子商务发展迅速，已形成较为成熟的商业模式。

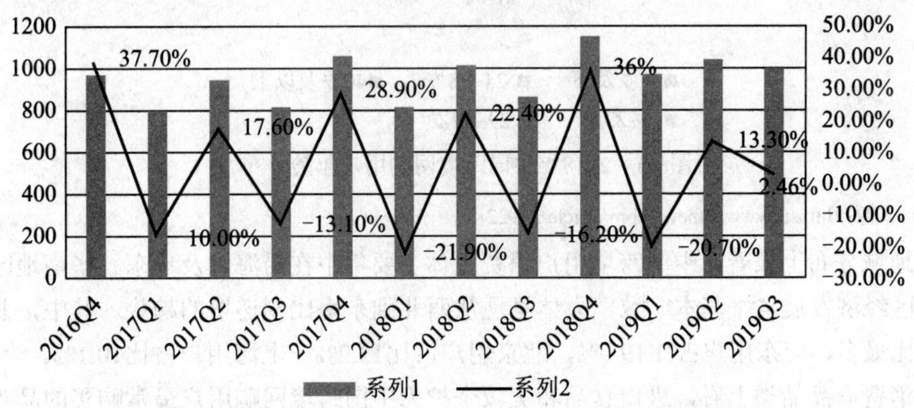

图8-1　2016年第4季度至2019年第3季度中国跨境进口零售电商市场规模

资料来源：https://www.analysys.cn.

2017年中国跨境电商行业市场结构中，行业排名前5位电商的市场占有率达到69.5%(见图8-2)，接近70%，跨境电商市场的集中度较高，且行业梯队格局基本稳定。

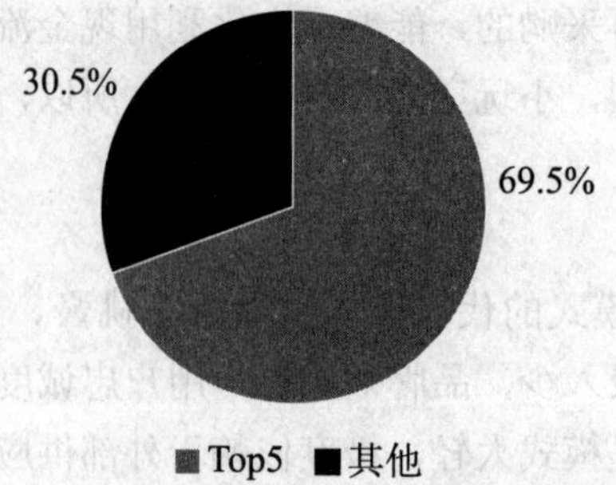

图8-2　中国跨境电商行业Top5企业市场占有率

资料来源：https://www.cifnews.com/article/34922.

2. 中国跨境进口消费主体

从年龄分布上来看，艾瑞调研数据显示，中国跨境网购用户以“80后”“90后”为主。如图8-3所示，其中“80后”占比最多，比例为56.3%；“90后”占比其次，为21.7%。从用户的职业分布来看，以企业一般管理人员和私营企业一般员工为主，占比分别为24.1%和15.3%。

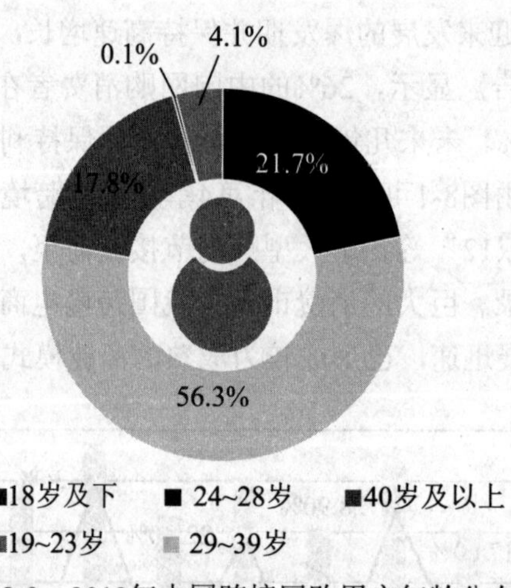

图8-3　2018年中国跨境网购用户年龄分布

资料来源：https://www.cifnews.com/article/34922

从地域分布上来看，中国跨境用户消费主体主要集中在沿海以及华东、华南地区，与中国地区经济发展水平基本一致，大体呈现从西北到东南比例递增的趋势。其中，北上广用户占比最多，广东用户占比19.0%，北京用户占比13.2%，上海用户占比10.1%。

从消费商品品类上看，进口食品和美妆个护为中国跨境网购用户最常购买的品类，占比分别为55.0%和49.0%；其次为服装鞋帽、箱包，占比为48.3%(见图8-4)。未来，用户希望能够通过跨境电商平台购买更多的服装鞋帽、箱包、3C产品、运动户外用品。提供更多可选品类是未来跨境电商平台发展的重要方向之一。

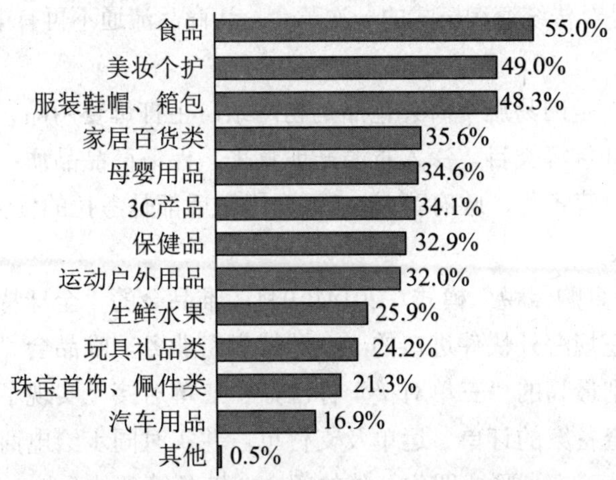

图8-4 2018年中国跨境网购用户经常购买的品类

资料来源：https://www.cifnews.com/article/34922.

8.1.3 进口跨境电商典型平台

跨境电商进口模式主要包括“保税进口+海外直邮”模式、“直营+保税区”模式、“自营+招商”模式、“自营而非纯平台”模式、“海外商品闪购+直购保税”模式等。由于在前文已经介绍了相关进口跨境电商类型，下文将只从平台影响力角度梳理目前国内十大进口跨境电商平台，实践中消费者可根据个人消费习惯和产品类别进行选择。

1. 天猫国际

即“保税进口+海外直邮”模式，2014年2月19日阿里宣布天猫国际正式上线，为国内消费者直供海外原装进口商品。天猫在跨境这方面通过和自贸区的合作，在各地保税物流中心建立跨境物流仓，既规避了基本法律风险，同时也获得了法律保障，压缩了消费者从下订单到接货的时间，并提高了海外直发服务的便捷性。据中国跨境电商网监测显示，2014年“双11”，天猫国际一半以上的国际商品就是以保税模式进入国内消费者手中，是跨境进口的一次重要尝试。这种模式可以大幅降低物流成本，提高物流效率，给中国消费者带来更具价格优势的海外商品。

2. 京东全球购

即“自营而非纯平台”，京东海外购是京东海淘业务的主要方向。京东控制所有的产品品质，确保发出的包裹能够得到消费者的信赖，初期会从品牌的海外经销商拿货。京东的海外购并不是走全品类路线，而是根据京东会员需求来进行。与其他电商如天猫国际、亚马逊、1号店相比，京东在开展海淘业务方面优势还未显现，海淘业务还需要“深耕细作”，等待收获。

3. 聚美全球购

即“直营+保税区”模式，聚美优品已在多地开建自理仓，例如河南保税物流区，其进口货物日处理规模可观。保税物流模式的开启会大大压缩消费者从下订单到接货的时间，破解仓储物流难题，是对传统海淘模式的一次革命，让商品流通不再有渠道和国家之分。

4. 网易考拉

“网易考拉海购”是网易旗下海外正品购物网站，主打母婴用品、美妆个护、食品保健、家居数码和服饰鞋包等类目。深入货源产地直采，保证商品品质；重金批量采购，保证价格最具竞争力；自营备货，政府背书，7天无忧售后都是考拉的优势。

5. 唯品会全球特卖

“海外商品闪购+直购保税”模式，2014年9月，唯品会的“全球特卖”频道亮相网站首页，同时开通首个正规海外快件进口的“全球特卖”业务。唯品会“全球特卖”全程采用海关管理模式中级别最高的“三单对接”标准，“三单对接”实现了将消费者下单信息自动生成用于海关核查备案的订单、运单及支付单，并实时同步给电商平台供货方、物流转运方、信用支付系统三方，形成四位一体的闭合全链条管理体系。

6. 1号店

“自营跨境B2C平台”模式，2014年9月，1号店上线“1号海购”，所售商品通过上海自贸区的保税进口模式或海外直邮模式入境，可以提前将海外商品进口至上海自贸区备货，消费者下单后，直接从自贸区仓库报关报检后发货。而1号店借助战略投资方沃尔玛的供应链优势，极大降低了采购成本，在终端可以给出更低的零售价格。

7. 洋码头

“直销、直购、直邮”的“三直”模式洋码头是一家面向中国消费者的跨境电商第三方交易平台。该平台上的卖家可以分为两类，一类是个人买手，模式是C2C，另一类是商户，模式就是M2C。它帮助国外的零售产业跟中国消费者对接，就是指海外零售商直销给中国消费者，中国消费者直购，中间的物流是直邮。三个直：“直销、直购、直邮”，但是用户体验和产品体验还有待完善！

8. 蜜芽

“垂直型自营跨境B2C平台”模式，蜜芽宝贝主导“母婴品牌限时特卖”，供应链分为四种模式：①从品牌方的国内总代采购体系采购；②从国外订货直接采购，经过各口岸的一般贸易形式；③从国外订货，走宁波和广州的跨境电商试点模式；④蜜芽的海外公司从国外订货，以直邮的模式报关入境。产品比较单一，是母婴的福音，其他消费者望而止步！

9. 海沃全球购

“跨境商城+实体店+微店”模式，海沃全球购致力打造中国O2O进口优品连锁超市领军品牌，商品覆盖母婴、食品、酒水、美妆等综合品类，所有产品采用全球各地直采的模式，由海关监管的保税仓一站式发货，正品低价，物流快。

10. 苏宁海外购

“自营+招商”的模式相当于发挥企业的最大内在优势，在内在优势缺乏或比较弱的方面采取外来招商以弥补自身不足。苏宁选择该模式，结合了它的自身现状，在传统电商方面发挥它供应链、资金链的内在优势，同时通过全球招商来弥补国际商用资源上的不足。苏宁进入跨境电商，也是继天猫、亚马逊之后该市场迎来的又一位强有力的竞争对手。

8.2　跨境电子商务进口交易前的准备

8.2.1　跨境进口产品的选择

1. 总体考虑

做跨境电商进口，首要的是选择好的产品品类，这与跨境电商出口的选品原则基本一致，但由于国内消费者的需求与国外消费者存在差异，所以对于跨境进口产品的选择主要考虑以下几点：①要选择市场潜力巨大、利润率比较高的产品。做跨境进口产品时利润率要达到50%以上甚至100%。②要选择适应国际快递及物流要求的产品。即尽量选取产品体积小、重量轻、不容易破碎、耐磨损的商品。③要选择操作简单的产品，需要复杂安装程序的机械及需要指导安装的产品不适合做跨境电商，因为这类产品后续的客服、投诉和维修成本非常高。④要选择售后服务简单，最好不要售后服务的产品。跨境退货是一个相当烦琐的过程，费时费力，最好选择质量高、退货率低的产品。⑤选择有独立设计能力的产品，包括产品研发能力、包装设计能力等，使自己的产品特色鲜明，难以替代。⑥选择产品时一定要注意不要违反平台和目的国的法律法规，特别是盗版或者违禁品千万不要销售，不仅赚不了钱，甚至可能付出法律的代价。

目前，据平台数据统计，中国的跨境进口电商买家最多的群体是30岁左右的白领女性，最受欢迎的产品是母婴类、护肤类、保健品类。

2. 选品技巧

1) 确定商品线

跨境进口商品销售的前提是必须有现货，而且必须拥有稳定的货源，在现货的基础上，建立自己的商品线就显得十分重要。商品线的设置，决定了卖家的目标客户群、销售渠道、竞争对手、企业成本和跨境进口平台(公司)的盈利能力。商品线组建的出发点是平台生存的关键。选择商品的时候，除了要考量市场需求之外，还需要仔细评估这个商品是否能够给平台带来收益，只有能给平台带来利润的商品，才是一款值得放进平台商品线的商品。组建商品线时，可以简单参考这样一个比例，规划20%的引流商品，规划20%高利润商品，也就是核心商品，其他是常态商品(补充性SKU)，互相配合。当然，商品线的选择也不是一次性到位的，要根据平台的销售情况，不断调整优化，才能形成。这期间，要更加理解商品的行业情况，了解竞争对手在这些品类上的动态，关注对手的SKU变化、价格变化，随时保持竞争力。更重要的是，通过行业和店铺的热销品牌、商品、飙升品牌、商品的综合对比分析，最后通过系统的科学的合理优化组合，找到最合适的供应商以供选择，这是货源的重要保障和依据，也能逐渐培养自己的供应链掌控能力。

2) 确定目标客户群

商品线确定好，接下来就要了解目标客户群，了解他们的消费特点、喜好的品牌，以及这些品牌在该市场的占有率，同时也需要了解你的竞争对手如何布局他们的同类商品线。例如京东的3C电子类商品声誉较好；淘宝在服装、食品等领域优势比较明显。另外，必须了解目标人群的地域差异、性别差异、年龄差异、收入差异等。据艾瑞咨询发布的调查报告显示，从中国用户跨境网购的用户属性、购物行为和评价与意愿三个维度看，热衷于海淘的用户中66.6%是男性，他们主要通过导购网站了解跨境网购，最爱购买美国商品，同时比女性海淘频率更高、月均消费更多，并且后续更愿意购买母婴用品和3C数码。而女性用户主要通过亲友的推荐来了解跨境网购，最爱购买日本商品，后续更愿意购买化妆品个护和母婴用品。经济越发达的地方网购行为发生越多，东南沿海跨境网购用户最密集，仅广东、上海两个省市的跨境网购用户就将近占了整体的25%。

3) 确定核心产品

规划商品线时，首先要规划核心优势商品。要结合公司或者平台的整体定位、策略、模式、市场调研、目标客户分析、竞争对手分析、平台研究、政策走向等情况来规划适合自己平台的能带来实际利润的商品。核心商品分为爆款、引流款、利润款三个层次，具体细节如下。

首先是爆款。顾名思义，爆款就是非常火爆的商品，具体表现为高流量、高曝光量、高订单量。爆款商品的评价和晒单是最好的商品介绍，能吸引客户，增加信任感，能给平台内其他商品带来关联流量。但是这样的商品却不是利润的来源。因为，一般情况下拥有高流量、高订单的商品，价格相对来说不会高，这样造成的直接影响就是给卖家带来的利润低，针对这样的商品，建议一个品类设1～2件。卖家在打造爆款的前期阶段应把利润尽量降低，做好不盈利的准备，这样才容易打造爆款商品。对爆款的利润率期望应该设在-1%～0，也就是说，爆款商品的预期是亏1%的。爆款商品的折扣一般在50%以上，这样方便商品参加平台活动，例如平台大促以及全店打折等。

其次是引流款。引流款是指为了给平台或者店铺及商品带来流量的商品。同样，这样的商品价格不能过高，一般情况下利润预期在0%～1%。引流款也不是利润的主要来源，一般情况下它是不获利或获利很少的，所以建议每个品类设立5件。这样，对卖家的成本投入要求就不会过高。引流款商品折扣空间可以设置在30%～50%。这样的价格，在报名参加各种平台活动时就不会被折扣空间限制。再与爆款商品配合，将会有一个非常好的效果。

最后是利润款。一个平台或者店铺的运营离不开效益，利润款就是主要的盈利商品。一般而言，除了爆款和引流款，店铺其他商品都是利润款。利润率由卖家对商品预期利润率的估值来定，虽然这类商品流量不多，但是利润高。当然，这类商品也要预留折扣空间，这是为了在促销时顺应平台推出的打折活动，折扣空间可以预留5%～20%。有了这样的折扣空间，就方便利润款赶上平台的流量高峰期了。

8.2.2 跨境电子商务团队的建立

任何跨境电商平台运营的成功，团队的凝聚力和执行力是最关键因素，特别对于传统中小企业转型做跨境电商的，人才是生存的根本。做跨境电商，不论是进口还是出口，需要熟电商、懂外贸、通外语。跨境人才的招募，可以从以下几方面入手：①跨境电商人才首先可以从外贸人才中选，特别是原来的阿里巴巴B2B会员单位的外贸业务员，他们都具备这三种能力。②从淘宝运营中找人才。淘宝在中国市场非常成熟，熟悉淘宝运营的人很多，经过简单培训可以很快转型为跨境电商应用人才，因为无论是推广还是数据运营，跨境电商的操作规则和淘宝很类似。③系统化培训专门的跨境电商人才。中国电子商务最稀缺的就是跨境电商人才，电商企业应对跨境人才进行系统的培训，无论是对跨境的环境和政策的了解，还是对平台运营规则的熟悉掌握，都比国内运营电商更重要，因为跨境交易周期长，交易风险大，处理不好往往损失惨重。

此部分内容与跨境出口运营团队内容相似，在此就不再赘述了。

8.3　跨境电子商务进口交易流程

跨境进口电商从物流模式来看，主要分为保税备货模式和海外直邮模式，其中海外直邮模式根据是否集货分为直购包裹模式和直购理货(集货)模式。海外直邮为货物发到国外指定仓库(海外仓)，消费者购买后直接由国外发货；保税备货模式为货物发到保税区指定仓库(保税仓)，消费者购买后直接由保税区发货。保税备货是目前跨境电商主流商业模式，集货模式是直邮包裹模式的升级，差异在于是否集中订单统一发货。

8.3.1　海外直邮模式交易流程

海外直邮进口模式指符合条件的电商平台与海关联网，境内消费者网购后，电子订单、支付凭证、电子运单等由跨境电商实时传输给海关，按个人邮递物品征税，即进口B2C模式。与个人海外代购和自己海淘相比，该模式符合国家海关监管政策，清关操作更阳光，信息更透明。

1. 直购包裹进口

直购包裹进口是指电商物品形成订单后，在境外打包成小包裹，通过邮政、快件渠道进口，运送至邮政快件监管中心、邮政国际邮件处理中心、机场快件监管中心等指定区域，海关在集中监管区办理清关手续，进行查验与放行。主要特点是小包进境，小包派送。

2. 直购理货(集货)进口

直购理货(集货)模式，即电商物品形成订单后，在境外打包成大包裹，运送至指定区域，如深圳邮政快件监管中心、邮政国际邮件处理中心、机场快件监管中心、前海湾保税港区等地区，进行理货、分拣、打包、配送。电商物品在理货场所暂存不得超过3天。主要特点是大包进境，小包派送，海关在集中监管区办理清关手续，进行查验与放行。不管是直购包裹还是直购理货模式，流程相似，如图8-5、图8-6所示(以香港转运为例)。

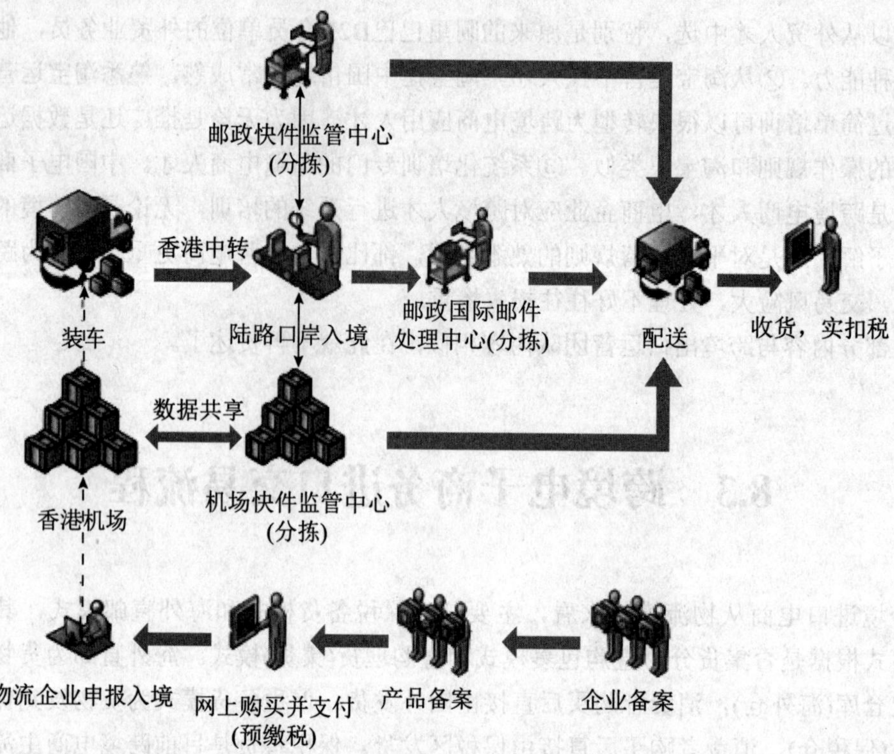

图8-5 电商直购进口业务模式(陆运)

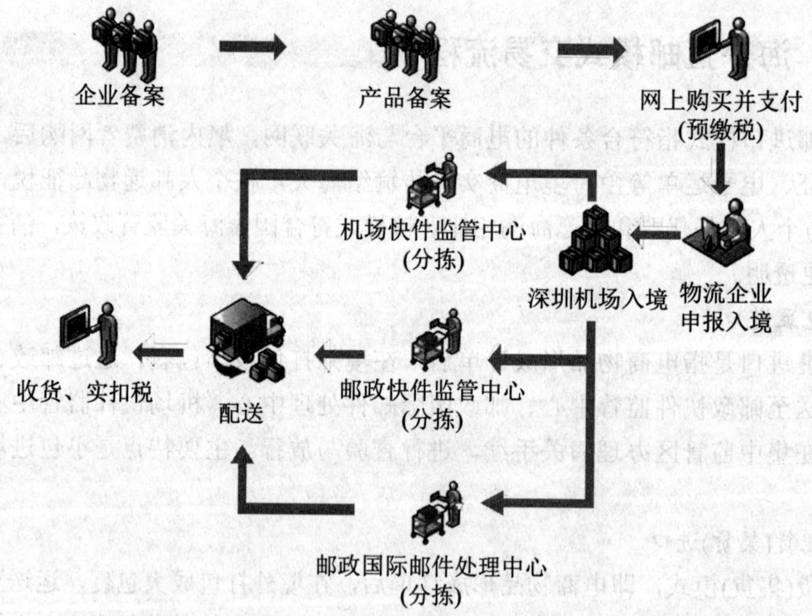

图8-6 电商直购进口业务模式(空运)

资料来源：https://wenku.baidu.com/view/bee443b0d5d8d15abe23482fb4daa58da1111c47.html.

海外直邮采用抽检方式，但是一般只需要提供身份证号，国外就可以发货。如果被抽查到可能需要填写身份证号，提交交易截图，之前亚马逊会有这种情况。具体可以与国外发货供应商沟通，使用的快递不一样，情况也不一样。

8.3.2　保税备货模式交易流程

保税进口模式指跨境进口电商提前批量采购，将商品运至保税区内保税仓库，免税备货，客户订单发出后，商品直接从保税仓库发出，在海关等部门监管下通关。即B2B2C，按照“整进、散出、集报”的模式进行。

“整进” 就是整批进口货物，填写备案清单或出口备案清单，向海关申报进入园区；“散出”就是个人网购后填写清单，向海关申报并由电商企业提供税款担保，海关先凭清单分批散出园区；“集报”就是定期(一般是一个月)将清单汇总后，填写进口货物报关单，向海关申报，个人网购商品涉及许可证管理的免许可证。该模式借助保税区的政策优势，针对特定的热销日常消费品开展“整批商品入区、消费者下单后分批以个人物品出区，征缴行邮税(税改后改为缴增值税和消费税)”的进口业务。试点商品以“个人自用、合理数量”为原则，每笔订单限值为1000元(应征税额在50元以下的予以免征)，从而降低进口电商企业的货物价格，同时货物从国内发出，缩短消费者的等待时间。具体流程如图8-7所示。

保税仓的运转规则是先采购商品入仓。然后根据订单报关后再放行。保税仓发货的商品都是需要电商平台先备案才能进入保税仓上架的，电商平台将订单推送给海关后等待放行，当处于放行状态时库房才可以将货交付给国内快递公司。这些都不需要客户参与，不过前期电商平台的对接比较麻烦，可以与第三方仓库合作，使用对方的报关系统，然后用EXCEL沟通。

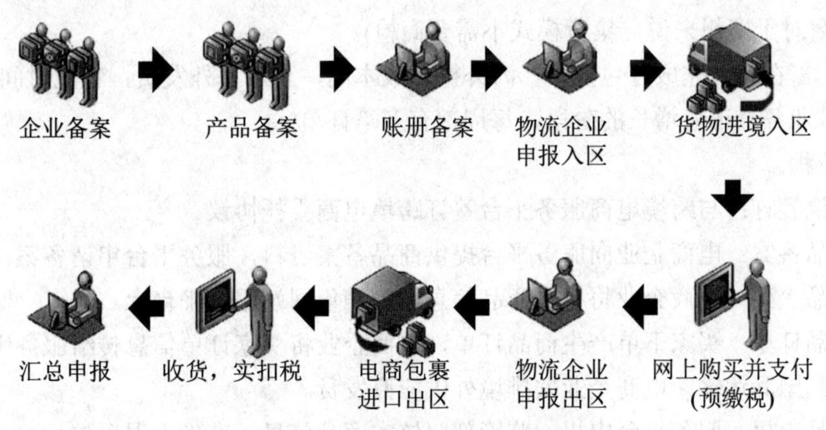

图8-7　网购保税进口业务模式

资料来源：https://wenku.baidu.com/view/bee443b0d5d8d15abe23482fb4daa58da1111c47.html.

8.4 进口跨境电商海关监管模式与税收

跨境电商进口清关与一般贸易相比具有明显优势：第一，税收优势，跨境电商进口只需缴纳行邮税，比一般贸易税收比率低很多；第二，高效率，买家下单可在境内物流时间内收到商品，例如利用备货清关模式；第三，保质量，合法通关检验，产品保真，质量可靠。

8.4.1 跨境电商进口清关模式

1. 快件清关

确认订单后，国外供应商通过国际快递将商品直接从境外邮寄至消费者手中。无海关单据。

优点：灵活，有业务时才发货，不需要提前备货。

缺点：与其他快件混在一起，物流通关效率较低，量大时成本会迅速上升。

适合：业务量较少，偶尔有零星订单的阶段。

2. 集货清关

消费者下单购买后，境外商品入境后以个人物品行邮清关的进口模式，也就是商家将多个已售出商品统一打包，通过国际物流运至国内的保税仓库，电商企业为每件商品办理海关通关手续，经海关查验放行后，由电商企业委托国内快递公司派送至消费者手中。每个订单附有海关单据。

优点：灵活，不需要提前备货，相对快件清关而言，物流通关效率较高，整体物流成本有所降低(对于郑州来说，集货模式不需要商检)。

缺点：需在海外完成打包操作，海外操作成本高，且从海外发货，物流时间稍长。

适合：业务量迅速增长的阶段，每周都有多笔订单。

清关流程：

(1) 协议签订：与跨境电商服务平台签订跨境电商委托协议。

(2) 商品备案：电商企业向服务平台提供商品备案资料，服务平台申请备案。

(3) 商品上架：电商企业将相关商品信息放到销售网站服务平台上。

(4) 商品订单：买家下单产生商品订单，电商企业将买家订单信息传给服务平台。

(5) 商品国际运输：电商企业安排境外供应商发货。

(6) 商品申报：服务平台申报，监管部门核实商品信息，准确无误后放行。

(7) 境内配送：服务平台根据电商企业明确的配送地址，安排快递公司配送。

电商企业国外供应商根据已有商品订单发货，将多个订单商品统一打包，通过国际物流运至国内机场，经过保税仓库，服务平台为每件商品办理海关通关手续。海关放行后安排国内快递公司派送至消费者手中。

3. 备货清关

备货清关是指境外商品入境后暂存保税仓内，消费者下单购买后，以个人物品行邮清关出仓的进口模式，即商家将境外商品批量备货至海关监管下的保税仓库，消费者下单后，电商企业根据订单为每件商品办理海关通关手续，在保税仓库完成贴面单和打包，经海关查验放行后，由电商企业委托国内快递公司派送至消费者手中。每个订单附有海关单据。

清关流程：

(1) 协议签订：与跨境电商服务平台签订跨境电商委托协议。

(2) 商品备案：电商企业向服务平台提供商品备案资料，服务平台申请备案。

(3) 商品上架：电商企业将相关商品信息放到销售网站平台上。

(4) 商品国际运输：电商企业安排境外供应商发货。

(5) 商品申报入仓：电商企业提供物流信息，服务平台申报商品入保税仓。

(6) 消费者下单：消费者下单，确认买家信息。

(7) 订单申报：电商企业提供买家订单信息，服务平台向海关、商检申报。

(8) 境内配送：根据电商企业明确的配送地址，服务平台安排快递公司配送。

优点：提前批量备货至保税仓库，国际物流成本最低，有订单后，可立即从保税仓库发货，通关效率最高，可及时响应售后服务要求，用户体验最佳。

缺点：使用保税仓库有仓储成本，备货会占用资金。

适合：业务规模较大，业务量稳定的阶段。可通过大批量订货或提前订货降低采购成本，可逐步从空运过渡到海运，降低国际物流成本，或采用质押监管融资解决备货引起的资金占用问题。

8.4.2 税务处理

对于跨境零售进口电商业务，相关主体的税务处理方法如下。

1. 电商平台

电商平台的收入主要有平台服务费；直营、直采取得的产品差价收入；广告收入。电商平台向卖家收取的平台服务费及按照卖家交易量收取的佣金手续费均按“信息技术服务——信息系统增值服务(电子商务平台服务)”缴纳增值税；有些电商平台产品全部或部分为自营，获取商品购销差价，对此按照销售货物缴纳增值税；针对广告收入，电商平台提供的各类视频、链接等广告服务，除按“文化创意服务——广告服务”缴纳增值税外，还需缴纳文化事业建设费。

2. 境内消费者

《关于跨境电子商务零售进出口商品有关监管事宜的公告》(海关总署公告2016年第26号)、《财政部、海关总署、国家税务总局关于跨境电子商务零售进口税收政策的通知》(财关税〔2016〕18号)出台后，境内个人消费者通过天猫国际等跨境电商平台购物，需按进口货物征收关税、进口环节增值税与消费税(以下简称“新规”)。操作要点如下所述。

第一，新规适用于属于《跨境电子商务零售进口商品清单》范围内的以下商品：所有通过与海关联网的电子商务交易平台交易，能够实现交易、支付、物流电子信息“三单”比对的跨境电子商务零售进口商品；未通过与海关联网的电子商务交易平台交易，但快递、邮政企业能够统一提供交易、支付、物流等电子信息，并承诺承担相应法律责任进境的跨境电子商务零售进口商品。

第二，个人消费者是进口货物的纳税义务人，电子商务企业、电子商务交易平台企业或物流企业可作为代收代缴义务人。实务中，一般由电子商务平台或电子商务企业(卖家)代收代缴，境内消费者支付的款项中包含了进口环节的税收。

第三，个人单次交易限值为人民币2000元，年度交易限值为人民币20 000元(注：在2019年又作调整)。在限值以内进口的跨境电子商务零售进口商品，关税税率暂设为0%；进口环节增值税、消费税暂按法定应纳税额的70%征收。超过单次限值、累加后超过个人年度限值的单次交易，以及完税价格超过2000元限值的单个不可分割商品，均按照一般贸易方式全额征税。需要注意的是，对于跨境零售进口商品，作为一项特殊规定处理，而不同于一般贸易，这里的完税价格是指实际交易价格(包括货物零售价格、运费和保险费)。跨境进口征税具体计算方法如表8-1所示。

表8-1 跨境进口征税计算

类别	未超限额	超过限额
关税	0	关税=实际交易价格×关税税率
增值税	增值税=实际交易价格÷(1-消费税税率)×增值税税率×70%	增值税=实际交易价格÷(1-消费税税率)×增值税税率
消费税	消费税=实际交易价格÷(1-消费税税率)×消费税税率×70%	消费税=实际交易价格÷(1-消费税税率)×消费税税率

资料来源：https://wenku.baidu.com/view/f85ea31f24c52cc58bd63186bceb19e8b8f6ecc8.html?from=search.

第四，海关放行后30日内未发生退货或修撤单的，代收代缴义务人在放行后第31日至第45日内向海关办理纳税手续。自海关放行之日起30日内退货的，个人可申请退税，并相应调整个人年度交易总额。

第五，根据财关税〔2016〕18号文件，不属于跨境电子商务零售进口的个人物品以及无法提供交易、支付、物流等电子信息的跨境电子商务零售进口商品，按现行规定执行。这里的按现行规定执行，是指对于无法提供三单比对的进口商品或是非个人自用的物品，征收行邮税。行邮税不是一个独立的税种，是指对旅客行李物品、个人邮递物品以及其他个人自用物品，除另有规定以外，均由海关按照《入境旅客行李物品和个人邮递物品进口税税率表》征收的进口税(包括关税和增值税、消费税)。根据海关总署公告2010年第43号规定，应征进口税税额在人民币50元(含50元)以下的，海关予以免征。新规出台的同时，行邮税税率相应调整，从原先的10%、20%、30%和50%四档税率调整为15%、30%和60%。具体规定如表8-2所示。

表8-2　入境旅客行李物品和个人邮递物品进口税税率表

税号	物品名称	税率/%
1	书报、刊物、教育用影视资料；计算机、视频摄录一体机、数字照相机等信息技术产品；食品、饮料；金银；家具；玩具，游戏品、节日或其他娱乐用品	15
2	运动用品(不含高尔夫球及球具)、钓鱼用品；纺织品及其制成品；电视摄像机及其他电器用具；自行车；税目1、3中未包含的其他商品	30
3	烟、酒；贵重首饰及珠宝玉石；高尔夫球及球具；高档手表，化妆品	60

资料来源：https://wenku.baidu.com/view/f85ea31f24c52cc58bd63186bceb19e8b8f6ecc8.html?from=search.

第六，对于非个人的企业跨境进口商品，按一般进口货物的相关规定征收关税、进口环节增值税与消费税。

3. 境外商家

境外商家不适用于我国境内税法的相关规定。

4. 其他服务提供商

在跨境进口业务中，物流与支付结算是两个关键环节。物流公司收取的运输费用按“交通运输服务”缴纳增值税，其中，涉及国际运输服务的可适用增值税零税率，如果是以无运输工具承运方式提供国际运输服务，免征增值税。物流公司收取的仓储费用按“物流辅助服务——仓储服务”缴纳增值税，一般纳税人可以选择适用简易计税方法缴纳增值税，适用征收率3%。结算公司收取的费用按“金融服务——直接收费金融服务”缴纳增值税。

8.4.3　税收新政

1. 税收新政内容变化

税收新政的内容主要依据 2016 年颁布的《关于跨境电子商务零售进口税收政策的通知》(简称《通知》)、2016年4月颁布的《跨境电子商务零售进口商品清单》(简称“正面清单”)以及2018年颁布的《关于完善跨境电子商务零售进口监管有关工作的通知》(简称《通知》)，规定2019年1月1日起调整跨境电商零售进口税收政策。主要内容归纳为以下4个方面：一是税种的调整。跨境进口零售商品按“货物”征收关税和进口环节增值税、消费税。二是商品品类的调整。跨境零售进口商品仅限于“正面清单”列表，清单外的货物必须在一般贸易模式下进口，通关单验核程序更加复杂。三是交易限值的调整。单次交易限值调整为人民币5000元，个人年度交易限值为人民币2 6000元，今后随居民收入提高相机调增。超过限值按一般贸易进口税率征收。四是税率的调整。在限值以内，关税税率暂设为0%，进口环节增值税、消费税取消50元免征税额，暂按法定应纳税额的70%征收，进一步扩大享受优惠政策的商品范围，新增群众需求量大的63个税目商品。超过限值则按照一般贸易方式全额征税。

此次新政内容延续实施了跨境电商零售进口现行监管政策，对跨境电商零售进口商品不执行首次进口许可批件、注册或备案要求，而按个人自用进境物品监管。将政策适用范围从之前的杭州等15个城市，再扩大到北京、沈阳、南京、武汉、西安、厦门等22个新设跨境电商综合试验区的城市。

2. 税收新政对跨境进口电商模式创新的影响

第一，集货方面：“专业团队直采+正品保障”。与新政前相比，集货模式的创新主要体现在综合自营型电商平台上，正品保障成为平台发展的关键指标。新政前综合自营型电商的集货模式以大数据选品为主，集货过程中涉及较多中间商环节，新政后集货模式以专业团队原地考察选品和直采货源为主，有效保障了货源质量，同时省去了代理商、经销商等中间环节与费用，降低货源成本，使得平台具有定价优势。但是，综合自营型电商属于重资产模式，前期投入成本高。据艾媒咨询相关研究显示：首先，“正品保障”成为2018 年中国跨境网购用户购物时最关注的要素，41.2%的用户表示最看重正品保障，远高于价格、配送等因素。其次，“价格优惠”和“跨境电商平台网站/App的信誉和口碑”分别以 9.4%和 8.2%成为消费者第二和第三关注的要素。典型企业为网易考拉海购。网易考拉海购采用以自营为主的运营模式，由专业采购团队亲赴海外原产地与海外品牌商或顶级经销商合作，掌控从商品、定价、仓储、物流到售后各环节，从集货源头保障正品，集货过程中采取严格的自检与第三方检验等措施，有效保障了货源质量。

第二，引流方面：跨境O2O零售展销模式。与新政前相比，引流模式的创新主要体现在跨境O2O零售展销模式上，即线上线下一体化的跨境零售新模式，线下实体店正成为扩展平台下游供应链的新趋势。在保税区内开设跨境商品实体店，线下展示线上主营商品，如美妆、保健品、母婴、鞋包、钟表等热门销售商品。同时，线下实体店内设有自助查询扫屏码。消费者到店可通过扫码了解商品详情，扫码后同时显示PGC达人推荐的相似商品，节约用户搜索成本，以提升用户体验来为平台线上营销引流。但是，集货模式受新政“三单对碰”政策的限制，线下店引流仍存在问题。典型企业为天猫国际。天猫国际在杭州保税区内开设线下跨境保税展示店，并于2018年1月31日宣布首单跨境交易于线下自提店内完成。天猫国际在跨境O2O线下实体店建设方面处于领跑状态，但由于新政对保税仓模式的政策限制，线下店仅为自提点或体验店。

第三，营销方面：“人工智能(AI)+大数据”双驱动。与新政前相比，营销模式开始应用人工智能(AI) 技术，升级用户体验成为平台创新的重要导向。将AI与大数据技术同时运用于电商平台，逐渐成为电商企业提升用户体验的一种创新型营销模式。人工智能在跨境电商平台的应用主要体现在两个维度：一是提升用户体验；二是通过数据与商业逻辑深度结合，应用人工智能、运筹优化等技术切实促进跨境电商零售供应链的升级。供应链升级主要体现在计划管理、业务监控、成本管控及客户服务四个方面。根据用户在电商平台的商品浏览及文字搜索，应用大数据技术实时追踪可准确实现信息推送、精准营销、销售预测及智能客服等功能。但是，“AI+大数据”技术的运用涉及用户数据隐私，需要特别注意数据的安全性，以防泄漏。

第四，物流方面：物流云系统+“保税—直邮—集货”三级物流。如今物流资源已成为平台发展中的重要战略资产。传统跨境物流模式主要分为保税备货模式和海外直邮模式，其中海外直邮模式以小包裹直邮为主。“四八新政”后，部分商家将“正面清单”外的商品从保税备货模式转为海外直邮模式运输至国内，由于海外直邮运输规模增大，海外直邮模式升级成海外集货模式并逐步发展壮大，从而形成“保税备货—海外直邮—海外集货”三级跨境物流模式。据阿里研究院报告显示，对比2016年4月8日政策实施之前，实施后不到两周，2016年4月20日直邮渠道商品数量增加11.7%，导致海外直邮模式升级成集货模式并迅速发展。同时，集货模式的发展导致了海外仓需求的增加，海外仓建设亟待进一步加强。

本章结语

本章从介绍跨境进口电商类型入手，梳理跨境进口电商的发展历程和发展现状，力求展示跨境电商进口的重要性，为未来从事创业的伙伴们提供另一个思路，即借助境内进口平台销售境外商品，注意商品的选择和平台的选择。此外，从跨境进口电商模式角度介绍整个流程，包括直购进口和保税进口，并分析其通关流程。最后，从税收管理角度介绍相关跨境进口税收政策规定，并提出税收新政对跨境进口电商模式的具体影响。

章后习题

1. 列举典型跨境电商进口平台。
2. 简述保税进口流程。
3. 列举跨境进口通关模式。

参考文献

[1] 于立新. 跨境电子商务理论与实务[M]. 北京：首都经济贸易大学出版社，2017.

[2] 陈明，许辉. 跨境电子商务操作实务[M]. 北京：中国商务出版社，2016.

[3] 刘红燕. 跨境电商营销实务[M]. 北京：中国商务出版社，2017.

[4] 刘志安，陈灏. 近期主要国家(地区)跨境电商进口税收政策调整及其影响[J]. 商业经济研究，2019(8)：140-142.

[5] 王萍. 我国跨境电子商务关税征收问题研究[D]. 郑州：郑州大学，2019.

[6] http://www.100ec.cn/zt/bgk/.

[7] https://www.iresearch.cn/.

[8] http://www.sohu.com/a/242127534_100007465.